高等院校通识教育"十三五"规划教材

现代大学体育教程

XIANDAI DAXUE TIYU JIAOCHENG

张培峰 邓晓明 李文冰 / 主编

冯府龙 李林 戴佳期 / 副主编

人民邮电出版社

北京

图书在版编目（CIP）数据

现代大学体育教程 / 张培峰，邓晓明，李文冰主编
. — 北京：人民邮电出版社，2020.9
高等院校通识教育"十三五"规划教材
ISBN 978-7-115-54814-6

Ⅰ. ①现… Ⅱ. ①张… ②邓… ③李… Ⅲ. ①体育－
高等学校－教材 Ⅳ. ①G807.4

中国版本图书馆CIP数据核字(2020)第170232号

内 容 提 要

本书依据《全国普通高等学校体育课程教学指导纲要》编写，旨在切实提高高校学生体质健康水平，促进学生全面发展。本书共 10 章，分理论知识篇和运动实践篇两部分。其中，理论知识篇包括大学体育概论、体育锻炼的科学原理、体育锻炼的科学基础、体育卫生与保健、学生体质健康测评，运动实践篇包括球类运动、游泳运动、舞蹈运动、武道运动、特色运动。全书图文并茂，内容丰富，注重科学性与实用性，有助于培养学生"终身体育"的习惯。

本书适合作为高等院校体育课程的教材，也可供对体育锻炼感兴趣的读者参考。

◆ 主　　编　张培峰　邓晓明　李文冰
　　副主编　冯府龙　李　林　戴佳期
　　责任编辑　王亚娜
　　责任印制　王　郁　陈　犇
◆ 人民邮电出版社出版发行　　北京市丰台区成寿寺路 11 号
　　邮编　100164　　电子邮件　315@ptpress.com.cn
　　网址　https://www.ptpress.com.cn
　　三河市中晟雅豪印务有限公司印刷
◆ 开本：787×1092　1/16
　　印张：14.75　　　　　　　　　2020 年 9 月第 1 版
　　字数：389 千字　　　　　　　2020 年 9 月河北第 1 次印刷

定价：42.00 元

读者服务热线：(010)81055256　印装质量热线：(010)81055316
反盗版热线：(010)81055315
广告经营许可证：京东市监广登字 20170147 号

本书编委会

前　言

PREFACE

体育是社会发展与进步的一个标志。体育事业发展水平是一个国家综合国力和社会文明程度的重要体现，它关系到人民的健康和民族的强盛。学校体育在我国体育事业中占有重要的战略地位，"有健康才有未来"。大学体育是促进大学生身心健康的重要手段，也是大学生走向社会前的学校体育的最后一站。大学生是祖国的未来，他们的体质与健康状况直接关系着祖国未来的发展，因此，高校应牢固树立"健康第一"的教育指导思想，高度重视学校体育特别是体育教学工作。根据现代大学生的特点，体育教育者必须坚持将理论与实践相结合，采用实践课为主体、理论课为指导方针的教学方法，引导大学生对体育锻炼的态度从被动执行转变为自觉锻炼，以达到增强大学生体质的目的，同时使大学生养成科学锻炼的良好习惯，为学习生活打下坚实的基础。

如果把教学看作由教师、学生和某一文化主题3部分构成，那么，文化主题便是联系教师与学生的教育媒介，这一媒介的载体就是教材，没有教材的教学是不完整的。为此，编者组织长期从事体育教学与研究的一线教师编写了本书。

本书内容通俗易懂、图文并茂，旨在激发大学生进行体育锻炼的热情，并解决他们在锻炼中遇到的实际问题。全书分理论知识篇和运动实践篇两部分。第一章至第五章为理论知识篇，主要介绍大学体育的基本理论、体育锻炼的科学原理与科学基础、体育卫生与保健、学生体质健康测评等相关知识，使大学生掌握科学的锻炼方法与测评方法；第六章至第十章为运动实践篇，主要介绍深受大学生喜爱的球类运动、游泳运动、舞蹈运动、武道运动与特色运动等基础体育项目。

本书在编写过程中参考并引用了相关专著和资料，并得到院系领导、老师的支持与帮助，在此表示衷心的感谢。

由于编写人员水平有限，书中如有不妥之处，敬请大家批评指正，以便日后进一步完善。

编者

2020年4月

目 录

CONTENTS

运动实践篇

理论知识篇

第一章

大学体育概论

本章导学

　　大学教育的任务之一是培养全面发展的综合性人才，体育教育是其中的重要一环。为了响应我国教育体制改革的要求，"大学体育"课程也应当做出一系列的改革和完善，以促进当代大学教育体制的全面革新。本章主要介绍大学体育的基本理论及实现大学体育课程目标的基本途径，以帮助大学生认识体育的重要性并优化自身参与体育运动的方式。

第一节　大学体育的基本理论

　　在大学体育教育中应着重培养大学生的终身体育意识和能力，促进大学生积极参加体育锻炼，养成经常锻炼身体的习惯，提高大学生的自我保健能力和体质健康水平，最终形成坚强的意志、健全的人格及良好的社会适应能力。具有终身体育的意识和习惯将成为大学生受用一生的财富。

一、健康第一

　　"健康第一"体现在人的生理、心理和社会适应能力3个方面。

　　大学体育教育要体现"健康第一"的指导思想，具体应该表现在以下两个方面。

　　（1）在课程目标的制定和课程内容的选择上要体现"健康第一"的思想。

　　（2）加强对学生健康意识的培养和健身方法的传授。

　　总之，"健康第一"的思想观念正在逐步发展和完善。体育运动能消除由工作、学习等带来的压力，调节个体的紧张情绪，提高个体的自信心和意志品质。通过体育教学实践，不仅要让大学生理解健康的意义，同时也要让大学生认识到体育锻炼是保持自身健康的有效途径，使大学生掌握正确的锻炼方法，养成良好的生活习惯并形成终身体育意识，以保持终身健康，这是高校体育教育的根本目的。

二、以人为本

　　"以人为本"的教育理念认为，教育应面向全体学生，突出学生的主体性，开发学生的潜能，发展学生的个性和创造力，使每一个学生都能全面发展，即以学生的全面发展为本来组织教学。

　　体育教学中的"以人为本"理念，可以理解为"以人为本"的体育教学，即以实现学生终身的身心健康为根本目标，面向全体学生，为学生创造良好的学习环境，注重激发学生的体育主体意识，强调学生的主动参与、相互合作和成功体验，加强教师与学生、学生与学生之间的理解和情感交流，着重培养学生的体育意识、素养和能力，为学生终身进行体育运动打好基础。体育教学中的"以人为本"理念是时代和社会发展的需要，是现代体育教育思想的进步，也是人自身发展的需要。

三、终身体育是目标

　　终身体育是指人在一生中都要进行体育锻炼和接受体育教育与指导，体育教育是终身教育的组成部分。20 世纪 60 年代末，一些国家的体育学者受终身教育思想的影响，根据人体自身的发展规律、体育锻炼的作用及现代社会发展的需要，提出了终身体育的思想。这一思想得到了世界上许多国家体育学者的赞同，并逐渐形成一种新的体育思想和体育实践。在多年的体育实践中，人们认识到，终身体育有利于身体健康，它对人们不同时期的身体情况都具有积极影响：在生长发育时期，可以促进身体正常生长发育；在成熟期，可使人保持充沛的体力与旺盛的精力；在衰退期，可延缓衰老、延年益寿。据生物学专家推算，人的"生物年龄"至少能达到 100 岁，但人们普遍达不到这个"生物年龄"，一个很重要的原因就是没有做到终身体育。"生命在于运动"，体育锻炼应当伴随人的一生。

（一）学校体育是终身体育的基础

　　学校体育既要达到学校的体育教学目标，又要养成学生的终身体育意识和习惯。从终身体育的范围看，它包括家庭体育（婴幼儿）、幼儿园体育（幼儿、儿童）、学校体育（儿童、少年、青年）、社会体育（成年后至老年）。学校体育阶段正是个体从儿童期进入青春发育期的关键时期，也是有目的、有计划培养个体的体育意识的重要时期。如果青少年在这个时期发育得不好，如出现脊柱侧弯、驼背、腿畸形等，成年以后往往很难纠正，可能会造成终身的缺陷。若在这个关键时期通过学校体育系统、全面地锻炼身体，促进身心健康，掌握体育知识、技术、技能，养成锻炼身体的习惯，有计划、有组织地进行体育锻炼，培养自我体育意识，并能根据自己的兴趣和条件，学会几种实用性较强的健身方法和 1～2 个可以参与的运动项目，将会终身受益。学校体育在终身体育的体系中起着承上启下的作用，是终身体育重要的一环，也是奠定人们终身体育基础的关键时期。因此，同学们要从思想上认识到终身体育的重要性，珍惜学校体育，热爱学校体育，主动参加体育锻炼，养成良好的运动习惯，为终身体育打好基础，也为将来走向社会做好准备。

（二）大学体育承载提高学生综合素质的重任

　　现代的"健康"概念已经冲破了单纯"体魄"的范畴，是涉及生理、心理和社会适应、道德健康等全方位的健康。

　　当代大学最根本的任务是培养全面发展的高素质人才，而时代对于这一任务的要求是要以增强学生的社会适应性为重点，为大学生毕业后的尽快成材构建合理的知识体系，并教会他们学习、做人、做事。面对这个任务要求，德、智、体、美不可能独立完成，只有共同完成这一系统工程，才能培养出全面发展的高素质人才。"教育是一个系统工程"，在这个系统工程中，"德"是方向，"智"是根本，"体"是基本前提，"能力"是核心。这种"能力"是指人适应社会发展的综合素质，它包括生存能力、自学能力、抉择能力、适应能力、研究能力、审美能力、信息处理和表达能力等。

（三）我国大学体育的定位

素质的培养绝非一朝一夕的事情，它是教育理念、现代教育思想的实践。"素质"需要长期潜移默化的教育、影响和感染才能"养成"。因此，素质的培养也不是仅靠某一个系统或某一学科"单兵作战"就能奏效的。素质的培养不仅需要学校教育、社会环境和家庭教育共同营造有利于人才成长的大环境，还需要德、智、体、美共同构建。学校体育在"营造和构建"中的作用也绝不只是强身健体，还包括在把握这一基本功能后，遵照《中共中央 国务院关于深化教育改革，全面推进素质教育的决定》中对学校体育所下达的"掌握""养成""培养"这3项任务，把握好自己的定位，全面推进素质教育。"掌握"即使学生掌握基本的运动技能，"养成"即使学生养成坚持锻炼身体的良好习惯，"培养"即培养学生的竞争意识、合作精神和坚强毅力。

1. 使学生掌握基本的运动技能

"掌握基本的运动技能"不仅是指掌握运动的技巧和能力，还包含着体育文化的传播、体育理论知识的普及，以及运用这些基本的运动技能锻炼身体的能力和兴趣的培养。作为受过高等教育的大学生，也应该受过系统体育教育，应该懂得体育促进健康的基本常识、体育健身的基本理论、体育文化的基本内容，从而具备终身体育意识、健康的生活习惯和运动技能。

大学体育在一定的历史阶段中，还必须担负普及体育文化和健康知识的责任。为此，建议大学体育教学内容应该突破传统的竞技体育项目，可依据上述任务把大学体育教学内容划分为3类：体育文化传播类、体育技能培养类、身体素质提高类（或健康标准测定类）。

2. 使学生养成坚持锻炼身体的良好习惯

大学体育在增强学生体质的同时，通过教学内容的变更和教学手段的创新，在"健康第一"思想的指导下，改变了学校体育过去单纯追求学生体质的发展和教师技术的传授，用新的健康观改革学校体育，使大学生在身体、心理和社会适应能力方面真正健康发展。

随着时代的快速发展，人们参加运动的机会逐渐减少，而生活节奏逐渐加快，竞争也变得更加激烈。新的生存环境给人们带来了强烈的心理紧张和压力，这种高压的心理负荷，再加上运动机会的减少，健康问题就成为现代文明中的世界性的问题，更是教育必须关注的问题。现代大学生的体育活动方式会受社会生活环境的影响和制约。学校应当理解大学生的需求，把体育活动和当代大学生的体育价值观结合起来，让体育活动在满足大学生的生理、心理、精神上的需求的同时，引导他们把个人利益和集体利益融为一体，培养他们的团队精神。

3. 培养学生的竞争意识、合作精神和坚强毅力

在青年思想品德形成的过程中，情感是认识升华的信号，是思想转化为行动的中介。当今爱国主义、集体主义和社会主义教育是时代的主旋律，但这些教育如果没有情感做基础，就会沦为空洞的说教。大学体育活动本身就是社会性的，它能为大学生提供彼此交流的机会、拓展人际交往的空间。而体育竞争更是体力的拼搏、智慧的较量，大学生要在瞬息万变的赛场上发挥自己的应变能力和智慧，在激烈的竞争中表现出准确的判断力与合作精神。此外，种种支配人们行为的心理特征即"情绪管理"能力，会在运动实践的磨炼中逐步形成，"社交经营"能力也自然得到提升。大学体育教育正是凭借这样的理论依据和特点，在推进素质教育的系统工程中，承担着培养学生的竞争意识、合作精神和坚强毅力的任务。

总之，大学体育的社会属性决定了它在为个体健康和人类发展服务的同时，还要为祖国和人民的利益服务。大学体育是促进当代青年在身体、心理和社会适应能力方面健康发展的教育手段，它必将在社会的精神生产和文化消费的高度统一的过程中，成为高等教育培养健

康、全面发展的现代高素质人才不可替代的重要组成部分。

第二节　实现大学体育课程目标的基本途径

大学体育虽然只是教育系统中的一个子系统，但它也是一个完整的系统。在教育、教学方面，它既有德、智、美教育系统的共性，同时由于它的教学和育人都是"以身体活动为媒介"来进行的，因此，它又具有相对独立的个性。大学体育是由体育课程教学和课外体育活动（含早操）、群体活动、课余训练、运动竞赛等方面共同组成的，是具有特定的教学、育人功能的有机整体。构架"素质教育立交桥"的系统工程，就是要发挥教育系统的整体功能。只有把学校体育的课内教学和课外体育有机地结合在一起，才能具有"整体功能大于部分功能之和"的功效。

一、体育课程教学

体育课程教学是高校体育工作的中心，体育课程是高校教学计划所规定的必修课程。体育课程是按照教学计划和教学大纲组织的专门的教育过程，是实现高校体育目标与任务的最基本途径。

按照《中华人民共和国体育法》的规定，学校必须开设体育课，并将体育课列为考核学生学业成绩的科目，体育课程考核不及格者，不发毕业证书。因此，体育课程具有明显的法定性和强制性。但就大学生而言，上体育课是国家赋予自己参与体育活动的权利，每个大学生都应运用这一权利，主动地、自觉地、积极地参与体育课程教学活动，从而享受体育带来的无限乐趣。

《学校体育工作条例》规定普通高等学校的一、二年级必须开设体育课，三年级以上开设体育选修课。根据各高等学校的实际情况，一般在一年级开设体育基础课，二年级开设体育选项课，个别有条件的学校会在三、四年级开设体育选修课。目前，许多学校正在积极探索体育改革的途径，一些学校从一年级就开设选项课，并面向全校学生开设体育选修课，且将其纳入素质教育学分管理之中，作为素质教育的一个重要内容。还有部分学校对体育俱乐部教学模式进行了实践探索，力图按学生兴趣施教，使体育课程教学与课外体育活动更紧密地联系起来，以更好地实现高校体育教学目标。总之，不管开设什么形式的体育课，都是为了增强全体学生的体质，提高其体育文化素养，培养其终身体育的意识与习惯。

体育课程分为理论与实践两部分。理论课依据体育理论教材由教师在室内课堂进行讲授，内容主要包括体育科学知识及体育实践方法。按《全国普通高等学校体育课程教学指导纲要》（以下简称《新纲要》）的要求，为了加强大学生对体育知识与文化内涵的理解，高校体育理论课的学时应该占10%，并作为体育课程考核内容的一部分。实践课则以身体练习为基本锻炼手段，学校提供锻炼所需的运动场地与设施，构成以教师为主导、学生为主体的专门教学过程。由于教育对象在教学过程中要接受一定的运动负荷，再结合体力与智力的相互联系与作用，所以实践课教学须在遵循一般教学普遍法则的基础上，还需遵循动作技能形成的规律、人体机能活动的规律等。为了适应现代教育的发展趋势，以学生个性发展的统一性、全面性和连续性为原则，可以把高校体育课程分为以下5种主要形式。

（一）普通体育课

普通体育课是专门为一、二年级学生所开设的必修体育课。普通体育课的教学内容具有基础性，教学要求具有普遍性，要求完成体育教学大纲中的基本任务。凡身体健康的学生都必须按规定要求通过考核标准。普通体育课有严格的学时规定及学籍管理的约束，但为了提高人才的质量，使之能适应社会主义市场经济体制的需要，围绕教学大纲、教材体系，以及为了培养学生进行体育锻炼的兴趣等，现提出了课内外一体化、加强体育理论课和实行体育俱乐部教学模式等改革措施，这必将对体育课程建设产生积极的影响。

（二）保健康复体育课

《新纲要》提出："对部分身体异常和病、残、弱及个别高龄等特殊群体的学生，开设以康复、保健为主的体育课程。"

保健康复体育课专为患有慢性疾病或有残疾的学生开设。其目的在于帮助这类学生恢复健康，调节生理功能和矫正某些身体缺陷。根据有关规定，参加保健康复体育课的学生须经医院证明，体育教研室（部）同意。保健康复体育课应选择具有保健性、康复性的教学内容，具体要求可适当放宽。

（三）体育选修课

根据《学校体育工作条例》中的规定，普通高等学校对三年级以上学生开设体育选修课。选修课是在完成普通体育课要求的基础上，根据个人的兴趣与爱好，让学生选择某一运动项目进行专门训练，以不断提高专项技术水平和能力。各高校应推行"全民健身计划"，寻找终身体育、成功体育、娱乐体育与全民健身的结合点，并把体育意识、体育能力的培养以及养成体育锻炼习惯作为追求目标，这也是体育选修课需要重点解决的问题。

（四）大学生的"三自主选课模式"

"三自主选课模式"是《新纲要》中提出的高校体育教学的新模式。其中明确指出"要充分发挥学生的主体作用和教师的主导作用，努力指导开放式、探究式教学，努力拓展体育课程的时间和空间，在教师的指导下，学生应具有自主选择课程内容、自主选择任课教师、自主选择上课时间的自由度，营造生动、活泼、主动的学习氛围"。"应试教育"向"素质教育"的转轨，要求高校把培养学生的终身体育意识、能力，生理、心理健康，社会适应能力和提高大学生的生活质量，作为高校体育教学的目标，原有的传统教学模式已不能适应社会对现代人才的培养要求了。

"三自主选课模式"充分满足了学生的需要，激发了学生学习的动力和兴趣，对培养学生良好的体育习惯，形成正确的体育观念，提高大学生的生活质量，都起着重要的积极作用。同时，"三自主选课模式"的构建，引入了市场经济的竞争机制，促进了管理和分配制度的改革，充分调动了教师教学工作的积极性，激励着教师不断完善自己，提高自己的业务水平、教学能力和教学质量。"三自主选课模式"不仅调动了教师工作的积极性，还激发了学生学习的积极性和学习兴趣，同时也构建了"教师、学生、课余体育活动"之间良性互动的体育教学体系，充分体现了以学生为主体、以人为本的教育理念。

（五）体育俱乐部教学模式

伴随着"健康第一"指导思想和"以人为本""终身体育"等科学理念的确立，各高校普遍进行了各种体育教学模式的改革实验。体育教学模式已由单一化发展为多样化，其中，体育俱乐部教学模式就是此阶段应运而生的产物。

高校体育俱乐部教学模式是学校与学生共同组织的新型教学模式，其将课外体育锻炼与体育教学有机地结合起来，采用"分层分流"教学，将"必修与选修"相结合，学生可以根据自己的兴趣、爱好、特长自愿选择和参加一种或多种体育教学和健身项目。在这种模式下，参与者会更主动、积极地学习，并在活动、竞赛中担任组织者、服务者、裁判等不同角色，增加了学习和锻炼的机会。

二、课外体育

大学体育有课内教学、课外体育之分，课外体育不仅是课内教学的补充和延伸，而且它以生动、灵活的方式，在满足大学生个性化的求知欲、生理需求、精神需求的基础上，使他们在强体、健心两方面同时受益。可贵的是这种益处是在不知不觉中得到的。例如，运动对意志品质的磨砺，严格的规则对纪律的磨炼，不团结合作就不能取胜的教训，以及成功的经验、失败的挫折等，都可以在潜移默化中促进大学生身心的发展，从而达到提高情商的目的。

课外体育活动包括早操、课间操、课外阳光体育运动、校外体育活动等多种形式。课外体育虽然不像体育课程教学那样有规定的内容、严格的组织形式和考核标准，但根据阳光体育运动及学校的有关规定，学生"课外体育锻炼"的应出勤次数和评分标准由学校确定，且也应该作为学生该学年的综合评定成绩的一个方面。

（一）课外体育活动

课外体育活动一般每次一小时左右，也可根据实际情况延长或缩短时间，要以振奋精神、活跃情绪、能持之以恒和不过于疲劳为原则。其内容可以是体育课程教学内容的延伸，可以采用《国家学生体质健康标准》的内容，也可以根据学生的兴趣、特点开展各种各样有益于身心发展的体育娱乐活动。可采取的形式多样，可独立按计划进行，或组成兴趣小组，或以体育俱乐部、体育协会等形式，也可以组织班级间、寝室间的一些小型、多样的竞赛活动。其主要目的是帮助学生增强体质、调节身心、消除脑力活动引起的疲劳，为提高学习和工作效率服务。

（二）校外体育活动

校外体育活动是指学生在家庭和社区进行的体育锻炼。校外体育活动是学校体育的延续和补充，对学生增强体质、增长知识、丰富文化生活、开展社交活动、发展运动兴趣、提高运动技术水平、养成良好的体育意识与习惯具有不可低估的作用。学生可以利用假日去体育场（馆）、游泳池、射击场、公园等场所参加辅导、测验、比赛等活动，也可以有计划、有组织地进行郊游、远足、爬山、野营等活动，还可以参加寒暑假中举行的冬令营、夏令营等多种形式的体育活动。

三、课余体育训练

《新纲要》指出："应把校运动队及部分确有运动特长学生的专项运动训练纳入体育课程之中。"

课余体育训练是指利用课余时间，对部分热爱体育运动、身体素质好、有专项运动特长的学生，按项目组织起来，进行系统训练的一种专门教育过程。其目的是提高学校体育运动技术水平，推动群众性体育活动的开展。课余体育训练是在体育课程教学和课外体育活动的基础上实现高校体育目标与任务的一个基本途径。课余体育训练的形式一般有以下 3 种。

（一）单项协会运动训练队

身体素质好、有专项特长、兴趣浓厚且本人有意愿的学生，经过批准可以参加单项协会运动训练队。其项目设置一般根据学校的师资、场地设备、传统运动项目等条件来决定。训练的目的可以是参加校际或上级组织的比赛，也可以是增强体质，提高运动技术水平。这种训练队常以单项协会或俱乐部的形式完成训练任务。这种训练队可以以班队、年级队、系队、校队等形式组织训练。

（二）学校代表队

一般对有定期比赛的项目，学校会组建学校代表队，其目的主要是代表学校参加校际或上级组织的比赛。项目设置一般根据学校的传统运动项目和上级比赛的竞赛规程来决定，其队数和每队人数均比单项协会运动训练队少，一般由运动技术水平较高、学习成绩合格、思想素质较好的学生组成。

（三）高水平运动队

根据《学校体育工作条例》的有关规定，普通高等学校经教育部批准，可以开展培养优秀体育后备人才的训练，且对运动水平较高、具有培养前途的学生，经报教育部批准，可适当延长学习年限。为适应开拓竞技体育人才输送渠道和扩大国际交往的需要，各大高校应积极创造条件，组建高水平运动队，使课余体育训练逐步走向科学化和系统化。

运动训练本身是一个科学而复杂的教育过程，其实质是对运动员的机体进行改造，训练内容包括身体训练、技术训练、战术训练、心理训练和队风训练等。因此，为了提高大学生的机能水平和运动成绩，除了必须根据大学生的年龄特征、运动基础、作息制度及生理、心理特点制订专门的训练计划，还应遵循运动训练的基本原则，采用科学的训练方法。

四、课余体育竞赛

课余体育竞赛是检查体育教学、体育锻炼和运动训练效果的一种重要形式。由于其具有竞技性与娱乐性的特点，因此开展课余体育竞赛不仅可以丰富大学生的课余生活、振奋精神、愉悦身心，还可以增进大学生的交往和友谊。课余体育竞赛是吸引广大学生参加体育健身活动的一种形式，对实现高校体育目标与任务具有积极的影响。课余体育竞赛应贯彻小型多样、单项分散、基层为主、勤俭节约的原则。全校性的运动会和体育节一般由学校负责领导和组织工作；单项竞赛一般由体育院部配合单项协会和体育俱乐部组织；其他简便易行的竞赛，如拔河、跳绳、踢毽等，可在体育教师的指导下由学生社团组织。另外，课余体育竞赛还可以根据《国家学生体质健康标准》的体能测试项目，专门举行一个项目或多个项目的竞赛活动。为迎接比赛，特别是全校性的竞赛，各参赛组织要积极进行选拔与训练，人人都要有强烈的参与意识，真正做到全民健身、全民参与，使体育竞赛成为推动高校体育工作的有力杠杆。此外，课余体育竞赛还可通过开展各种形式的校际体育竞赛活动，扩大大学生的视野，并提高其社会交往能力，提高学校的凝聚力，丰富校园阳光体育运动的内容。

第二章

体育锻炼的科学原理

本章导学

进行体育锻炼能够促进个体的身心健康。掌握一定的生理学和心理学知识对大学生制订科学、有效的锻炼计划有很大的帮助。本章主要介绍体育锻炼的生理学理论和与大学生心理健康相关的知识，引导大学生在参与体育锻炼时遵循科学原理。

第一节　体育锻炼的生理学理论

人体是由各器官、系统组成的有机体，体育锻炼具有增强体质的作用，其包含了很多科学规律。例如，体育锻炼的科学化、定量化与锻炼效果密切相关，不同性别、体质、年龄的人，其锻炼内容、方法、生理负荷、运动强度等均有不同的科学要求。

一、体育锻炼的能量供应理论

能量代谢是指物质代谢过程中所伴随的能量释放、储存、转移与利用的过程。食物中的糖类、蛋白质、脂肪既是建造机体结构、实现自我更新的原料，又是机体内能量的来源。运动时，能量供应有一定的生理规律，认识这些规律对正确选择体育锻炼的内容、方法及提升成绩有一定的帮助。

人体运动时的直接能源是来自体内的一种特殊的高能磷酸化合物——三磷酸腺苷。肌肉活动时，肌肉中的三磷酸腺苷在酶的催化下，迅速分解为二磷酸腺苷和磷酸，同时放出能量供肌肉收缩。但是，人体肌肉内的三磷酸腺苷含量甚微，只能供极短时间的消耗，因此，肌肉要持续运动，就需及时补充三磷酸腺苷。

磷酸原系统、乳酸能系统和有氧供能系统是运动时的 3 个供能系统。人体进行各种运动，其能量供应都来源于这 3 个供能系统，而发展这 3 个供能系统的方法又各不相同。

（一）磷酸原系统

磷酸肌酸是存储在肌细胞内的另一种高能磷化物。当三磷酸腺苷分解释放能量后，磷酸肌酸立刻分解释放能量以供应三磷酸腺苷再合成所需的能量。由于这一过程十分迅速，不需要氧气，也不会产生乳酸，因此，生理学上将这个系统称为磷酸原系统。

这一系统供能能力的强弱，主要与绝对速度有关。如果要提高 50 米、100 米等短距离跑的绝对速度，就要发展磷酸原系统的供能能力。发展这一系统的供能能力宜采用持续 10 秒以内的全速跑，重复进行练习，中间间歇休息 30 秒以上。如果间歇时间短于 30 秒，则会由于磷酸原系统恢复不足，产生乳酸积累。

（二）乳酸能系统

当人体肌肉进行快速运动的时间持续较长后（超过 8 秒），磷酸原系统供应的能量已不能及时供三磷酸腺苷的再合成，于是动用肌糖原进行无氧酵解供能。这一系统供能时不需要氧气，但会产生乳酸积累，故称为乳酸能系统。机体产生的乳酸在氧供应充足时，一部分继续氧化，释放能量，另一部分合成肝糖原。乳酸在体内积聚过多，会产生酸中毒，使机体工作能力下降，故乳酸能系统有供能能力，但持续时间也不长。

乳酸能系统的供能能力主要与速度、耐力有关。中距离跑主要需要速度、耐力，100 米、200 米跑的后程及不少球类运动也都需要速度、耐力。要提高速度、耐力，就要发展乳酸能系统的供能能力，最适宜的方法是全速（或接近全速）跑 30～60 秒，间歇休息 2～3 分钟。这种训练方式能使血乳酸达到最高水平，并能锻炼和提高机体对高血乳酸的耐受能力，提高乳酸能系统的供能能力。

（三）有氧供能系统

在氧供应充足的条件下，机体利用糖和脂肪氧化分解成二氧化碳和水，释放大量能量来合成三磷酸腺苷，这种有氧氧化供能过程称为有氧供能系统。其中糖有氧氧化产生的能量为糖酵解产生的能量的 13 倍，故其供能时间较长。

虽然磷酸原系统和乳酸能系统在运动中提供了大量能量，但归根结底，三磷酸腺苷、磷酸肌酸的合成和糖酵解产物乳酸的消除，都是通过有氧氧化来实现的，所以，肌肉活动所需的能量最终来源还是糖和脂肪的有氧氧化，而糖和脂肪又来自食物。

人体的有氧供能能力和心肺功能有关，是耐力素质的基础。要提高这一供能能力，宜采用每周 3 次以上且每次 30 分钟以上的匀速跑或间歇跑等方法训练。

人从事任何一种运动时，能量供应很少仅来源于一个供能系统，大多数情况下是上述 3 个供能系统均参与供能，只不过不同的运动，3 个供能系统所占的比例各不相同。例如，100 米跑主要以磷酸原系统及乳酸能系统供能为主，长跑则主要由有氧供能系统供能，400 米跑等练习以乳酸能系统供能为主，1 500 米跑则由 3 个供能系统共同参与供能。因此，在体育锻炼中应根据自己的特点发展某一个系统的供能能力，恰当地选择锻炼手段与方法。

二、体育锻炼超量恢复的理论

新陈代谢是有机体生命活动的基本特征之一，是通过同化作用和异化作用的对立、统一进行的。体育锻炼是对机体进行新陈代谢过程的一种刺激，它能引起组织系统产生兴奋，加剧物质代谢和能量转换，造成代谢的不平衡。人在进行体育锻炼时，体内新陈代谢过程比平时更为剧烈，能量消耗增加，以不断满足运动时能源的需要。运动后身体的能量物质不仅可以恢复到原有水平，而且会超过原有水平，这种现象叫"超量恢复"。能量物质的恢复过程大致可分为以下 3 个阶段。

第 1 个阶段是运动阶段，此时恢复过程就已经开始，机体一边进行锻炼消耗能量，一边补充和恢复能量物质。由于消耗大于补充，因此能量物质的储存量逐渐下降。

第 2 个阶段是运动结束阶段，此时能量物质消耗已逐渐减少，而恢复过程却不断增强，锻炼中消耗的能量物质不断得到补充，直至恢复到锻炼前的原水平。

第 3 个阶段是超量恢复阶段，此时能量物质恢复到原水平后并未停止，而是继续恢复。在这一段时间中，能量物质的恢复可超过原水平，比锻炼前能量物质的储存量还要多。但是，过一段时间后，能量物质的储存量又回到原水平。如果经常坚持体育锻炼，不断增强能量物质的恢复过程，超量恢复的水平便能达到更高的程度，体质也就能不断得到增强，如图 2-1-1 所示。

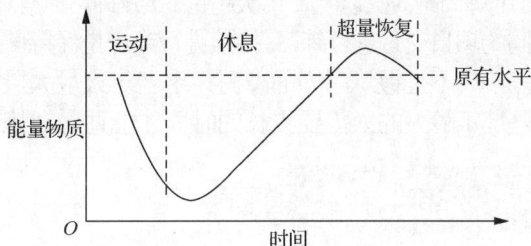

图 2-1-1　超量恢复示意

"超量恢复"出现的时间与运动量的大小、疲劳程度及营养供给有关。在锻炼身体时，运用人体超量恢复的规律来指导身体锻炼，要根据个体的身体条件、年龄和锻炼基础合理地安排运动量和锻炼持续时间，做到既引起机体超量恢复，又不超过机体适应的界限。

三、体育锻炼的最大摄氧量理论

人体就像一台机器，各个器官都在不停地工作着，各个器官的活动都需要消耗能量。人体进行一切生命活动和保持恒定的体温都需要能量。那么这些能量从哪里来？人体既不能直接利用太阳的光能，也不能利用外界供给的电能、机械能，只能通过体内糖、脂肪和蛋白质分解获得所需要的能量。而这些营养物质需要氧化才能分解释放能量。人体利用吸进的氧气来氧化营养物质（糖、脂肪、蛋白质）所释放出的能量供给各器官活动的需要，所以人体有氧能力的提高，在某种程度上是摄氧量的提高。摄氧量也叫吸氧量或耗氧量，是指人体吸进体内并被组织细胞实际消耗利用的氧量。安静时，人体每分钟的摄氧量为 0.25～0.30 升，与安静时每分钟的需氧量的数值一样，运动时摄氧量随着运动强度的加大而增加。剧烈运动时，因受到循环、呼吸系统等机能的限制，每分钟摄氧量增加到一定限度就不能再增加，即达到摄氧量的最高水平，故称为最大摄氧量，即运动时每分钟能够摄入并被身体利用的氧的最大数量。一般成年人最大摄氧量为每分钟 2～3 升，而受过训练的运动员的最大摄氧量可达 4～5 升，耐力优秀的运动员的最大摄氧量可达 6～7 升。如果要提高最大摄氧量，体育锻炼者应注意以下 6 点。

（1）最大摄氧量通过锻炼只能提高 5%～25%，其他 75%～95% 主要受遗传因素的影响，但个别人通过锻炼可提高 25% 以上。力量锻炼不能提高最大摄氧量。研究实验表明，采用中等负荷的循环力量练习，每组重复 10～15 次，组间休息 15～30 秒，最大摄氧量很少或没有变化。

（2）最大摄氧量的提高与锻炼次数有关。实验证明，每周保持 3 次的锻炼可适当提高最大摄氧量。如果每周锻炼的次数少于 2 次，最大摄氧量的变化不显著。短期的锻炼不能提高人体的有氧适应能力，最少需要 10～20 周才能见效。对成年人来说，每周的锻炼不应少于 2 次，每次不应少于 10 分钟，否则不能起到保持和提高健康水平的作用。

（3）要想改进身体成分，使去脂体重（净体重）的比例增大，每周的锻炼次数也不能少于 3 次，且每次至少持续 30 分钟，消耗的热量每次应接近 300 千卡。如果每周锻炼 4 次，则每次消耗热量应接近 200 千卡。

（4）提高最大摄氧量的最低阈值。最大摄氧量的最低阈值应为"最大心率储备"的 60% 左右（50%的最大摄氧量）。最大心率储备是指最大心率与安静时心率的差值，再加上安静时的 1/2 的心率。对青年人来说，最大心率储备相当于心率达到 130～150 次/分钟，老年人此值可减少至 110～120 次/分钟。

（5）最初练习跑步时可每周跑 3 次以上，每次超过 30 分钟。但有可能引起足部、膝盖的损伤，为避免损伤可选用不同的项目交替进行练习。持续进行锻炼是保持良好锻炼效果的重要因素。

（6）最近研究表明，年龄不是锻炼耐力的障碍，中老年人最大摄氧量的变化与青年人最大摄氧量的变化相似，只是年龄大的人需要更长的时间才能适应锻炼。

四、运动负荷有效价值阈的理论

（一）运动负荷

运动负荷是指人体在运动中所承受的生理刺激。按其对人体产生刺激的性质，把运动负荷相应地分为负荷强度和负荷量两个方面。这种划分便于我们了解、认识并研究运动负荷，更重要的是便于我们安排和调节运动负荷。在实际运用中，负荷量和负荷强度彼此互为存在的条件，即没有一定强度的负荷量和没有一定量的负荷强度，都是没有意义的。另一方面，负荷量与负荷强度之间又存在明显的负相关关系。即若要提高负荷的强度，则要相应减少负荷的量；若要增加负荷的量，则要相应降低负荷的强度。大负荷强度和大负荷量的练习（如用很快的速度跑相当长的一段距离）会导致机体承受不了，而小负荷强度和小负荷量的练习（如用慢速跑一段很短的距离）又难以获得良好的练习效果。在运动实践中，调节运动负荷，一般是通过调节影响负荷量和负荷强度的各个因素来实现的。

（二）运动负荷的有效价值阈

无论是便于用百分比确定负荷强度的练习（跑步、游泳、举重等），还是很难用百分比确定负荷强度的练习（球类、体操、武术等），我们都可以根据运动负荷的有效价值阈理论来把握体育锻炼的效果。运动负荷价值阈是按一定的心率区间来确定运动负荷的一种计量标准。尽管因为有个体差异性的存在而不可能确定一个运动负荷价值阈的绝对标准，但由于健康的人之间差异并不明显，因此，以"一定的心率区间来确定运动负荷"的运动负荷有效价值阈理论，仍具有普遍的指导意义。体育锻炼的目的在于有效地增强体质，应以有氧代谢为主。国内外有关研究成果表明：科学体育锻炼时有效价值阈所处的心率为 120～140 次/分钟。当心率在 110 次/分钟以下时，机体的血压、血液成分、尿蛋白和心电图等，都没有明显的变化，对锻炼身体的价值不大；当心率在 130 次/分钟时，每搏输出量接近或达到一般人的最佳状态，锻炼身体的效果明显；当心率在 150 次/分钟时，每搏输出量开始出现缓慢的下降；当心率增加到 160～170 次/分钟时，虽无不良的异常反应，但未能呈现出更好的有利于锻炼效果的迹象。因此，一个健康的人在进行体育锻炼时的运动负荷的有效价值阈应保持在 120～140 次/分钟的心率。心率在此范围内波动的时间，应占一次锻炼总时间的 2/3 为宜。

确定运动负荷的计量标准可采用以下 3 种方法。

（1）卡沃南氏公式：接近极限负荷的心率（假如是每分钟 200 次），减去安静时的心率（假如是每分钟 60 次）的差乘以 70%，再加安静时心率每分钟 60 次，则运动负荷为（200-60）×70%+60=158（次/分钟）。

（2）以运动负荷有效价值阈心率 150 次/分钟以下（假设为 130 次/分钟）的运动负荷为指标。

（3）以心率为 180 次/分钟为基数减去体育锻炼者的年龄，作为体育锻炼者每分钟的平均心率数值，即运动负荷。

以上运动负荷的计算方式是科学锻炼的经验总结。锻炼者在计算体育锻炼的运动负荷时，还应根据运动后是否舒适、是否影响正常学习和生活来判定。

五、运动技能形成的理论

（一）运动技能及运动技能的生理本质

运动技能是人在运动中学习、掌握和有效完成专门运动动作的能力。随着运动技能的形成，身体素质逐渐提高，身体素质的提高又对进一步促进和改善运动技能打下了良好的基础，所以运动技能和身体素质之间是相互影响、相互促进的。从生理本质来看，运动技能是复杂的、连锁的、本体感受性的运动条件反射。

由于运动技能是复杂的运动条件反射，所以参与运动技能形成的中枢不是一个而是多个，其中既有运动中枢，又有支配内脏活动的中枢，还有与视觉、听觉、触觉等有关的中枢参与。由于运动技能是连锁的运动条件反射，所以运动技能基本上都是成套动作，反射活动不是单一的，而是成串的，前一个动作的结束成为后一个动作开始的信号，这样动作之间的关系就像锁链一样。由于运动技能是本体感受性的运动条件反射，所以在形成运动技能的过程中，本体感受器不断发放神经冲动传至运动中枢，再由运动中枢发放神经冲动传至肌肉，使肌肉的收缩和放松更加准确、协调。本体感受器在运动技能的形成过程中起着相当重要的作用。

在个体形成运动技能之后，各种感觉刺激会引起大脑皮质有关中枢有规律、有顺序、有严格时间间隔地交替产生兴奋和抑制，并按一定形式和格局形成一个系统，大脑皮质的这种机能系统称为运动动力定型。运动动力定型建立之后，可使肌肉收缩和放松更加有规律、有顺序、有严格时间间隔地进行，所以运动技能的形成，实际也是建立运动动力定型的过程。

（二）运动技能形成的过程

运动技能的形成实质上是在大脑皮质建立运动条件反射的过程，或者说是在大脑皮质建立暂时性神经联系的过程。运动技能形成的过程，可人为地划分为以下 4 个相互联系的过程（阶段）。

1. 泛化过程

在形成运动技能的初期，由于体内外的刺激会通过本体感受器传入大脑皮质的相应中枢，并使相应中枢兴奋，加上此时大脑皮质内抑制过程尚未建立，所以大脑皮质的兴奋和抑制过程都呈扩散状态，因此，将形成运动技能的初期阶段——泛化阶段（过程）。由于大脑皮质的兴奋和抑制处于广泛扩散状态，所以出现运动动作不协调、不准确，并出现多余的、错误的动作，而且动作完成得很费力。泛化过程一般出现在学习新动作的开始阶段，所以在此阶段的教学和训练应特别注意动作的主要环节，不要过于抓动作细节。应用正确的示范和简练的讲解，使学生建立起正确的动作概念。

2. 分化过程

随着运动技能的逐步改进，运动技能的形成过程就由泛化过程进入分化过程。在分化过程期间，大脑皮质的兴奋和抑制过程不论在时间和空间上均日趋集中和完善，由于在分化过程期间大脑皮质内抑制过程不断完善，所以多余动作和动作不协调的现象消失，错误动作得到了纠正，能顺利连贯地完成成套技术动作。在分化过程期间虽初步建立了运动动力定型，但还没有熟练掌握运动技能，所以在较强的刺激出现时，常使已建立起的抑制过程遭到破坏，又会出现多余动作和动作不协调的现象。在分化过程要特别注意对动作细节的严格要求，并让学生多体会和思考动作的细节，使分化过程中的抑制过程得到进一步发展。

3. 巩固过程

分化过程以后就进入巩固过程。巩固过程的特点是大脑皮质的兴奋和抑制过程不论在空间和时间上都更加集中，动作也更加精确、省力、协调，动作细节完成得更加准确，甚至某些动作环节在无意识情况下也能完成。在环境条件发生变化时动作不易受到影响，运动动力定型更加巩固。在巩固过程期间，内脏器官的机能活动与肌肉活动配合得也很协调。在巩固过程期间，运动动力定型虽然已比较完善，但如果长期不进行练习，那么已形成的运动技能还是会消退，而且越是难度大的、复杂性高的动作技能，越容易消退。所以在运动技能进入巩固过程后，也应经常从事练习，以进一步提高技术水平，使运动动作达到自动化程度。

4. 自动化过程

在无意识情况下能自如地完成某些动作称为动作自动化。篮球运动员在比赛中不需考虑如何传球和运球，只要考虑如何相互配合战胜对方，走路、骑自行车时不必考虑如何迈步及如何握车把和踏动自行车前进，这些都是动作自动化的现象。在动作进入自动化过程后，虽然人在无意识情况下可完成某些动作，但是动作的完成仍然要在大脑皮质的参与下才能实现。

第二节　体育运动与大学生心理健康

一、心理健康的概念

对于心理健康，历来有许多的看法。一般而言，心理健康是指个体的心理活动处于正常状态下，即认知正常、情感协调、意志健全、个性完整和适应良好，能够充分发挥自身的最大潜能，以适应生活、学习、工作和社会环境的发展与变化的需要。那么，究竟怎样才算是心理健康呢？心理健康通常是指人的智力正常、情绪良好、个性健全、能适应环境、人际关系协调、心理行为符合年龄特征标准的心理状态。

二、大学生的心理特征

从中学迈进大学，主客观环境的变化、人际关系的变化、青春期发育的逐渐成熟等，使大学生的心理特征发生了剧烈变化，心理活动特别活跃，心理现象丰富多彩。同时由于大学生自我意识的发展，内心充满各种矛盾且处于很不稳定状态，加上社会上的各种现象可能会给其身心健康的发展带来很多负面影响。目前，大学生存在的主要心理问题有以自我为中心、思维方式片面、情绪控制能力不足、意志力缺乏、心理承受能力较弱、害怕失败、容易自卑等。这些心理问题严重影响了大学生的健康成长。因此，大学生应对自己的心理健康状况有一个清晰、正确的认识。

（一）自我意识的发展

大学生身体发育的成熟、体型的改变会给其心理带来各种各样的影响，使大学生的自我意识得到发展，自我评价能力提高，自我体验变得丰富复杂。有些大学生很容易将身材匀称、五官端正、肌肉丰满、身体健壮与英俊潇洒、有风度、有气质联系起来，从而产生错误的自我意识、自我评价，觉得自己在某些方面具有别人不可超越的优势，容易骄傲自大，过高评价自己，而当别人在某些方面超越自己时则会感到失落，甚至做出不理智的举动；也有部分大学生可能会因为自己的长相、身高、体型等一些缺陷而自卑，从而产生很多烦恼，甚至形成孤僻的性格。这些都是大学生自身需要注意的。

（二）身体条件的变化

由于身体发育趋于全面成熟，有些同学爱好体育运动，运动能力强，体型健美，充满活力；而有些同学由于没有养成锻炼身体的习惯，或者因为其他原因身体条件很差，在体育运动中总是表现得较差，就会产生自卑感，认为自己和大家在一起很丢人等，严重者会远离体育运动，长期下去，只会使其远离健康。大学生应进行正确的自我分析、评价，可以多参加一些自己感兴趣的体育运动项目，逐渐提高自己的身体素质，争取融入学校的群体中。

（三）大学生的个性特征

个性特征是指人在心理过程中经常地、稳定地表现出来的心理特点。个性贯穿于人的一生，影响人的一生。正是人的个性特征中所包含的需要、动机、理想、信念、世界观，指引着人生的方向、人生的目标和人生的道路。个性特征具体可分为以下 4 个层次。

（1）完成某种活动的潜在可能性的特征，即能力。

（2）心理活动的动力特征，即气质。

（3）完成活动、任务的态度和行为方式的特征，即性格。

（4）活动倾向方面的特征，即动机、兴趣、理想、信念等。

这些特征不是孤立存在的，而是错综复杂、相互联系、有机结合的一个整体，会对人们的行为进行调节和控制。

大学时期正是青年个性的塑造期，体育运动对大学生塑造良好的个性特征具有积极的意义，这种个性特征包括坚强的意志、顽强的拼搏精神、良好的独立性和自信心、团队精神等，这些在体育运动中都能够得到体现。因此，大学生应该经常参加一些体育运动，克服不健康的人格缺陷，努力塑造出有独特魅力的人格。

三、大学生心理健康的标准

一个人的心理健康状况很难用一个统一的标准来衡量，所以一般学者认为应以整个行为的适应情况为基准来衡量，而不要过分看重个别症状的有无。了解心理健康的基本内涵，可以帮助判断自己的心理健康状况，并采取相应的心理健康保健措施，从而达到身心全面健康。下面是目前得到普遍认同的评价大学生心理健康的 7 个标准。

（一）正确的自我评价

正确的自我评价是大学生心理健康的重要条件。一个心理健康的人，清楚自己的价值，了解自己、接受自己，能做到自尊、自重、独立自主；不但能够了解自己的优缺点和各方面条件，而且能够正确评价自己的能力、性格、爱好等，并能够据此安排自己的学习、生活；

既不妄自尊大、好高骛远，也不妄自菲薄、自轻自贱。所以他们在求学、谋职和恋爱等方面能够做出正确的选择，从而提高自己成功的概率。

（二）对现实环境的良好适应

对现实环境的良好适应是心理健康的重要特征。心理健康的人能够面对现实、接受现实，并能主动地适应现实，进一步改变不满意的现实；对周围环境有清醒、客观的认识，能用正确的方法处理生活和学习中的各种问题，而不企图逃避、推卸责任；他们既有高于现实的理想，又不沉迷于过多的空想，思想和行动都能够跟上时代的发展，为学校、社会所接纳。

（三）人际关系和谐

和谐的人际关系既是大学生心理健康不可缺少的条件，也是大学生保持心理健康的重要途径。心理健康的人乐于与人交往，在与人交往中总能注意别人的长处，不苛求别人，能为他人所理解和接受，能够与大多数同学建立良好的关系，能与同学们同心协力地合作共事。

（四）热爱生活，乐于学习

心理健康的人能珍惜和热爱生活，并在生活中享受人生的乐趣，有积极的生活态度，常常往美好的方向看，对未来充满希望，遇到烦恼能够自行调节。

（五）保持健全的人格

心理健康的人，其人格结构（包括气质、能力、性格、理想、信念、人生观等）各方面都能平衡发展。人格作为个人整体的精神风貌能够完整、协调、和谐地表现出来。

（六）有效调整情绪

心理健康的人，其愉快、乐观、开朗、满意等积极情绪总是占优势，虽然也会有悲、忧、愁、怒等消极的情绪，但消极情绪一般不会持续太久，同时能适度地表达和控制自己的情绪，喜不狂、忧不绝。

（七）心理行为符合年龄特征

心理健康的人，其认知、情感、言行举止均符合其所处年龄段的特征。心理健康的学生表现为精力充沛、勤学好问、反应敏捷、喜欢探索，而过于老成、过于幼稚、过于依赖等严重偏离其年龄特征的表现，则是心理不健康的表现。

四、体育运动对大学生心理健康的影响

（一）体育运动对智力发展的影响

智力是人认识客观事物并运用知识解决实际问题的能力，也是人在心理过程中所体现出来的注意力、观察力、记忆力、想象力、思维力和分析判断能力等构成的统一体。这些能力在体育运动中都有鲜明的表现和实际内容。智力是人在学习知识和从事实践活动中发展起来的，它是遗传、教育以及个人努力等因素互相作用的产物。体育运动是智力发展过程中不可缺少的重要因素，如果缺乏或者没有这种身体实践活动，智力的发展会受到阻碍。体育运动可促使人的潜在智力得到更好的开发，人的思维能力和创造力同时也得到提高。体育运动对开发智力提供了有利条件，同时其本身也是对智力的一种开发。体育运动过程中技术、战术的运用及高难度动作的表现等正是逻辑思维和创造性思维的体现。

（二）体育运动对大学生个性发展的影响

个性是一个人的兴趣、能力、气质、性格等各种心理特征的综合表现，它的形成一方面受遗传因素的影响，另一方面受教育及个人努力程度等因素的影响，且后者的影响更大。发展个性有利于培养大学生的创新、开拓、进取精神和公平竞争意识。

在体育运动过程中，大学生拥有一个广阔的空间，可以尽情游戏、运动和竞赛，他们的身体直接参与活动，其思维活动与机体活动紧密结合，因而个性也就在其中得到充分展示与发展。

在体育运动过程中，身体运动施加给机体感受器的刺激会在大脑中引起主观意识感受，即心理感受。如果在一段时间里，机体反复多次地感受某种运动形式，就会在个性上形成一种相对稳定的心理特征。

在体育运动过程中，大学生不仅可以广泛地参加社会交往活动，提高对社会的适应性，得到他人的尊重，还可以从体育运动中体验到成功的喜悦，满足自我实现的需要，从而证明自己的能力，增强自信与自尊，使个性得到充分的发展。

由此可见，体育运动对大学生形成良好个性具有非常重要的作用。体育运动可以磨炼大学生的意志，培养大学生的顽强品质，有利于大学生形成主体感和自主性，培养大学生的团队精神；有助于大学生享受生活乐趣，消磨闲暇时光，优化性格，调节身心；有利于大学生形成良好的生活节奏，消除不良习惯，陶冶情操，从而塑造大学生健全的个性心理。

第三章

体育锻炼的科学基础

本章导学

进行科学的体育锻炼可以刺激骨骼、肌肉系统，增加血液供应，增强个体的力量、速度、耐力、灵敏性和柔韧性；增强血液循环，强化心肌纤维，增加心功能储备；增加肺活量，强化呼吸肌，增加肺功能储备；调节机体内分泌，增强机体的免疫力；还可以使人放松心情、释放压力。本章主要介绍体育锻炼的原则与方法、体育锻炼的计划与内容以及提高各项身体素质的方法，以指导大学生科学地进行体育锻炼。

第一节　体育锻炼的原则与方法

一、体育锻炼的原则

体育锻炼的原则是体育锻炼客观规律的反映，是人们从事体育锻炼实践的概括和总结。通过体育锻炼可以达到增强体质的目的，但在进行体育锻炼时，必须遵循以下基本原则。

（一）自觉性原则

自觉性原则是指体育锻炼参与者的锻炼行为是出自主观的实际需要，是自觉的行动。体育锻炼参与者必须有明确的锻炼目的和健身目标。体育锻炼是一种有目的、有意识的健身活动。体育锻炼是一个自我锻炼、自我完善的过程，大学生要树立"生命在于运动"的观念，自觉、积极地进行体育锻炼。大学生应利用体育课和课余活动时间进行体育锻炼，并积极参加学校和班级组织的各项体育活动，培养体育锻炼的兴趣和能力，形成自觉、积极锻炼身体的习惯。大学生应把现在的学习、今后的工作和生活与体育锻炼紧密地联系起来，让体育锻炼成为大学生活中不可缺少的一部分。

（二）全面性原则

全面性原则是指为了全面、协调地发展身体的各个部位、各个器官、各个系统的机能，以及各种身体素质和活动能力，而选择多样的锻炼内容和锻炼手段。

目前，大学生多为18～23岁，处在身体发育逐渐成熟的阶段。身体各个系统是相互联系、相互制约的，具有一定的可塑性。因此，在体育锻炼中贯彻全面性原则尤为重要。

人体是在大脑皮层统一调节下的有机整体。人体的各部位、各器官和系统的机能，以及各种身体素质和基本活动能力之间，既相互联系又相互制约。任何局部机能与素质提高时，必然促进人体整体的机能与素质的改善。如果不注意身体各器官和系统的全面发展，会导致身体发展的不均衡。不同的运动项目对身体的锻炼效果是不一样的，所以在选择体育项目锻炼时要充分考虑能发展力量、速度、耐力、灵敏性、协调性的训练。大学生在选择体育项目时可以考虑以下项目：投掷、举重主要发展力量，短跑主要发展速度，中长跑则侧重发展耐力，球类则以发展灵敏性、协调性为主。如果长期只从事某一项素质训练，整个机体就不能得到全面发展。因而，每个人在选择体育锻炼项目时，应根据自身的需要，以1~2项适合自己的体育项目为主，辅以其他项目进行全面锻炼，如此，身心才会得到全面、协调的发展。

（三）持之以恒原则

持之以恒原则是指要经常地、坚持不懈地锻炼身体，使体育锻炼成为日常生活不可缺少的部分。

坚持进行体育锻炼，才能有好的效果。运动技能的形成，人体结构、机能的改善，身体素质的提高，都会受"用进废退"规律的制约。不经常锻炼，即使是已取得的效果也会逐渐消退。如果"三天打鱼，两天晒网""一曝十寒"，几乎不可能取得良好的身体锻炼效果。体质的增强是一个不断改变、逐步提高的过程，既不可能在短时间内取得成效，也不可能一劳永逸。体育锻炼可以使锻炼者骨骼粗壮、韧带结实、肌肉发达、心脏功能增强。这些都是长期坚持体育锻炼的结果。

体育锻炼会对机体给予刺激。连续不断的刺激会使机体产生痕迹积累。这种积累使机体的结构和机能产生新的适应，体质就会不断增强，动作技能的条件反射就会不断得到强化。体育锻炼不会一日见效，也不能一劳永逸，只有持之以恒，才能取得成效。为了增强体质、丰富课外生活，大学生应持之以恒地参加体育锻炼。

（四）循序渐进原则

循序渐进原则是指体育锻炼的内容、方法和运动负荷等，必须根据人对事物的认识规律、动作技能的形成规律和生理机能的负荷规律，由小到大、由易到难、由简到繁、由低级到高级地逐步进行。

在体育锻炼过程中，必须遵循人体机能活动的规律，循序渐进地锻炼身体。在体育锻炼中，最忌急于求成，结果只能事与愿违，甚至还会造成安全事故或给身体带来生理损伤。因为人体各器官系统的机能不是一下就可以提高的，它是一个逐步发展、逐步提高的过程。如果违反这一规律，不仅不能增强体质，还会损害健康。在体育锻炼过程中，身体机能的提高和各项身体素质的发展是一个渐进的过程，必须遵循人体机能活动的规律，循序渐进地锻炼身体，才能取得良好的锻炼效果。因此，进行体育锻炼时，学习动作要由易到难，运动量要由小到大，运动强度要由小到大。同时，还应根据年龄、性别、身体素质水平，因人而异地安排练习的内容，这样才能取得良好的效果。

1. 选择合理的锻炼内容

在锻炼的内容上，要根据自己的身体状况进行合理选择，体质不同锻炼的内容也不同。体质较好的人，可选择比较剧烈的运动方式，如各种竞技运动项目；体质较弱的人，开始锻炼时可选择比较缓和的运动，如慢跑、徒手操、武术、乒乓球等；患慢性疾病的人，可选择保健体育的一些内容，如太极拳、散步等。当体质逐渐变好时，锻炼内容也可逐步由缓和的运动变为较为剧烈的运动。

2. 运动量逐步加大

机体对运动量的承受能力有个缓慢的适应过程，锻炼时运动量要由小到大逐步增加。开始锻炼，时间要短，运动量不要过大，待机体适应后再逐步加大运动量。如果运动量长期停留在一个水平上，机体会逐渐适应，不利于提高机体机能。机体机能的提高是按照"刺激—适应—再刺激—再适应"的规律有节奏地逐步提高的，运动量也应随着这种节奏来加大。病愈后或中断锻炼后再进行锻炼时，尤其要注意循序渐进，以免发生意外。

3. 锻炼时要循序渐进

每次锻炼前要做好准备活动，锻炼后要做好整理活动，如长跑前先进行5～10分钟慢跑，长跑后也不要马上停下来。

（五）适宜运动负荷原则

适宜运动负荷原则指参与锻炼时选择有利于增强体质的适宜运动负荷。确定运动负荷应充分考虑锻炼者的性别、年龄、体质、健康状况等因素。一般来讲，参加者参与体育锻炼以既有一定程度的疲劳感，又能承受且不影响正常的工作学习和生活为准。运动负荷过小，对锻炼身体的作用不大；运动负荷过大，对身体会造成伤害；只有适宜的运动负荷，才能有效地增强体质，提高个体的健康水平。适宜的运动负荷，体质较弱者能逐渐改变自己的适应能力，健康的人能提高适应能力，运动员则能进一步提高和发展自己的适应能力。对同一个人来讲，运动负荷并不是固定不变的，不同的阶段、时期、季节、气候、环境等其运动负荷有一定的差异。只有适宜的运动负荷，才能有效地增强个体体质、提高健康水平。测量脉搏是比较实用的确定运动负荷的方法。目前，国内外一般采用以下3种方法确定运动负荷。

（1）运动后的心率为一个人接近极限运动量的心率（假如是200次/分钟）减去安静时的心率（60次/分钟）的差乘以70%，再加上安静时的心率60次/分钟，是对身体影响最好的（即能获得最大摄氧量和心排血量的）运动量，即（200-60）×70%+60=158（次/分钟）。

（2）以每分钟脉搏次数150次以下（平均是130次/分钟）的超常态运动量为指标。

（3）以心率为180次/分钟为基数减去锻炼者的年龄，作为锻炼时的每分钟平均脉搏次数。

（六）安全性原则

安全性原则是指进行体育锻炼时要保证锻炼者的安全，锻炼者要遵循科学规律，合理安排锻炼的内容和方法，避免出现安全事故。为了保证体育锻炼的安全，锻炼者应做到以下8点。

（1）在制订或实施锻炼计划前，一定要进行体检，得到医生的许可。如果患有某种疾病或有家族遗传病史，就需要找医生咨询，在有医务监督的情况下按照医生的建议进行锻炼。

（2）在有条件的情况下，锻炼者应请运动医学专家根据自己的体质健康状况开出运动"处方"，它可以指导锻炼者有目的、有计划地进行安全、科学的锻炼。

（3）体育锻炼前做好充分的准备活动，先克服身体各器官的惰性，再进行较剧烈的运动。

（4）每次锻炼后，要注意做好放松活动。这有利于促进身体的恢复。

（5）饭后、饥饿或疲劳时应暂缓锻炼，疾病初愈不宜进行较大强度的锻炼。

（6）在锻炼过程中不要大量饮水，以免加重心脏的负担或引起身体及肠胃的不适。运动后不宜立刻洗冷水澡。

（7）锻炼时要全身心投入，在体育锻炼过程中不要嬉闹。这对于大学生尤为重要，有时稍不注意，就可能出现运动损伤。

（8）在进行跑步、健美操等体育锻炼时，最好不要在沥青马路和水泥地面上进行，以防出现各种劳损症状。

二、体育锻炼的方法

（一）重复锻炼法

重复锻炼法是指锻炼者在做某项练习的过程中，要反复进行练习，以使负荷量达到运动负荷的有效范围。重复的次数不同，对身体的作用也不同，即进行体育锻炼时，重复的次数应根据具体锻炼的项目、个人体质水平、个人健康状况和锻炼时间而定。在运用重复锻炼法时，必须善于体会重复锻炼所产生的生理负荷反应。达不到运动负荷的有效范围时，要增加重复次数；当运动负荷适宜时，就应该保证已定的重复次数；超出运动负荷的有效范围时，就应减少重复次数或者停歇。

（二）间歇锻炼法

间歇锻炼法是指锻炼者在进行体育锻炼时，在达到一定指标的前提下，重复锻炼期间进行合理休息。间歇时间和重复次数，要根据锻炼的项目、个人体质、气候等不同情况所产生的不同生理反应来确定，它不是固定不变的。在每次锻炼中主要以运动负荷的有效范围来调节间歇时间和重复次数。后一次锻炼应在前一次锻炼的"效果"未消退时进行。如果间歇时间过长，将会严重影响锻炼效果。

（三）连续锻炼法

连续锻炼法是指锻炼者为取得良好的增强体质的效果，连续进行锻炼。连续锻炼时间的长短，同样要根据运动负荷的有效范围确定，通常认为保持心率在 140 次/分钟左右连续锻炼20～30 分钟，可使机体的各个部位都长时间地获得充分的血液和氧气的供应，因而能有效地提高有氧代谢能力。实践中，适合进行连续锻炼的运动主要是那些比较容易的并已为锻炼者所熟悉的项目，可以是跑步、游泳，也可以是跳体育舞蹈等。

（四）变换锻炼法

变换锻炼法是指在锻炼过程中，采用变换环境、条件、要求等以提高体育锻炼效果的一种锻炼方法。利用这种方法可以有效地调节运动负荷，提高锻炼者的兴奋度，强化锻炼意向，克服疲劳和厌倦情绪，以达到提高体育锻炼效果的目的。例如，长跑锻炼者在运动场内进行数千米的跑步锻炼，长此以往，就会觉得枯燥无味，如改变环境在校园林间小道，或校外公路，或乡间原野，或结伴而跑等，就会有利于提高锻炼效果。

（五）循环锻炼法

循环锻炼法是指将各种类型的项目或具有不同练习效果的项目组合起来进行锻炼的方法。一组练习内容可采用几个或十几个项目，分设成若干练习。这些练习内容必须搭配合理，并简单易行。练习顺序要符合生理机能变化的规律和体育运动锻炼规律，重复次数、间歇时间都必须符合运动负荷的有效范围的要求。

第二节 体育锻炼的计划与内容

一、体育锻炼的计划

大学生进行体育锻炼时应制订切实可行的计划，这样才能保证锻炼的系统性和科学性，克服锻炼的片面性、盲目性和随意性。同时也便于检查锻炼效果、总结经验，进而改变不适宜的方法，以提高运动效果。个人体育锻炼计划可分为以下 3 个步骤。

（一）制订锻炼计划

体育锻炼计划是指根据个人身体情况，制订的科学、系统的锻炼方案。制订锻炼计划包括健康诊断与体力测定、制订锻炼计划的内容等。

1．健康诊断和体力测定

健康诊断和体力测定是制订锻炼计划的基础依据。在了解参加锻炼者的一般身体情况后，才能确定锻炼的内容与锻炼的具体方法。如发现患有疾病，应先治病，再进行锻炼。体力测定是确定运动的强度和检验锻炼效果的依据，一般可采用库珀的 12 分钟跑等进行测定。

2．制订锻炼计划的内容

锻炼计划的内容包括目标、运动项目与内容、运动强度、运动时间、运动频率。

（1）目标

首先应从自身的体质状况和健康状况出发确定目标，使锻炼目标切合实际。例如，在校大学生完成《标准》测验安排：第 1 阶段，以提高身体素质，部分达到《标准》及格线为目的；第 2 阶段，进一步提高身体素质，以全部达到《标准》5 类项目及格线为目的；第 3 阶段，全面提高身体素质，以超过《标准》及格线为目的。

（2）运动项目与内容

选择运动项目时，应根据自己的兴趣爱好、运动特长、专业特点，以及学校体育环境、季节、气候等来安排。既要注意复习、巩固所擅长项目，又要努力克服自己的不足，提高自己的弱项。选择体育锻炼内容时，注意将体育课的教学内容与课外体育锻炼内容相结合，将锻炼兴趣与实际需要相结合，同时要注意身体素质练习与其他活动的有机结合，如速度与力量练习的结合、力量与耐力练习的结合、动力性练习与静力性练习的结合等，使锻炼具有全面性和实效性。

（3）运动强度

运动强度是否合理会直接影响锻炼的效果和运动的安全性。一般以运动中的心率作为量化的标准。

（4）运动时间

在运动时间的安排上，应按学校的作息制度（早操、课间操、课外活动）来确定。根据学校特点，大学生在制订锻炼计划时，一般以一年或一学期为锻炼周期，以此来确定每周早操、课外活动的锻炼次数及每次锻炼的时间。一般运动时间应保持每周 4 小时左右，且每次运动时间不能少于 5 分钟，一般为 15~60 分钟，考试期间每周保持 2 小时左右的运动时间。运动时间短，运动强度应大，相反，运动时间长则运动强度小，可随个人情况而定。

（5）运动频率

一般每周坚持3次或3次以上的运动强度和运动时间都适宜的运动便能取得明显的效果。每天坚持适宜运动量的锻炼效果更佳，而力量锻炼隔天一次效果较好。

（二）锻炼实施与检验

体育锻炼的实施与检验，必须遵循体育锻炼的一般原则，一方面应严格按锻炼计划、计划预定的目标进行锻炼，另一方面则应根据锻炼的实际情况进行调整，这样才能取得良好的效果。

（三）自我评价全过程

身体锻炼是提高健康水平、增强体质和提高运动能力的有效方法。锻炼时，要选用科学的内容与方法，从而引起身体各器官组织、各机能系统发生一系列生理变化，达到增强体质、提高健康水平的目的。身体锻炼选择的内容、采用的方法、安排的运动负荷将直接影响锻炼效果。安排不当，盲目地进行锻炼，不仅达不到提高健康水平的目的，甚至还会对身体造成危害，产生不良后果。科学的锻炼方法是在锻炼开始时，根据锻炼目的选择能够反映体质状况的目标，作为确定锻炼内容、方法及运动量的依据。经过一段时间的锻炼，可从以下6方面进行自我评价。

1. 自我感觉

当天锻炼后，特别是第二天，有无不适的感觉或异常的反应，如有无出现头晕、恶心、发烧、疲劳不堪、胸闷、腿部有水肿等情况；食欲如何，有无腹泻、腹痛或便秘现象；精力是否充沛，情绪是否饱满，心情是否舒畅等。如果一切正常，疲劳消除得快，全身感到轻松，就说明锻炼效果是好的。

2. 形态、结构方面的变化

经常进行体育锻炼的人，腹肌力量较强，肌肉发达、粗壮、健美，体重上升。在 X 光下可见到其心肌壁增厚、心室肥大（心脏运动性肥大），且四肢骨骼都不同程度地变粗。

3. 生理机能的变化

经常锻炼的人，肺活量会增加，心动也会徐缓。

4. 运动能力和体育成绩

经常锻炼的人，对事物反应快，掌握技术动作快，能够进行长时间的工作和体育锻炼而不易感到疲劳。特别是进行激烈的体育活动时，经常锻炼者能够迅速动员和发挥自己的潜力，以保证肌肉运动时的能量需要。另外，从运动成绩上来看，经过一段时间的锻炼后，通过素质测验，会看到自身的各项身体素质和运动成绩都比原来有所提高。

5. 运动后的疲劳恢复

有锻炼习惯的人，身体各器官在运动时，进入工作状态快、潜力大，且运动后恢复得快。例如，一个有锻炼习惯的人在运动结束后 5～10 分钟，其脉搏即可恢复到安静状态时的水平，而缺乏锻炼的人脉搏的恢复时间较长。

6. 心理状态

经常进行体育锻炼的人，由于体质较强、身体健康，会感到充实、情绪饱满、精力充沛，对日常的学习、工作能应付自如。

二、体育锻炼的内容

体育锻炼的内容根据锻炼目的可分为以下 5 类。

（一）健身体育

健身体育是指为提高健康水平、增强体质而进行的身体锻炼。健身体育的目的主要是改善人体内脏器官的功能，特别是心血管系统和呼吸系统的功能，提高力量、耐力、柔韧性、灵敏性和速度等运动素质，以及提高工作、学习效率，丰富业余生活，延年益寿。这类体育运动一般形式简单、动作轻缓、强度较小，大多易于开展，且可因人、因时、因地进行选择，如健身走、健身跑、体操、太极拳、游泳、骑自行车、球类活动等。

（二）健美体育

健美体育是为了体型的健美而进行的体育锻炼。这类运动不仅可以增强体质，还可以培养运动者的审美能力和身体的表现能力。例如，为了锻炼肌肉，采用举重和器械练习；为了形成良好的体型与姿态，采用艺术体操、健美操、各种舞蹈和基本体操中的一些力量练习等。

（三）娱乐性体育

娱乐性体育是为了调节精神、丰富文化生活，人们利用闲暇时间开展的具有娱乐性质的体育活动。娱乐性体育可以陶冶情操、改善身心，并达到锻炼身体的效果，它适合各年龄段的人。娱乐性体育的内容包括球类游戏、活动性游戏、传统形式的活动（如竹竿舞、放风筝、渔猎、跳皮筋、荡秋千等）、棋类活动和各种体育比赛等。

（四）格斗性体育

格斗性体育是为了提高自卫能力、防身能力和应变能力而进行的身体锻炼。通过格斗性体育，掌握和运用格斗的攻防技术，既能强身健体，又能适应日常生活的需要，对提高对抗能力和自我保护能力有一定的价值。在选择格斗性体育项目时应明确锻炼目的，并采取安全防护措施，以免发生意外。格斗性体育的主要项目有擒拿、散打、跆拳道、太极拳、拳击、短兵、武术对练、射击等。

（五）医疗体育和康复体育

医疗体育和康复体育也叫体育疗法，是为了治疗某些身体有缺陷、功能有障碍的人而进行的专门体育活动。这类体育锻炼的对象是体质较弱或有疾病的人，其目的是祛病健身、恢复身体功能。这项运动一般应在医生或专业教师指导下进行。常见的体育疗法有步行、跑步、太极拳、八段锦、五禽戏、按摩、各种保健操、矫正体操、徒手或利用器械的医疗体操等。另外，选择体育锻炼的内容要从实际出发，讲究实效，尽量考虑该项目的锻炼价值，不要贪多，力求简单易行。同时，要考虑季节、气候，因时、因地制宜。还可以利用节假日组织野外活动，达到治疗疾病和纠正缺陷的效果。

第三节　提高各项身体素质的方法

身体素质是人体在运动、劳动和日常活动中，在中枢神经的调节下，各器官和系统功能

24

的综合表现，如力量、速度、耐力、灵敏性、柔韧等机体能力。掌握提高身体素质的方法，结合自身实际进行锻炼，对增强体质、改善健康状况具有重要作用。

一、提高力量素质

力量素质是指人体神经肌肉系统紧张时或收缩时对抗或克服阻力的能力。

（一）提高力量素质的练习方法

力量素质按肌肉收缩的形式可分为静力性力量和动力性力量。

1. 静力性力量练习方法

静力性力量是指练习时能使肌肉产生张力但不发生长度的变化，以改变张力克服阻力的运动所产生的力量，如体操项目中的支撑、平衡、倒立、悬垂等动作产生的力量。训练静力性力量时，稳定身体，推或蹬住固定重物，以肌肉最大收缩力坚持一定时间，重复一定次数；也可不借反弹力和惯性力，单纯依靠肌肉的紧张或收缩来完成，如负自身最大负重量的80%以上重量做深蹲、慢起等。

2. 动力性力量练习方法

动力性力量是指用动力性力量练习方法使身体某部位产生明显的位移，以推动物体进行运动的练习方法。动力性力量练习方法有投掷器械、田径、游泳和球类运动等。训练动力性力量时，可以进行以较少次数举接近最大重量的绝对力量练习；在最短时间内发挥最大力量的速度力量练习，即爆发练习；长时间克服阻力的力量，即耐力锻炼等。经常做俯卧撑、仰卧起坐可锻炼上肢和腰腹肌力量。

（二）进行力量素质练习时应注意的事项

（1）练习前应充分做好准备活动。

（2）力量素质练习应循序渐进，肌肉力量增长以后，运动负荷随之加大。

（3）力量素质练习应注意安全，避免受伤，练习结束应进行充分放松或者按摩。

二、提高速度素质

速度素质是指人体进行快速运动的能力，包括对外界信号刺激快速反应的能力、人体快速获得高速度完成动作的能力、最短时间完成单个动作的能力、最短时间重复多次动作的能力、最短时间移动身体到达最长距离的能力。

（一）提高速度素质的练习方法

速度素质通常分为反应速度、动作速度和移动速度。

1. 反应速度练习方法

反应速度练习方法通常为利用各种信号让练习者做出相应的反应动作，如用听觉、视觉信号引导练习者伴随信号快速运动的训练。这种方法有助于建立新的动作节奏，如听口哨起跑等。

2. 动作速度练习方法

动作速度练习方法为加快动作频率，如快速小步跑、计时计数的高抬腿跑、快速摆臂练习等。

3. 移动速度练习方法

常见的移动速度练习方法有短距离重复跑、接力赛跑、追逐游戏等，练习时时间应控制在 30 秒以内，间隔时间可稍长。例如，进行 20～80 米加速跑 6～8 次，200 米变速跑，30 米下坡跑，相同距离的追逐跑，不同距离的接力游戏或比赛等。

（二）进行速度素质练习时应注意的事项

（1）速度素质练习应在身体状况较好、体力较强时进行，一般应安排在练习课的前半部分。

（2）速度素质练习应与力量素质练习相结合。

（3）速度素质练习会对中枢神经系统造成较大负荷，因此要注意重复次数不宜太多，并应注意速度练习之间的间歇时间。

三、提高耐力素质

耐力素质是指人体长时间进行肌肉活动的能力，也可看作对抗疲劳的能力。

（一）提高耐力素质的练习方法

提高耐力素质的练习方法按照锻炼者所参加运动的能量供应特点，可分为有氧耐力练习方法和无氧耐力练习方法。

1. 有氧耐力练习方法

对大学生来说，进行有氧耐力练习时应把心率控制在 130～160 次/分钟较为适宜，时间在 15 分钟以上，有疲劳的感觉但不难受，运动后心情舒畅、精力充沛，如先进行走与跑相结合的强度较小的越野跑、跳绳、爬山、自行车、球类活动等。练习时注意速度由慢到快，距离由短到长，做到定时、定量完成任务，逐步增加运动强度。

2. 无氧耐力练习方法

对大学生来说，在进行无氧耐力练习时应把心率控制在 160 次/分钟以上，可采用重复跑、间歇跑和游戏跑等方式，完成 100 米、200 米、400 米跑等，每完成一次快跑后，待心率恢复到 100 次/分钟左右后再开始下次快跑。这种练习要求高，次数不能多，要在教师的指导下进行。

（二）进行耐力素质练习时应注意的事项

（1）应持之以恒、循序渐进，运动才能奏效。

（2）应培养坚持不懈、勇于克服困难的品质。

（3）应逐步掌握正确的落地方法和呼吸方法，克服"极点"的不适感。

（4）应严格控制速度（强度）。控制速度最好的指标是心率。

（5）一般耐力训练比较单调，宜成组进行，为了能呼吸到新鲜空气，不宜在公路上训练，宜在野外训练。

四、提高灵敏性素质

灵敏性素质是指在各种突然变换的条件下，练习者能够迅速、准确、协调地改变身体运动的空间位置和运动方向，以适应变化的外界环境的能力。为了提高灵敏性素质，可以通过改变条件、器械、器材等方式增加技术动作的复杂性和难度。同时，还应着重培养和提高大学生掌握动作的能力、反应能力、平衡能力、观察能力、节奏感等。

（一）提高灵敏性素质的练习方法

（1）在跑、跳中做迅速改变方向的各种跑、躲闪、突然起动以及各种快速急停和迅速转体练习等。

（2）做各种调整身体方位的练习。

（3）做专门设计的各种复杂多变的练习，如用"之字跑""躲闪跑""穿梭跑""立卧撑"4项组成的综合性练习。

（4）以非常规姿势进行练习，如侧向或倒退跳远、跳深等。

（5）限制完成动作的空间，如在缩小的球类运动场地进行练习。

（6）改变完成动作的频率的练习，如变换动作频率或逐步增加动作的频率。

（7）做各种变换方向的追逐性游戏和对各种信号做出应答反应的游戏等。

（二）进行灵敏性素质练习时应注意的事项

（1）灵敏性素质练习要与速度、力量、柔韧等素质练习综合进行。

（2）进行灵敏性素质练习应在大脑处于适宜兴奋状态、心理状态良好时进行，一般宜安排在练习课的前半部分。

（3）灵敏性素质与年龄、性别、个体差异有关，应根据具体情况进行锻炼。

（4）女生进入青春期后，灵敏性素质会出现明显下降的趋向，这是由于体重的增加、有氧能力下降所致。锻炼者应根据这一规律锻炼，不要急躁，只要锻炼方法得当，青春期后灵敏性素质仍有可能恢复或提高。

五、提高柔韧素质

柔韧素质是指人体关节在不同方向上的运动能力以及肌肉、韧带等软组织的伸展能力，进行柔韧素质练习的目的是提高跨过关节的肌肉、肌腱、韧带等软组织的伸展性。提高肩部、腿部、臂部和脚部的柔韧性的主要手段有压、搬、劈、摆、踢、绷及绕环等练习；提高腰部的柔韧性的主要手段有站立体前屈、俯卧背伸、转体、甩腰与绕环等练习。这些练习可以徒手、持器械或在器械上进行。

（一）提高柔韧素质的练习方法

提高柔韧素质的练习方法主要有静力拉伸练习方法和动力拉伸练习方法。

1. 静力拉伸练习方法

静力拉伸练习方法是指缓慢地将肌肉、肌腱、韧带拉伸到略微感觉到酸、胀、痛的位置并略有超过，然后停留一定时间的练习方法。这种方法可减少或消除超过关节伸展能力的危险，防止拉伤，由于拉伸缓慢，故不会激发牵张反射。一般要求在感觉到酸、胀、痛的位置停留6～8秒，重复6～8次。

2. 动力拉伸练习方法

动力拉伸练习方法是指靠个体的力量进行拉伸，有节奏地、速度较快地、动作幅度逐渐加大地多次重复一个动作的拉伸方法。在运用该方法时用力不宜过猛，动作幅度一定要由小到大，先做几次小幅度的预备拉长，然后加大动作幅度，从而避免拉伤。压腿时，在双手用力压的同时上体前压；在吊环或单杠上做悬垂时可利用肋木、平衡木、跳马、把杆、吊环、单杠等器材辅助。

（二）进行柔韧素质练习时应注意的事项

（1）与力量素质练习结合，训练后注意放松，使肌肉柔而不软、韧而不僵。

（2）准备活动要充分，使身体发热，以减少肌肉的阻力。

（3）动作幅度与强度要由小到大，且每次练习应尽力达到最大活动范围，如不逐渐增大动作幅度，则柔韧性发展效果不明显。

（4）坚持每天练习效果更佳。

第四章

体育卫生与保健

本章导学

掌握体育卫生知识，有利于大学生科学地进行体育运动，进而起到健身强体、预防疾病的作用。本章主要介绍体育卫生基础知识、运动损伤的预防、合理营养与体育保健等知识，引导大学生掌握必备的体育保健知识。

第一节　体育卫生基础知识

一、如何进行体育运动

体育运动具有增强体质、提高人体健康水平的作用，已被大量科学实验所证实。随着人们生活水平的提高、闲暇时间的增多，人们逐渐意识到参加体育运动的重要性。但是，人们在进行体育运动前经常遇到一个共同问题：怎样正确地进行体育运动？对一般人来说，在开始进行体育运动前，除进行一般的身体检查和必要的健康咨询外，还要做好以下准备。

（一）培养运动兴趣

在进行体育运动前，应首先培养运动者对体育运动的兴趣，这是长期进行体育运动的前提。培养体育运动兴趣的方式有很多，如观看体育比赛、与亲朋好友进行体育活动等。有了浓厚的体育运动兴趣，才能自觉地投入体育运动中，从而取得理想的体育运动效果。

（二）选择活动项目

在进行体育运动时，选择活动项目除要根据自己的兴趣外，还要考虑运动者自身的条件。青少年活泼好动，可以选择一些强度较大、带有游戏性质的活动项目，如篮球、足球、游泳、健美操等；老年人身体机能较差，应选择一些活动量相对较小，而且不容易出现运动损伤的活动项目，如太极拳、跑步等；对为预防或治疗某些疾病而设计的康复性体育运动，则应根据运动者的身体状况选择，并且应在医生或运动医学工作人员的指导下进行。同时，运动者还应根据不同的季节、气候条件确定体育运动项目，如冬季可进行长跑、足球、滑冰等运动，夏季可进行游泳、篮球、排球等运动。总之，运动项目可多样化，选择的运动项目要对整体机能产生良好的影响。

（三）确定运动强度

为增强体质而进行的体育运动主要是为了提高人体的健康水平，而不是为了创造运动成绩，所以体育运动的运动强度不宜过大，特别是对中老年人和体育康复者更应如此。体育运动中控制运动强度最简单的办法是测定运动者进行体育运动时的脉搏。虽然不同年龄和机能状况的人在进行体育运动时的最佳脉搏有所不同，但对一般体育运动者来说，进行体育运动时的脉搏控制在 140 次/分钟左右较为合适。由于体育运动时运动强度相对较小，因而运动持续的时间应相对较长，每天至少应在半小时以上。对刚开始参加体育运动的人来说，一开始运动的时间宜短不宜长，随着身体机能的适应，运动时间可逐渐加长。

二、如何做好准备活动

体育运动前做好充分的准备活动对运动者来说是非常重要的。有些运动者由于不重视运动前的准备活动而导致各种运动损伤，不仅影响运动效果，而且影响运动兴趣，对体育活动产生畏惧感。因此，运动者在每次运动前都必须做好充分的准备活动。

（一）准备活动的主要作用

1. 提高肌肉温度，预防运动损伤

体育运动前进行一定强度的准备活动，可使肌肉内的代谢过程加强，肌肉温度升高。肌肉温度的升高，一方面可使肌肉的黏滞性下降，提高肌肉的收缩和舒张速度，增强肌力；另一方面还可以增加肌肉、韧带的弹性和伸展性，避免由于肌肉剧烈收缩造成的运动损伤。

2. 提高内脏器官的机能水平

内脏器官的机能特点之一为生理惰性较大，即当运动开始，肌肉发挥最大功能水平时，内脏器官并不能立即进入最佳活动状态。在正式开始体育运动前进行适当的准备活动，可以在一定程度上使内脏器官的活动状态一开始就达到较高水平。另外，进行适当的准备活动还可以减轻开始运动时由于内脏器官的不适应所造成的不适感。

3. 调节心理状态

体育运动不仅是身体活动，而且是心理活动，现在越来越多的研究认为心理活动在体育运动中起着非常重要的作用。体育运动前的准备活动即可以起到心理调节作用，使大脑皮层处于兴奋状态，进而有利于运动者投身于体育运动之中。

（二）如何进行准备活动

一般来说，进行准备活动时主要应考虑准备活动的内容、时间和量、时间间隔。

1. 内容

准备活动可分为一般性准备活动和专项性准备活动。一般性准备活动主要是一些全身性身体练习，主要包括跑步、踢腿、拉伸等，一般性准备活动的作用是提高机体的代谢水平和大脑皮层的兴奋状态，以避免运动损伤的发生；专项性准备活动是指与所从事的体育运动内容相适应的运动练习，如打篮球前先投篮、运球，跑步前先慢跑等。除非进行一些专门性运动和比赛，一般人在开始体育运动前只需进行一般性准备活动后，即可进行正式的体育活动。

2. 时间和量

准备活动的时间和量随体育运动的内容和量而定，由于以健身为目的的体育运动量一般

较小，所以准备活动的量也相对较小，时间不宜过长，避免还未进行体育运动身体就疲劳了。半小时的体育运动，其准备活动的时间一般为 10 分钟左右。气温较低时，准备活动的时间应适当长一些，量可大一些；气温较高时，准备活动的时间应短一些，量可小一些。

3. 时间间隔

与运动员正式参加比赛不同，一般人进行准备活动后就可开始体育运动。运动员进行准备活动后要适当地休息，使身体机能有所恢复，以便在比赛中创造优异的成绩。而一般人参加体育活动是为了增强体质，不是创造成绩，所以进行准备活动后便接着进行体育运动。

三、如何选择体育运动的时间

选择体育运动的时间主要根据个人的生活习惯、身体状况或工作性质而定，一般很难统一。但对多数运动者来说，体育运动的时间多安排在清晨、下午和傍晚。不同的运动时间有不同的特点，运动者可根据自己的实际情况选择。

（一）清晨运动

许多人喜欢在清晨进行体育运动。首先，清晨空气新鲜，在清晨进行运动有助于排出体内的二氧化碳，吸入较多的氧气，有利于加快体内的新陈代谢，提高运动的效果。其次，清晨起床后大脑皮层处于抑制状态，通过一定时间的体育运动，可适度提高大脑皮层的兴奋度，从而有利于一天的学习与工作。经常参加体育运动的人多有这样的体会：如果清晨不进行体育运动，一天都觉得无精打采，提不起精神。再次，在清晨运动，凉爽的空气会刺激呼吸道黏膜，可增强机体的抵抗力，以适应外界环境的变化，使人不易发生感冒等病症。对时间较宽松的离退休人员来说，清晨不失为理想的运动时间。但是，由于清晨运动多在空腹情况下进行，所以运动量不宜太大，时间也不宜过长。否则，长时间的运动会造成低血糖，不仅影响运动效果，而且会使身体产生不适。另外，对工作、学习紧张和习惯晚起的人来说，没有必要每天强迫自己进行清晨运动。

（二）下午运动

下午主要适合有一定空余时间的人进行体育运动，特别适合大、中、小学的师生，经过一天紧张的工作、学习后，下午进行一定强度的体育运动，不仅可以增强体质，而且可使身心得到调整。下午进行体育运动时，运动强度可大一些，青年学生可打球、做游戏，老年人可打门球、跑步。对心血管病人来说，在下午运动较为适合。医学研究表明，心血管的发病率和心肌劳损的发生率均在上午 6～12 点最高，所以，为了避免这一"危险"时段，运动医学工作者认为，心血管病人的适宜运动时间在下午。

（三）傍晚运动

晚饭后也是进行体育运动的大好时光，特别是对那些清晨和下午在工作、上课的人来说尤其如此。傍晚进行适当的体育运动，既可以强身健体，又可以帮助机体消化、吸收。傍晚运动的主要形式为快走、跑步、力量训练等。傍晚进行体育活动的时间可长可短，但一般不要超过 1 小时，运动强度也不宜过大，心率应控制在 120 次/分钟左右。强度过大的运动会影响胃肠道的消化、吸收，此外，傍晚运动结束与睡觉的间隔时间要在 1 小时以上，否则，会影响夜间的休息。

四、如何控制运动量

进行体育运动时，运动量是影响运动效果的重要因素之一。运动量太小，达不到锻炼身体的目的；运动量过大，又会引起过度疲劳，影响身体健康。所以，每位体育运动者在开始体育运动前就应学会监测运动量的方法。体育运动中常见的监测运动量的方法有以下 4 种。

（一）测运动时的脉搏

在体育运动时或体育运动后立即测脉搏（测 10 秒），就一般体育运动者来说，运动后即刻的心率最好不要超过 25 次/10 秒。脉搏次数过快，主要发展的是机体的无氧代谢能力，这对一些专项运动员来说是十分重要的，但对提高身体的健康水平来说意义不大，而且运动量过大会增加心脏负担，可能会导致一些意外事故的发生。即使是特殊需要，体育运动者运动时的心率也不要超过 30 次/10 秒。

（二）根据年龄控制运动量

年龄与体育运动中的运动量具有密切的关系。随着年龄的增加，人体的运动能力逐渐下降，体育活动量也应随之减小。现在，体育活动中经常用"最高心率数=180 次/分钟-年龄"的值作为体育运动者的最高心率数，如 30 岁的人在进行体育运动时其心率数不要超过 150 次/分钟，而 70 岁的人参加体育运动时的最高心率不要超过 110 次/分钟。这一公式已被广泛应用到以健身为目的的体育运动之中。

（三）根据第二天的"晨脉"调节运动量

"晨脉"是指每天早晨清醒后（不起床）的脉搏数，一般无特殊情况，每个人的晨脉是相对稳定的。如果进行体育运动后的第二天晨脉不变，说明身体状况良好或运动量合适；如果进行体育运动后的第二天晨脉较以前增加 5 次/分钟以上，说明前一天的运动量偏大，应适当调整运动量；如果晨脉长期处于增加状态，则表示近期运动量过大，应该减少运动量，或暂时停止体育运动，待晨脉恢复正常再进行体育运动。

（四）主观感觉

体育运动与运动员的运动训练不同，其基本原则为运动时要轻松自如，并有一种满足感，这也是体育运动者监测运动量的一项主观指标。如果运动后有一种适宜的疲劳感，而且对运动有浓厚的兴趣，则说明运动量合适；如果运动时气喘吁吁、呼吸困难，运动后极度疲劳，甚至厌恶运动，则说明运动量过大，应及时调整运动量。

体育运动会对身体机能产生综合刺激，身体机能的反应也是多方面的，运动者可根据自身条件对身体机能进行综合评价，必要时应在医务工作者的监督下进行体育运动。

五、如何采用合理的呼吸方法

体育运动时如果掌握了合理的呼吸方法，可以有效地提高运动效果。对体育运动者来说，合理的呼吸方法包括以下 3 个方面的内容。

（一）采用口鼻呼吸法，减小呼吸道阻力

体育运动者在进行体育运动时，氧气的需要量明显增加，所以仅靠鼻子呼吸已不能满足机体的需要。因此，体育运动者常常采用口鼻呼吸法，即用鼻子吸气、用嘴巴呼气。活动量较大时，可同时用口鼻吸气，口鼻呼气，这样一方面可以减小肺通气阻力，增加通气；另一方面，可以通过口腔促进体内散热。有研究证实，采用口鼻呼吸法时，人体的肺通气量较单纯用鼻子呼吸时人体的肺通气量增加一倍以上。在严冬进行体育运动时，口腔不要打开过大，以免冷空气直接刺激口腔黏膜和呼吸道而引发各种疾病。

（二）加大呼吸深度，提高换气效率

体育运动者在刚开始进行体育活动时往往有这种体会，即运动中虽然呼吸频率很快，但仍有一种呼不出、吸不足、胸闷、呼吸困难的感觉。这主要是由于呼吸频率过快，造成呼吸深度明显下降，使肺部实际进行气体交换的量减少，肺部的换气效率下降。所以，在进行体育运动时要有意识地控制呼吸频率，呼吸频率最好不要超过每分钟 25~30 次，加大呼吸深度，使进入肺部进行有效交换的气体量增加。过快的呼吸频率还会导致呼吸肌产生疲劳，进而造成全身性的疲劳反应，影响运动效果。

（三）呼吸方式应与运动形式相结合

不同的体育运动方式对呼吸方式有不同的要求。呼吸方式可分为胸式呼吸、腹式呼吸和混合呼吸。在运动中呼吸的方式、速率、深度及节奏等，应随运动进行自如的调整，这不仅能保证动作质量，而且能推迟疲劳的出现。例如，在进行跑步运动时，宜采用富有节奏性的混合呼吸，每跑 2~4 个单步一吸、2~4 个单步一呼；在进行其他运动时，应根据关节的运动学特征调节呼吸，如在进行前臂前屈、外展等运动时，采用吸气比较有利，而在进行屈体等运动时，采用呼气效果更好；在进行太极拳、健美操等运动时，呼吸的节奏和方式应与动作的节奏协调。因此，在进行体育运动时，切勿忽视呼吸的作用，掌握合理的呼吸方法，可以有效地提高运动效果。

六、如何处理进行体育运动时出现的不舒适感

体育运动者在进行体育运动的过程中有时会出现一些不舒适的感觉，这主要是由运动时安排不当造成的，但在个别情况下也可能是由某些疾病引起的。所以，运动者要能够及时判断运动中出现的各种情况，以便科学地进行体育运动，防止意外事故的发生。体育运动中常见的 3 种不舒适感及其处理方法如下。

（一）呼吸困难、胸闷

当突然增大运动量时，机体短时间内不能适应突然增大的运动量，从而出现呼吸困难、胸闷、动作迟缓、肌肉酸痛等症状，甚至不想继续运动，这种现象在运动生理学中被称为"极点"。出现极点主要是由于运动时呼吸方式不对（呼吸表浅、呼吸频率过快），或运动强度过大，造成机体缺氧，乳酸等物质在体内堆积，引起呼吸系统、循环系统活动失调，并使大脑皮层的兴奋性下降。当出现上述症状后，一般不用停止体育运动，可适当降低运动强度，几分钟后不适感即可消失。

（二）运动中腹痛

运动中腹痛主要有两种情况。

（1）胃痉挛，这主要是由于饮食不当，食物刺激引起胃痉挛性疼痛；或是空腹参加剧烈活动，胃酸刺激引起胃痉挛性疼痛。如果运动中出现这种情况，可暂时停止运动，做深呼吸，严重者可做热敷，喝少量温开水，以使症状得到缓解，在以后的运动中，要注意运动前的饮食，改掉不良的运动习惯。

（2）肝脏充血，疼痛主要出现在右上腹，这是由于运动量突然加大，造成肝脏充血、肿大，牵拉肝脏薄膜，造成疼痛。如果运动中出现这种情况，轻者可降低运动强度，或休息之后，再继续运动。如果连续几天进行体育运动时均出现右上腹疼痛现象，则要去医院检查。

（三）肌肉疼痛

运动时肌肉突然疼痛且肌肉僵硬，这种现象为肌肉痉挛，多出现在天气骤冷和天气炎热大量排汗时。肌肉痉挛多发生在小腿肌肉或足底。出现肌肉痉挛后，只要缓慢牵拉痉挛的肌肉，即可使症状缓解。轻者可继续运动，重者须放弃当天的运动，第二天仍可继续参加运动。如果出现肌肉突然疼痛，而且有明显的压痛点，则主要是由于用力不当，造成肌肉拉伤。肌肉拉伤后应立即停止体育运动，并进行冷敷、包扎等应急性措施，之后到医院治疗。

七、如何进行剧烈运动后的整理活动

在进行体育运动后，特别是剧烈运动后，有些人习惯马上坐下，或是直接躺下来休息，认为这样可以加速疲劳的消除。其实，这样不仅不能尽快地恢复身体机能，反而会对身体产生不良影响。

在进行体育活动时，心血管机能活动加强，骨骼肌等的外周毛细血管开放，骨骼肌血流量增加，以适应身体机能的需要，而运动时骨骼肌节律性收缩，可以对血管产生挤压作用，促进静脉血回流。当停止运动后，如果立即停下来不动，或是坐下来休息，静脉血管失去了骨骼肌的节律性收缩作用，血液会由于受到重力作用滞留在下肢静脉血管中，导致回心血量减少，心排血量下降，会造成脑缺血，出现头晕、眼前发黑等一系列症状，严重者会休克。因此，对体育运动者来说，体育运动后应做一些整理活动，这样就可以避免头晕等症状的发生，还可以通过整理活动改善血液循环，尽快消除疲劳，提高运动效果。在进行整理活动时应注意以下4点。

（1）在任何形式运动后都可以做一些放松跑、放松走等形式的下肢运动，以促进下肢静脉血的回流，防止体育运动后心排血量的过度下降。

（2）通过"转移性活动"，加速疲劳的消除。转移性活动是指进行下肢活动后，进行上肢整理活动，右臂活动后做左臂的整理活动，通过这种积极性休息使身体机能尽快恢复。大量研究已经证实，进行转移性活动确实可起到加速消除疲劳的作用。

（3）整理活动的量不要过大，否则，整理活动又会引起新的疲劳。在进行整理活动时，应当有一种心情舒畅、精神愉快的感觉。如果体育运动本身的运动量不大，如散步等，就没有必要进行整理活动。

（4）进行大强度体育运动后，如长距离跑、球类比赛后，应当进行全身性整理活动，必要时，可进行运动者之间的整理活动和放松活动。

八、如何处理运动后的肌肉酸痛

刚开始进行体育运动的人，运动后的第二天甚至以后几天，常常有肌肉酸痛的感觉。有些经常参加体育运动的人，在突然增加运动量时，也会有同样的感觉，有些人担心自己受伤而不敢继续进行体育运动，其实这种担心是多余的。

（一）出现肌肉酸痛的原因

运动后出现肌肉酸痛多属于生理现象，是机体对训练的正常反应。目前对运动后出现肌肉酸痛的原因有多种观点。一种观点认为体育运动后，肌肉出现了肌肉结构的"微"损伤，这种微损伤非常微小，只有在电子显微镜下才能看到，与肌肉拉伤是不同的，这种微损伤导致了肌肉的酸痛。另一种观点认为，人在进行剧烈运动时，肌肉缺氧，使肌糖原只能进行无氧代谢供能，以致肌肉中乳酸大量堆积而不能及时排除，乳酸刺激肌肉的感觉神经，使人感到肌肉酸痛。还有一种观点认为，运动时骨骼肌充血，引起肌肉内压力增加，刺激肌肉内的感觉神经末梢，产生肌肉酸痛。虽然目前有关运动后肌肉酸痛的准确原因尚不清楚，但比较一致的观点认为，这种酸痛不是病理性的，仍可继续进行体育运动。

（二）肌肉出现酸痛后可采取的主要措施

运动后可采用积极性恢复手段，如做一些压腿、展体等被动性牵拉活动，以使紧张的肌肉充分伸展、放松，改善肌肉组织的血液循环，缓解肌肉酸痛，使肌肉尽快恢复。在肌肉酸痛完全消失之前，可重复这些牵拉动作，直到不适感完全消失。出现肌肉酸痛症状后，不要停止体育运动，而应当继续坚持运动，这样有助于尽快消除肌肉酸痛。只是运动的强度可以小一些，时间可稍微短一些，多做一些伸展性练习，坚持几天，酸痛症状就会消失。如果停止运动，即使酸痛感消失，再进行运动时可能还会出现同样的症状，而且恢复的时间相对较长。可配合使用按摩、热敷或冲热水澡等恢复手段，加快肌肉不适感的消除。

第二节　运动损伤的预防

运动损伤是指在进行体育运动过程中所发生的运动系统的急性或慢性损伤。体育锻炼可以增强体质，但若不遵循科学的锻炼方法，就容易发生运动损伤，无论伤势轻重，都会影响运动者的身心健康和运动能力。所以在进行体育锻炼时，要严格遵守科学的锻炼原则和方法，避免发生运动损伤。掌握引起运动损伤的原因和预防运动损伤的方法，有利于有效地发挥体育运动对增强体质的作用。

一、引起运动损伤的原因

引起运动损伤的原因是复杂的、多方面的，概括起来主要有以下 6 点。

（一）思想因素

体育运动中出现运动损伤常常是由于运动者的大意造成的。例如，运动前不检查器械，预防措施不到位，好奇、好胜，盲目、冒失等。

（二）准备活动不合理

在准备活动中常见的不合理行为有以下 5 种。
（1）不做准备活动。

（2）准备活动不充分。

（3）准备活动的内容与体育运动或训练的内容结合得不好，或者缺乏专项准备活动。

（4）准备活动的量过大。

（5）准备活动距离正式运动的时间过长。

（三）技术动作错误

体育运动者对专项技术动作掌握得不熟练，未形成条件反射，动作要领掌握得不好，技术动作存在的错误多，引起运动损伤。

（四）身体状态不佳

当体育运动者处于睡眠不足或休息不好，患病、带伤或伤痛初愈以及身体疲劳，生理功能和运动能力下降等状态时，参加运动就很容易因肌力较弱、反应迟钝、身体协调性差而受伤。

（五）不良气象因素的影响

气温过高，易发生中暑和疲劳；气温过低，易发生冻伤，导致肌肉僵硬，身体协调性下降；潮湿、高温天气下易大量出汗，发生肌肉痉挛或虚脱；光线不良易使人反应迟钝。

（六）场地、设备等条件因素

当运动场地坑洼不平，有碎石或杂物，跑道太硬或太滑时，易导致体育运动者在奔跑中扭伤关节、韧带。此外，运动器械安装不牢固或存在其他安全隐患，器械的重量与体育锻炼者的年龄、性别和训练水平不相适应，服装不合体、鞋袜不合脚，缺乏必要的防护用具等，都是引起运动损伤的原因。

二、如何预防运动损伤

（1）强化运动安全的思想意识，克服麻痹思想，提高预防运动性损伤的意识。

（2）认真做好准备活动，对于可能发生运动损伤的环节和易受伤部位，要注意做好预防措施。

（3）掌握科学的锻炼方法，全面锻炼身体，合理安排锻炼计划，采用适宜的运动负荷，防止局部器官的负担过重。

（4）加强保护和提高自我保护能力，特别是要提高自我保护能力。

第三节　合理营养与体育保健

一、合理营养

生命的存在、有机体的生长发育、生命活动及各种脑力劳动和体力劳动的进行，都有赖于体内的物质代谢。体内的物质代谢过程必须依靠不断从外界摄取一定数量的新物质，主要是从食物中摄取。

合理的营养能促进生长发育，提高免疫功能，预防疾病，提高工作效率和运动能力。营养不良或者营养不当，将影响人体生长发育，使机体免疫力下降，易患各种疾病，导致运动能力下降。因此，要充分发挥营养的保健作用，必须对人体提供符合卫生要求的平衡膳食，使膳食的质和量都能适应人的生理以及一切活动的需要。

合理营养是指提供符合卫生要求的平衡膳食，使膳食的质和量都能适应人体的生理及一切活动的需要。

近年来，人们非常重视营养与疾病之间的关系，认为某些疾病如肥胖症、退行性疾病、心血管疾病、内分泌疾病和肿瘤等，多与日常饮食有密切关系。所以对膳食质量的评价，既要建立在各类人群生理要求的科学基础上，又要避免滥用营养物质所造成的不良影响，以达到膳食平衡。为了达到平衡膳食，人们必然要求膳食能全面地提供各种比例合适的营养素，使其互相配合，相得益彰。

合理营养对人体具有十分重要的保健作用，讲究饮食调理、提倡养生食疗是养生之道十分重要的内容，自古以来就为人们所重视。

随着营养学的发展，合理营养对人体的保健作用已引起人们的高度重视。随着现代科学技术和工业的发展，人们可以通过人工合成或从天然植物中提取、浓缩取得某些营养素，通过强化食物营养来提高食物的营养价值。

二、体育保健

（一）体育运动后不要暴饮暴食

经常进行体育运动，可促进胃肠道的蠕动和消化液的分泌，对消化吸收机能可产生良好影响。但是，如果在体育运动后不注意饮食卫生或暴饮暴食，则会严重影响运动者的身体健康。

人体在进行体育运动时，支配内脏器官的交感神经高度兴奋，副交感神经的活动受到影响。这种作用可使心脏活动加强，骨骼肌血流量增加，以保证体育运动时肌肉工作的需要，而胃肠道的血管收缩，血流量减少，消化能力下降。这种作用会在运动结束后逐渐恢复，如果在运动后立即进食，由于胃肠道的血流量减少、蠕动减弱，消化液分泌减少，进入胃内的食物无法及时被消化、吸收，而是储留在胃中，牵拉胃黏膜造成胃痉挛。长期不良的饮食习惯还可诱发消化道疾病。因此，要养成合理的饮食习惯。合理的饮食习惯应包括以下3点。

（1）体育运动后，不要急于进食，要待心肺功能稳定、胃肠道机能逐渐恢复后再用餐，这段时间一般为半小时左右。如果是在下午进行较剧烈的体育运动，则间隔的时间应相对加长。

（2）与体育运动后的进食不同，体育运动后的补水是可行的，在运动后甚至在运动中均可补水。以往人们担心运动中补水会增加心脏负担，胃难排空，现在看来这种担心是多余的。在天气较热的情况下，大量排汗引起体内缺水，若不及时补水，可能会造成机体脱水，出现休克等症状。所以，运动中排出的水分必须进行及时补充。最近的研究发现，进行中等强度的体育运动后，胃的排空能力有所加强，因此，运动后或运动中补水是可行的。马拉松比赛途中会设置饮水站，这也说明运动中补水是非常必要的。

（3）补水要注意科学性，不可暴饮。体育运动后的补水原则是少量多次，可以在运动后每20~30分钟补水一次，每次饮水量为250毫升左右。夏季时水温为10摄氏度左右，其他季节最好饮用温水。饮用不同成分的饮料对人体有不同的影响，运动中排汗的同时也伴随无机盐的流失，因此，运动后最好补充质量分数为0.2%~0.3%的食盐水，也可选用橙汁、桃汁等，但不要饮用含糖量过高（质量分数为大于6%）的饮料，尽可能不饮用汽水。

（二）体育运动后的营养补充

人体在体育运动后，除采用休息和积极性体育手段加速身体机能恢复外，还可以根据不同形式的体育运动特点，补充不同的营养物质，以加速疲劳的消除。以营养因素作为身体机能的恢复手段时，应根据不同的运动形式补充不同的营养物质。在进行力量性练习时，如举重、健美、伏地挺身等，运动中消耗的主要是蛋白质，而肌纤维的增粗、肌肉力量的增加也需要体内蛋白质的合成，因此，为了尽快消除疲劳，提高力量运动的效果，在进行力量练习后，应多补充蛋白质类物质。除要补充牛肉、鱼、牛奶等富含动物性蛋白的食物外，还要补充豆类等富含植物性蛋白的食物，以保证丰富而又多样的蛋白质供给。在耐力性练习过程中，如长跑、游泳、滑雪等，机体主要进行的是消耗糖类物质的有氧代谢，主要消耗淀粉类物质，因此，在运动后可适当多补充一些米、面等富含淀粉类物质的食物。国外有些优秀的长跑运动员在进行耐力训练和正式比赛的前夕，会有意识地多补充含糖较多的食物，以增加体内糖的原始储备，提高训练的效果，在比赛中创造优异的成绩。在进行较剧烈的体育运动时，如球类比赛、快速跑、健美操等，机体主要靠糖的无氧代谢提供能量。糖在体内进行无氧代谢时，会产生一种叫作乳酸的酸性物质，这种物质在体内积累，会造成机体的疲劳，并使恢复时间变长。所以，进行较剧烈的运动后，应多补充一些碱性食物，如蔬菜、水果等，而肉类食物偏"酸"，在运动的当天应适当减少食用。

无论进行什么形式的运动，运动后都要补充维生素类物质，因为运动时体内的代谢活动加强，各种维生素都不同程度地参与了体内的代谢过程。运动时体内的维生素消耗增加，需要在运动后补充。体育运动后应多吃些含维生素丰富的食物，如绿叶蔬菜、水果、豆类及粗粮等。对体育运动者来说，运动后一般只需补充天然维生素，没有必要补充维生素制剂。

第五章

学生体质健康测评

本章导学

本章主要阐述《国家学生体质健康标准》的测试方法和测试评分表的内容。其中，测试方法主要介绍测试说明、单项指标与权重；测试评分表主要涉及大学男生、女生评分表，以及体重指数（Body Moss Index，BMI）评分表和加分指数评分表。

第一节　《国家学生体质健康标准》的测试方法

一、测试说明

（1）《国家学生体质健康标准》（以下简称《标准》）是国家学校教育工作的基础性指导文件和教育质量基本标准，是评价学生综合素质、评估学校工作和衡量各地教育发展水平的重要依据，是《国家体育锻炼标准》在学校的具体实施，适用于全日制普通小学、初中、普通高中、中等职业学校、普通高等学校的学生。

（2）本标准的修订坚持健康第一，落实《国家中长期教育改革和发展规划纲要（2010—2020年）》《国务院办公厅转发教育部等部门关于进一步加强学校体育工作若干意见的通知》（国办发〔2012〕53号）和《教育部关于印发〈学生体质健康监测评价办法〉等三个文件的通知》（教体艺〔2014〕3号）的有关要求，着重提高《标准》应用的信度、效度和区分度，着重强化其教育激励、反馈调整和引导锻炼的功能，着重提高其教育监测和绩效评价的支撑能力。

（3）本标准从身体形态、身体机能和身体素质等方面综合评定学生的体质健康水平，是促进学生体质健康发展、激励学生积极进行身体锻炼的教育手段，是学生体质健康的个体评价标准。

（4）本标准将适用对象划分为以下组别：小学、初中、高中按每个年级为一组，其中小学为6组、初中为3组、高中为3组；大学一、二年级为一组，三、四年级为一组。

（5）小学、初中、高中、大学各组别的测试指标均为必测指标。其中，身体形态类中的身高、体重，身体机能类中的肺活量，以及身体素质类中的50米跑、坐位体前屈，为各年级学生的共性指标。

（6）本标准的学年总分由标准分与附加分之和构成，满分为120分。标准分由各单项指标得分与权重乘积之和组成，满分为100分。附加分根据实测成绩确定，即对成绩超过100分的加分指标进行加分，满分为20分。小学的加分指标为1分钟跳绳，加分幅度为20分；初中、高中和大学的加分指标为男生引体向上和1 000米跑，女生1分钟仰卧起坐和800米跑，各指标加分幅度均为10分。

（7）根据学生学年总分评定等级：90.0分及以上为优秀，80.0～89.9分为良好，60.0～79.9分为及格，59.9分及以下为不及格。

（8）每个学生每学年评定一次，记入《〈国家学生体质健康标准〉登记卡》。特殊学制的学校，在填写登记卡时可以按规定和需求相应地增减栏目。学生毕业时的成绩和等级，按毕业当年学年总分的50%与其他学年总分平均得分的50%之和进行评定。

（9）学生测试成绩评定达到良好及以上者，方可参加评优与评奖；成绩达到优秀者，方可获体育奖学分。测试成绩评定不及格者，在本学年度准予补测一次，补测仍不及格，则学年成绩评定为不及格。普通高中、中等职业学校和普通高等学校学生毕业时，《标准》测试的成绩达不到50分者按结业或肄业处理。

（10）学生因病或残疾可向学校提交暂缓或免予执行《标准》的申请，经医疗单位证明，体育教学部门核准，可暂缓或免予执行《标准》，并填写《免予执行〈国家学生体质健康标准〉申请表》，存入学生档案。确实丧失运动能力、被免予执行《标准》的残疾学生，仍可参加评优与评奖，毕业时《标准》成绩需注明免测。

（11）各学校每学年开展覆盖本校各年级学生的《标准》测试工作，《标准》测试数据经当地教育行政部门按要求审核后，通过"学生体质健康网"上传至"学生体质健康数据管理中心"。测试和数据上传时间由教育行政部门确定。

（12）本标准由教育部负责解释。

二、单项指标与权重

1. 单项指标与权重表

表5-1-1所示为单项指标与权重。

表5-1-1　单项指标与权重

测试对象	单项指标	权重/%
大学各年级	50米跑	20
	坐位体前屈	10
	立定跳远	10
	引体向上（男）/1分钟仰卧起坐（女）	10
	1 000米跑（男）/800米跑（女）	20

2. 体重指数

$$体重指数（BMI）=体重（千克）/身高^2（米^2）$$

3. 视力测试

（1）视力测试内容：左/右眼裸眼视力、左/右眼串镜、左/右眼屈光不正。

（2）视力测试方法如下。

① 受测试者在视力表5米处站立，用遮眼板遮住左眼先测试右眼，再遮住右眼测试左眼，

测试均为裸眼视力。

② 可从 5.0 视标认起，如果看不清再逐行上查。如果 5 米不能辨识最上一行视标，令受测试者站在 2.5 米和 1 米处进行检测，但所得视力值分别减去 0.3 和 0.7，记录受测试者的视力。

③ 视力填写：左/右眼裸眼视力录入范围为 3.0～5.3，低于 3.0 填写 0；左/右眼串镜，视力大于 5.0 无须检查填写 0，低于 5.0 需使用串镜，以 1 代表正片上升、负片下降，以 -1 代表正片下降、负片上升，未测试者录入 9；左/右眼屈光不正，以 0 代表正常，1 代表近视，2 代表远视，3 代表其他原因，未测试者录入 9。

第二节 《国家学生体质健康标准》测试评分表

一、大学男生评分表

表 5-2-1 所示为国家学生体质健康标准大学男生评分表。

表 5-2-1 国家学生体质健康标准大学男生评分表

等级	单项得分/分	肺活量/毫升		50 米/秒		坐位体前屈/厘米		立定跳远/厘米		引体向上/次		1 000 米跑/（分·秒）	
		大一/大二	大三/大四	大一/大二	大三/大四	大一/大二	大三/大四	大一/大二	大三/大四	大一/大二	大三/大四	大一/大二	大三/大四
优秀	100	5 040	5 140	6.7	6.6	24.9	25.1	273	275	19	20	3'17"	3'15"
	95	4 920	5 020	6.8	6.7	23.1	23.3	268	270	18	19	3'22"	3'20"
	90	4 800	4 900	6.9	6.8	21.3	21.5	263	265	17	18	3'27"	3'25"
良好	85	4 550	4 650	7	6.9	19.5	19.9	256	258	16	17	3'34"	3'32"
	80	4 300	4 400	7.1	7	17.7	18.2	248	250	15	16	3'42"	3'40"
及格	78	4 180	4 280	7.3	7.2	16.3	16.8	244	246			3'47"	3'45"
	76	4 060	4 160	7.5	7.4	14.9	15.4	240	242	14	15	3'52"	3'50"
	74	3 940	4 040	7.7	7.6	13.5	14	236	238			3'57"	3'55"
	72	3 820	3 920	7.9	7.8	12.1	12.6	232	234	13	14	4'02"	4'00"
	70	3 700	3 800	8.1	8	10.7	11.2	228	230			4'07"	4'05"
	68	3 580	3 680	8.3	8.2	9.3	9.8	224	226	12	13	4'12"	4'10"
	66	3 460	3 560	8.5	8.4	7.9	8.4	220	222			4'17"	4'15"
	64	3 340	3 440	8.7	8.6	6.5	7	216	218	11	12	4'22"	4'20"
	62	3 220	3 320	8.9	8.8	5.1	5.6	212	214			4'27"	4'25"
	60	3 100	3 200	9.1	9	3.7	4.2	208	210	10	11	4'32"	4'30"
	50	2 940	3 030	9.3	9.2	2.7	3.2	203	205	9	10	4'52"	4'50"
	40	2 780	2 860	9.5	9.4	1.7	2.2	198	200	8	9	5'12"	5'10"
	30	2 620	2 690	9.7	9.6	0.7	1.2	193	195	7	8	5'32"	5'30"
	20	2 460	2 520	9.9	9.8	-0.3	0.2	188	190	6	7	5'52"	5'50"
	10	2 300	2 350	10.1	10	-1.3	-0.8	183	185	5	6	6'12"	6'10"

二、大学女生评分表

表5-2-2所示为国家学生体质健康标准大学女生评分表。

表5-2-2　国家学生体质健康标准大学女生评分表

等级	单项得分/分	肺活量/毫升		坐位体前屈/厘米		立定跳远/厘米		1分钟仰卧起坐/次		800米跑/（分·秒）	
		大一/大二	大三/大四	大一/大二	大三/大四	大一/大二	大三/大四	大一/大二	大三/大四	大一/大二	大三/大四
优秀	100	3 400	3 450	25.8	26.3	207	208	56	57	3'18"	3'16"
	95	3 350	3 400	24	24.4	201	202	54	55	3'24"	3'22"
	90	3 300	3 350	22.2	22.4	195	196	52	53	3'30"	3'28"
良好	85	3 150	3 200	20.6	21	188	189	49	50	3'37"	3'35"
	80	3 000	3 050	19	19.5	181	182	46	47	3'44"	3'42"
及格	78	2 900	2 950	17.7	18.2	178	179	44	45	3'49"	3'47"
	76	2 800	2 850	16.4	16.9	175	176	42	43	3'54"	3'52"
	74	2 700	2 750	15.1	15.6	172	173	40	41	3'59"	3'57"
	72	2 600	2 650	13.8	14.3	169	170	38	39	4'04"	4'02"
	70	2 500	2 550	12.5	13	166	167	36	37	4'09"	4'07"
	68	2 400	2 450	11.2	11.7	163	164	34	35	4'14"	4'12"
	66	2 300	2 350	9.9	10.4	160	161	32	33	4'19"	4'17"
	64	2 200	2 250	8.6	9.1	157	158	30	31	4'24"	4'22"
	62	2 100	2 150	7.3	7.8	154	155	28	29	4'29"	4'27"
	60	2 000	2 050	6	6.5	151	152	26	27	4'34"	4'32"
不及格	50	1 960	2 010	5.2	5.7	146	147	24	25	4'44"	4'42"
	40	1 920	1 970	4.4	4.9	141	142	22	23	4'54"	4'52"
	30	1 880	1 930	3.6	4.1	136	137	20	21	5'04"	5'02"
	20	1 840	1 890	2.8	3.3	131	132	18	19	5'14"	5'12"
	10	1 800	1 850	2	2.5	126	127	16	17	5'24"	5'22"

三、体重指数评分表和加分指数评分表

1. 体重指数评分表

表5-2-3所示为体重指数评分表。

表5-2-3　体重指数评分表

等级	低体重	正常	超重	肥胖
单项得分/分	80	100	80	60
大学男生体重指数/（千克/米²）	≤17.8	17.9～23.9	24.0～27.9	≥28.0
大学女生体重指数/（千克/米²）	≤17.1	17.2～23.9	24.0～27.9	≥28.0

2. 加分指标评分表

表5-2-4所示为加分指标评分表。

表 5-2-4 加分指标评分表

加分/分	男生				女生			
	引体向上/次		1 000 米跑/（分·秒）		1 分钟仰卧起坐/（次）		800 米跑/（分·秒）	
	大一/大二	大三/大四	大一/大二	大三/大四	大一/大二	大三/大四	大一/大二	大三/大四
10	10	10	−35″	−35″	13	13	−50″	−50″
9	9	9	−32″	−32″	12	12	−45″	−45″
8	8	8	−29″	−29″	11	11	−40″	−40″
7	7	7	−26″	−26″	10	10	−35″	−35″
6	6	6	−23″	−23″	9	9	−30″	−30″
5	5	5	−20″	−20″	8	8	−25″	−25″
4	4	4	−16″	−16″	7	7	−20″	−20″
3	3	3	−12″	−12″	6	6	−15″	−15″
2	2	2	−8″	−8″	4	4	−10″	−10″
1	1	1	−4″	−4″	2	2	−5″	−5″
100 分标准	19	20	3′17″	3′15″	56	57	3′18″	3′16″

注：（1）引体向上、1 分钟仰卧起坐均为高优指标，学生成绩超过单项评分 100 分后，以超过的次数所对应的分数进行加分；（2）1 000 米跑、800 米跑均为低优指标，学生成绩低于单项评分 100 分后，以减少的秒数所对应的分数进行加分。

运动实践篇

第六章

球类运动

本章导学

球类运动是以球为基础的体育运动，由于它的竞技性、娱乐性和健身性共存，深受大学生的喜爱。本章主要对篮球、排球、足球、网球、羽毛球、乒乓球、慢投垒球、高尔夫球等进行介绍，并针对各种球类运动的基本技术、基本战术等方面介绍了训练的方法，以帮助大学生进一步掌握球类运动的知识和技术。

第一节　篮球运动

一、认识篮球运动

（一）篮球运动的起源与发展

篮球运动起源于美国，是由体育教师詹姆斯·奈史密斯博士于 1891 年发明的。詹姆斯·奈史密斯从当地儿童喜欢用球投向桃子筐的游戏中得到启发，创编了篮球游戏。

1904 年，在第 3 届奥林匹克运动会上第一次进行了篮球表演赛。1908 年，美国制定了全国统一的篮球规则，并被翻译为多种文字出版，发行于全世界。于是，篮球运动逐渐传遍美洲、欧洲和亚洲，成为一项世界性运动项目。1932 年，8 个国家发起成立了国际业余篮球联合会，并制定了第一个世界统一的比赛规则。1936 年，第 11 届奥林匹克运动会将男子篮球列为正式比赛项目。1950 年和 1953 年，第一届世界男、女子篮球锦标赛举行。1976 年，在第 21 届奥林匹克运动会上，女子篮球被列为正式比赛项目。目前较具影响力的篮球比赛有奥林匹克运动会篮球赛、篮球世界杯、美国职业篮球联赛（National Basketball Association，NBA）等。

篮球运动于 1896 年前后传入我国。在 1910 年的全运会上举行了男子篮球表演赛之后，篮球活动在全国各大城市的中学、大学逐渐开展起来。

新中国成立后，篮球运动得到了广泛的普及与发展。目前我国每年举行一次的中国男子篮球职业联赛（China Basketball Association，CBA）和中国大学生篮球联赛（China University Basketball Association，CUBA）受到了广泛的关注。

（二）篮球运动的特点与功能

1. 篮球运动的特点
（1）比赛对抗性强。

（2）战术变化多端。

（3）攻守双方短兵相接。

2. 篮球运动的功能

（1）健身功能

① 经常参加篮球运动，可使身体各个部位的肌肉结实、体形匀称、体格健壮。

② 篮球运动能促进力量、速度、耐力、弹跳、灵敏性等运动素质的发展。

③ 篮球运动是对抗运动项目，要求机体的新陈代谢能力旺盛，体内的物质能源转换快，因此，篮球运动能提高心脏、血管等器官和呼吸、消化等系统的功能，提高机体内部系统的工作能力。

④ 篮球比赛错综复杂，要求运动员具有良好的分配与集中注意力的能力，以及对空间、时间的掌控能力，要有正确的本体感觉能力。由于运动员在比赛中要经常转换动作，这对神经系统的灵活性、提高神经中枢的兴奋性有良好的作用。

⑤ 篮球运动不仅是技术与身体的对抗，也是意志力与智慧的较量，一场篮球比赛更是一场心理的交锋。篮球运动员的智慧、胆量、意志与创造力，决定着比赛的成败和运动水平。篮球是一项把转换、结合、转移等融为一体的机体攻守对抗项目，要求运动员反应快速、判断正确、随机应变，从而促进大脑功能水平的提高与智力的发展。

（2）社会功能

篮球运动对于培养集体主义精神、提高人的素质有积极的作用。队员之间只有团结协作、默契配合，才能保证比赛的胜利。篮球运动有利于培养运动员良好的心理品质。通过比赛，运动员的个性、自信心、情绪控制能力、意志力、进取心、自我约束能力都能得到很好的发展。篮球运动还有利于提高道德品质，通过训练和比赛，培养运动员形成拼搏精神、文明自律、尊重裁判、尊重观众的高尚体育道德。

此外，篮球运动还具有文化、艺术、观赏等方面的价值。

二、篮球运动的基本技术与训练

（一）熟悉球性

1. 弹拨练习

（1）利用手掌指端将球从一只手弹拨至另一只手。

（2）弹拨球时，以腕关节为轴，一只手要弹拨有力，另一只手接球时后撤缓冲，如图6-1-1所示。

图6-1-1　弹拨练习

（3）练习时，可在原地进行，也可在移动中进行。此外，弹拨球的高度和速度可随时改变。

2. 环绕球练习

两腿弯曲，将篮球绕过腿做向前、向后环绕练习，两手递球、迎球时要协调有序，如图6-1-2所示。

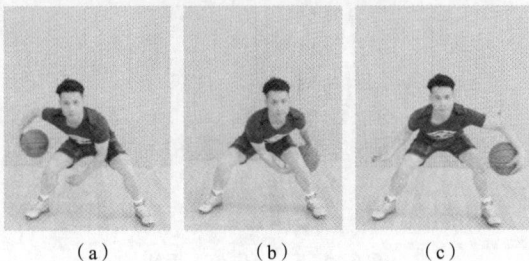

（a）　　　　　（b）　　　　　（c）

图6-1-2　环绕球练习

3. 单手控制球

（1）一只手向上送球至越过头顶，另一只手随之向上举起，然后屈腕用手指将球由上向下压，还原成双手在胸前持球姿势，如图6-1-3所示。

（2）下压球时，手指要有力，身体要协调配合。

（a）　　　　　（b）

图6-1-3　单手控制球

4. 原地双手体前、后胯下击地传、接球

（1）两脚左右开立，两手将球从体前胯下击地传出，随后两手迅速在体后将球接住；再将球由体后胯下击地传出，随后两手迅速在体前将球接住。

（2）击地传球点在两腿之间连线的中间处，如图6-1-4所示。

（a）　　　　（b）　　　　（c）　　　　（d）

图6-1-4　原地双手体前、后胯下击地传、接球

5. 上步胯下运球

（1）左手运球，右脚在前，左手拍按球的左侧上方，将球从两腿之间运至身体右侧，换

右手运球，左脚上步，如图6-1-5所示。

（2）换手、上步的动作要协调。

图6-1-5　上步跨下运球

6. 移动中抛、接球

（1）将手中的球随意向不同方位抛出，并在球落地前把球接住，如图6-1-6所示。

（2）抛球后，迅速向落球点移动，接球后降低重心站稳。

（a）　　　　　　　　　　（b）

图6-1-6　移动中抛、接球

（二）移动

1. 跑

篮球运动中跑主要有侧身跑、变向跑、变速跑、后退跑。

2. 急停

急停指在跑动中，最后两步采用跨步或跳步，屈膝降低重心，双脚用力蹬地，以达到制动的目的。

3. 转身

转身是将重心转移至中枢脚，以中枢脚为轴向前或向后转身。

4. 滑步

滑步指前脚向滑动的方向跨出、后脚蹬地跟上的移动步法。滑步主要有侧滑步、前滑步和后滑步。

（三）运球

图6-1-7　运球

运球时，以肩关节为轴，手腕随球上下起伏，五指自然张开柔和地触球，利用反弹和缓冲控制运球方向，如图6-1-7所示。

运球时手腕要放松，用向下按压动作拍球，而不是用抽打动作拍球。同时运球时应该抬头，并时刻观察场上情况。如果运球时只顾低头看球，则很容易被对手断球，而且看不到处于有利位置的队友。

（四）传、接球

1. 双手胸前传球

（1）双手持球，大拇指置于球的斜后侧部位，呈"八"字形，四指分开置于球的两侧，掌心不要触球。

（2）传球时要向接球队员的方向迅速伸臂，同时向传球方向移动身体，如图 6-1-8 所示。

图 6-1-8　双手胸前传球

2. 双手接球

双手大拇指相对呈"八"字形，主动伸出双手迎接来球，接触到球后收手臂缓冲。

3. 单手肩上传球

右手五指握球，大拇指和小拇指要用力抓球。用中间的 3 个手指控制传球的方向。最后手腕、手指用力把球传出，如图 6-1-9 所示。

图 6-1-9　单手肩上传球

4. 单手接球

五指自然张开，大拇指和小拇指呈"八"字形，伸出手臂放松迎接来球，接球后顺势引球缓冲。

5. 单手体侧传球

（1）两脚平行开立，双手持球于胸腹之间。

（2）传球时，左脚向左跨步的同时将球移至右手并引到身体右侧，如图 6-1-10 所示。

（3）出球前一刹那，持球手的大拇指在上，手心向前，手腕后屈。

（4）出球时，前臂向前做弧线摆动，当球摆过右前方时，迅速收前臂。

（5）手腕前屈，食指、中指用力拨球将球传出。

图 6-1-10　单手体侧传球

（五）投篮

1. 单手肩上投篮

（1）右手五指自然分开，掌心空出，用指根以上部位触球，向后屈腕，屈肘持球于肩上耳部左右，肘内收，前臂与地面接近垂直，左手扶球的左侧。

（2）重心放在两脚之间，两膝微屈，目视投篮目标。投篮时，两脚前脚掌用力蹬地，伸展腰腹，抬肘，手臂上伸，在手臂即将伸直时，手腕用力前屈并用手指拨球，球最后经中指和食指的指端投出，如图6-1-11所示。

（3）投出球后，腿、腰、臂要自然伸直。

（a）　　　　　（b）　　　　　（c）　　　　　（d）

图 6-1-11　单手肩上投篮

2. 行进间投篮

（1）以右手投篮为例，右手持球，迅速上左脚起跳，右腿屈膝上抬，同时举球至头右侧。腾空后，上半部分身体（以下简称"上体"）稍向后仰，当身体跳到最高点时，右手臂伸直，手腕用力前屈并用手指力量将球投出，如图6-1-12所示。

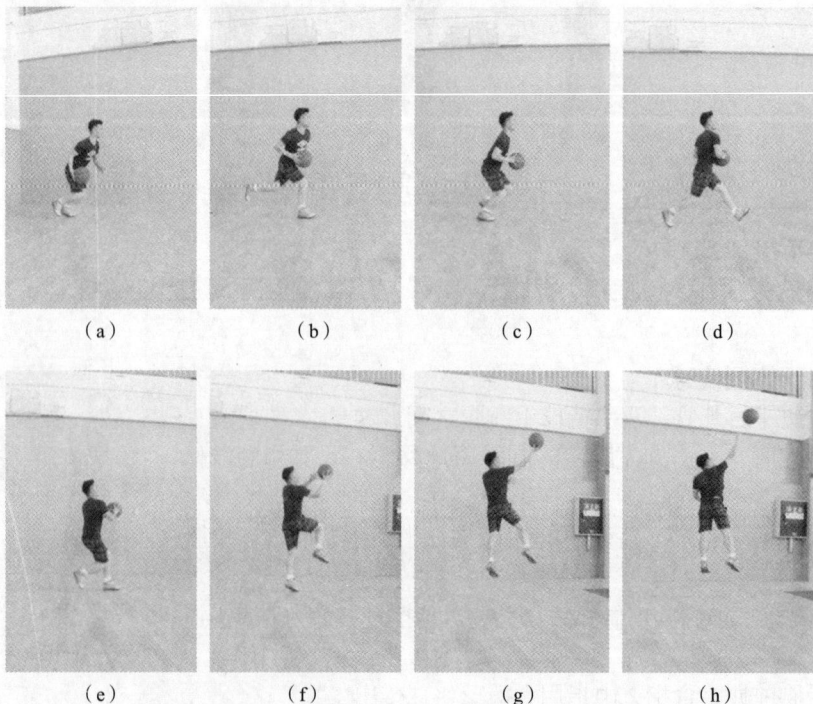

（a）　　　　　（b）　　　　　（c）　　　　　（d）

（e）　　　　　（f）　　　　　（g）　　　　　（h）

图 6-1-12　行进间投篮

（2）可用口诀"一跨大步接球牢，二跨小步用力跳，三要翻腕托球举球高，四要指腕柔和用力巧"帮助理解、记忆。

（六）篮板球

1. 抢占位置

抢占位置指正确判断球的方向，抢占对手与球篮之间的有利位置。进攻队员抢篮板球时应突出"冲抢"，防守队员抢篮板球时应突出"先挡人，后抢球"，如图6-1-13所示。

（a）　　　　　　　　　（b）　　　　　　　　　（c）

图6-1-13　抢占位置

2. 抢球动作

抢球动作分为以下3种。

① 双手抢球：手指触球的瞬间，双手用力握球，腰腹用力，迅速屈臂将球拉至胸腹间，同时两肘外展，保护球。

② 单手抢球：起跳到最高点时，近球侧手臂向球伸展，手指触球后迅速屈腕、屈肘收臂，将球拉下，另一只手尽快握球，护球于胸腹间。

③ 点拨球抢球：起跳到最高点时，用指端点拨球的侧方、侧下方或下方，如图6-1-14所示。

图6-1-14　点拨球抢球

3. 抢球后动作

进攻队员抢到篮板球后可以补篮或者传给同伴，防守队员抢到篮板球可以快速传给同伴发动快攻或者运球突破。

（七）防守

1. 防守有球队员

（1）主要任务：干扰和破坏对手投篮；堵截对手运球突破；封锁对手助攻传球；积极地抢、打、断球，以达到控制球权的目的。

（2）防守位置：选择对手与球篮之间的位置。掌握"对手离球篮近则离对手近，对手离球篮远则离对手远"的原则。

（3）防守动作：防运球和突破时，采用平步防守，即两脚平行站立，两手臂侧伸摆动；防投篮时，采用斜步防守，即两脚前后站立，前脚同侧手臂向前上方伸出（见图 6-1-15）。

图 6-1-15　防投篮

2. 防守无球队员

（1）主要任务：阻截对手进入攻击区和习惯位置，隔断对方重要配合位置和区域间的联系，抢断传向对手或传越自己防区的球。

（2）防守站位：做到人球兼顾。防守人、球、被防守人三者成钝角三角形，防守人处在钝角处；掌握"对手离球近则离对手近，对手离球远则离对手远"的原则。

（3）防守姿势：防守离球近的对手时，采用面向对手、侧向球的斜前站立姿势；防守离球远的对手时，采用面向球、侧向对手的站立姿势。

（4）防守动作：根据球和人的移动，采用上步、撤步、滑步、交叉步、碎步、快跑等脚步动作，同时辅以合理的手臂动作，配合身体动作抢占有利的防守位置，以堵截对手的移动路线，如图 6-1-16 所示。

图 6-1-16　防守无球队员

（八）持球突破

1. 交叉步突破

（1）动作如图 6-1-17 所示。

① 以右脚做中枢脚为例，两脚左右开立。

② 左脚前脚掌迅速蹬地，上体稍右转，左肩向前下压（探肩），重心随之向右前方移动。

③ 左脚向右侧前方跨出，将球引于右前侧（护球）运球。

④ 中枢脚迅速蹬地向前加速超越防守者。

（2）动作要领：蹬跨积极，转身探肩护球动作要连贯。

| (a) | (b) |

| (c) | (d) |

图 6-1-17　交叉步突破

2. 同侧步突破

（1）动作如图 6-1-18 所示。

① 以左脚做中枢脚为例，右脚向右前方跨出一步，向右转体探肩，重心前移，右手运球。

② 左脚前脚掌迅速蹬地向右前方跨出，加速超越防守者。

（2）动作要领：蹬跨积极，先运球，中枢脚方可离地。

| (a) | (b) | (c) | (d) |

图 6-1-18　同侧步突破

3. 转身突破

（1）动作如图 6-1-19 所示。

① 以右脚做中枢脚为例，背向防守者两脚开立。

② 右手在体侧运球，右脚内侧迅速蹬地，向球篮方向跨出，运球突破防守者。

（2）动作要领：左脚向后撤步时紧贴防守者，利用上体左转与压肩动作时快速抢占位置。

|（a）|（b）|（c）|（d）|

图 6-1-19　转身突破

三、篮球运动的基本战术

（一）进攻战术基础配合

1. 传切配合

传切配合是指当防守者只注意球或因封断传球而失去防守位置时"乘虚而入"，当对方防守较紧时，要用假动作或利用动作方向、速度的变化摆脱对手切入篮下的一种战术配合方法。持球队员要做瞄篮、突破、运球或其他进攻假动作以牵制对手，当切入者摆脱对手并接到球时，要及时将球传给队友。

2. 突分配合

突分配合是指当持球队员突破对手后，遇到防守队员补防或协防时，及时将球传给进攻时机最佳的同伴进行攻击的一种战术配合方法。当对方采用人盯人防守或区域联防时运用突分配合，可打乱对方的整体防守部署，压缩防区，给同伴创造最佳的外围投篮或篮下进攻机会。

3. 掩护配合

掩护配合是指队员利用身体合理地挡住防守同伴的对手的移动路线，或是主动利用同伴挡住防守自己的对手的移动路线，从而摆脱防守者，获得进攻机会的一种战术配合方法。掩护的种类很多，按掩护位置分有侧掩护、后掩护、前掩护。这几种方法可以运用于给持球队员做掩护或给无球队员做掩护，也可以运用于行进间掩护或定位掩护，还可以运用于连续掩护和做双掩护等。

4. 策应配合

策应配合是指处于内线的队员背对或侧对球篮接球，并由该位队员做枢纽与外线队员进行空切相配合而形成的一种里应外合的战术配合方法。策应队员在策应前要注意及时抢占有利位置。在策应的过程中，要用转身、跨步及时调整策应的方向和位置，以便协助同伴摆脱防守者。传球队员要根据策应队员的位置和机会，及时传球给策应队员，争取做到"人到球到"。传球后要及时摆脱防守准备接球。

（二）防守战术基础配合

1. 抢过配合

抢过配合是破坏掩护配合的有效方法之一。防守者看到掩护队员临近自己时，要积极向前跨出一步，贴近防守自己的对手，从掩护者前面挤过，继续防住自己的对手。

2. 穿过配合

穿过配合是破坏掩护配合并及时防住自己对手的一种配合方法。当进攻队员进行掩护时，掩护队员的防守者要及时提醒同伴并主动后撤一步，让同伴及时从自己和掩护队员之间穿过，以便让自己和其他掩护队员继续防住各自的对手。

3. 交换防守配合

交换防守配合是为了破坏进攻队员的掩护配合，是防守队员之间及时地交换自己所防守对手的一种配合方法。

4. "关门"配合

"关门"配合是指两名防守队员靠拢，以协同防守突破的配合方法。

5. 夹击配合

夹击配合是指两名防守队员有目的地同时采取突然的行动，封堵和围夹持球者的一种配合方法。夹击配合是一种攻击性和破坏性极强的防守配合，它能有效地控制对方持球队员的活动，给对手心理上造成巨大的压力，制造对方失误形成本方抢断球的机会。

6. 补防配合

补防配合是指防守队员在同伴漏防时，立即放弃自己的防守对手，去补防威胁最大的进攻者，而漏防的防守队员及时换防的一种协同防守配合方法。

四、篮球运动的竞赛规则

（一）违例

（1）掷界外球违例：掷球队员5秒内未将球掷出；掷球队员从裁判员指定地点沿边线移动超过正常的一步；掷球队员将球掷出后，在球触及场内队员之前掷球队员先触及球；掷球队员将球掷出后，在球触及场内队员前，球触及界线或出界外等。

（2）3秒违例：进攻队员在对方限制区内停留超过3秒。

（3）5秒违例：掷界外球时，掷球队员在5秒内未将球掷出；持球队员被紧逼防守，在5秒内球未离手；裁判员将球递给罚球队员，罚球队员在5秒内未将球投出。

（4）10秒违例：进攻队在后场控制球，但未能在10秒内使球进入前场。

（5）24秒违例：进攻队未能在24秒内完成进攻，若出现防守队员犯规则重新计算时间。

（6）球回后场违例：位于前场的进攻队队员，不得再控球回到后场。

（7）运球走步违例：持球队员在进行投球、传球、拍球或滚球之前，移动了中枢脚。

（8）二次运球违例：持球队员开始运球后，用双手同时触球或使球在手中停留的瞬间，运球即完毕，若再次运球即为违例。出现下列情况不判二次运球违例：同一人连续投篮，且投出的球触及了球筐、篮板或其他队员；与其他队员抢球中用挑、拍等手法得到球后运球；抢断得球后运球。

（9）脚踢球违例：故意踢球或用脚的任何部分拦阻球。

（10）跳球时违例：当球在上升阶段时，跳球队员触及球；跳球队员未触及球时，其他队员进入中圈或移动位置；跳球队员直接接住球。

（11）干扰投篮违例：投向篮筐的球在飞行中下落，并完全在篮圈水平面上时，防守队员触球即为违例，判给投篮方得分。

（二）犯规

1. 侵人犯规

场上队员用手掌、手臂、肩部、髋部、膝盖、脚，或将身体弯曲成不正常的姿势，或使用粗野动作，以拍、阻挡、拉、推、撞、绊等动作来阻碍对方队员，即为侵人犯规。

侵人犯规的罚则如下。

（1）如被侵犯的队员未做投篮动作，应由被侵犯的队员在犯规的最近点掷边线球或端线球；如犯规队在一节比赛内已累计达 4 次犯规，则判给被侵犯队员两次罚球。

（2）如被侵犯的队员正在做投篮动作，则投中有效，再判给被侵犯队员一次罚球；如果是两分投篮未投中，应判给被侵犯队员两次罚球；如果是三分投篮未成功，则应判给被侵犯队员 3 次罚球。

（3）如进攻队员犯规，则由对方队员在犯规的就近处掷边线球或端线球。

2. 违反体育道德的犯规

裁判员若判定队员蓄意地对对方队员造成侵人犯规，为违反体育道德的犯规。

违反体育道德的犯规的罚则如下。

（1）对犯规队员登记一次违反体育道德的犯规，判给对方两次罚球，再追加一次中场掷界外球权。

（2）如果被犯规队员正在做投篮动作，则投中有效，再判给被侵犯队员一次罚球和一次掷界外球权；如果是两分投篮未投中，应判给两次罚球（投三分球时罚 3 次）和一次界外球权。

3. 取消比赛资格的犯规

凡属十分恶劣的不道德行为，可判为取消比赛资格的犯规。

取消比赛资格的犯规罚则为对犯规队员登记一次取消比赛资格的犯规，并令其离开比赛场地，余下判罚同违反体育道德的犯规罚则。

4. 技术犯规

运动员出现场上骂人、不服从裁判的判决、故意拖延比赛时间等现象则要被判为技术犯规，教练员出现技术犯规的情况主要有不服从裁判员、随意走出队席区域或在场外干扰比赛正常进行等。

技术犯规的罚则如下。

（1）进行登记，判给对方队员两次罚球和掷界外球权，对方队长可以指定罚球队员。罚球时，双方队员都应站在罚球线延长线后。罚球后，由对方队员在中场处掷界外球后比赛继续进行。

（2）若在比赛开始前或休息期间，队员或教练员被判为技术犯规，都应在比赛开始前由对方队员罚球两次后再跳球继续进行比赛。队员的该次技术犯规累计带入下一节全队的犯规累计中。

第二节 排球运动

一、认识排球运动

（一）排球运动的起源与发展

排球运动始于 1895 年，由美国人威廉·摩根发明，1905 年传入我国。我国的排球运动先后经历了 16 人制、12 人制和 9 人制。新中国成立后，为了适应国际交往的需要，我国的排球运动改为 6 人制并一直沿用至今。国际排球联合会成立于 1947 年。1964 年，排球在第 18 届奥林匹克运动会中被列为正式比赛项目。

排球运动的形式多种多样，除了室内 6 人制排球，世界性的竞技排球运动还有沙滩排球、残疾人坐式排球、气排球等。

排球运动的世界性大赛主要有世界锦标赛、世界杯赛、奥林匹克运动会排球赛、世界沙滩排球锦标赛巡回赛、残疾人奥林匹克运动会排球赛。我国女排在 20 世纪 80 年代夺得"五连冠"，这极大地激发了全民学排球的热情，在全国形成了轰轰烈烈的排球热潮。从此，排球一直是深受我国人民喜爱的球类运动。

（二）排球运动的健身特点

1. 场地设备简单，运动量适中

排球场地设备简单，比赛规则容易掌握。既可在球场上进行排球比赛和训练，也可在一般空地上活动，运动量可大可小，所以排球运动适合于不同年龄、不同性别、不同体质、不同训练程度的人。

2. 排球运动可增强体质，增进健康

排球运动可以发展个体的弹跳、速度、灵敏性、耐力等身体素质，提高个体的神经系统及各内脏器官的生理机能，增强体质；可以培养勇敢、顽强、积极果断、机敏、守纪、团结友爱等品质和集体主义精神；参加排球运动可以放松心情、愉悦身心，缓解工作、生活中的压力，增强个体的社交能力。

二、排球运动的基本技术与训练

（一）准备姿势和移动

准备姿势与移动属于无球技术，是完成发球、传球、垫球、扣球和拦网等各项有球技术的前提和基础，对各项有球技术的运用起串联和纽带作用。准备姿势和移动相辅相成，准备姿势是为了移动，想要快速移动，必须先做好准备姿势。

1. 准备姿势

准备姿势根据膝关节及髋关节的弯曲程度可分为稍蹲姿势、半蹲姿势和低蹲姿势 3 种，如图 6-2-1 所示。

（1）稍蹲姿势：两脚左右开立稍比肩宽，一脚稍前，脚尖内收，脚跟稍提起，膝关节保持一定的弯曲，注意身体重心要稍高。稍蹲姿势多用于扣球和接发球。

图 6-2-1 准备姿势

（2）半蹲姿势：动作要点与稍蹲姿势的动作要点相同，膝关节保持一定的弯曲，膝关节的投影在脚尖前方，上体前倾，重心靠前，两臂放松呈自然弯曲状，双手置于腹前，目视来球，两腿保持微动。

（3）低蹲姿势：比半蹲姿势的身体重心更低、更靠前，肩关节的投影在膝关节前方，膝关节的投影在脚尖前方，两脚左右、前后的距离更宽，膝关节弯曲程度更大，多用于接低重球。

2. 移动

排球运动中的移动分为并步与滑步、跨步、交叉步。

（1）并步与滑步：当来球距身体一步左右时可采用并步移动，如向前移动，则后腿蹬地，前脚向来球方向跨出一步，后脚迅速跟上，做好击球前的准备姿势。连续做并步移动就是滑步。

（2）跨步：当来球较低，离身体 2～3 米时采用跨步，如向前移动，则后脚用力蹬地，前脚向前跨出一大步，膝关节弯曲，上体前倾，身体重心移至前腿。

（3）交叉步：当来球在体侧约 2 米时，可采用交叉步移动。向右移动时，上体稍右转，左脚从右脚前面向右交叉迈一步，然后右脚再向右跨出一大步，同时身体转向来球方向，保持击球前的准备姿势。

（二）垫球

1. 正面双手垫球

正面双手垫球是用双手在腹前垫击来球的一种垫球方法，适合于接各种发球、扣球和拦回球。

（1）准备姿势：两脚前后开立，半蹲站立，重心稍前倾，双臂自然弯曲置于腹前。

（2）垫球手型如图 6-2-2 所示，其要点是两手重叠，掌根靠拢，合掌互握，两个大拇指平行前伸，手臂伸直，手腕下压，肘关节外旋，用小臂的前部击球的后下部。击球点应保持在腹前，以便于控制用力程度和根据垫球的方向调整手臂与球的角度。

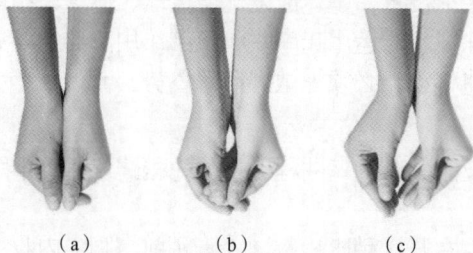

图 6-2-2 垫球手型

（3）垫球动作如图6-2-3所示，其要点是两臂靠拢前伸，置于球下方，击球时压腕、挺小臂，靠手臂上抬的力量增加球的反弹力，同时配合蹬地转腰动作，使身体重心向前上方移动。垫球时两臂要摆平，肩关节要适当放松，避免动作僵硬而影响垫球动作的准确性和控制能力。

（a）　　　　　（b）

图6-2-3　垫球动作

（4）学练方法主要有以下4种。

① 徒手两臂插夹练习：徒手模仿垫球练习。

② 两人一组击固定球练习：一人双手持球于对方的正确击球点，另一人用垫球动作击球（不把球击出）；持球者持球自上向下运动，垫球者用正确动作击球的后中下部，持球者可以稍加大力量。

③ 自垫：每人一球自己抛球后，连续向上练习自垫。

④ 两人一组相距3～5米，一人抛球，另一人垫球。

2. 侧面垫球的方法

（1）在身体两侧用两臂垫球的动作称为侧面垫球，如图6-2-4所示。当球向左侧飞来时，右脚蹬地，跨左脚，重心左移，两臂夹紧向左伸出，右臂微向下倾斜，向右转腰配合提左肩的动作，用两前臂垫击来球的后下部。

（2）应用时机：当来球的速度较快、落点较低，来不及移动用正面垫球时，便采用侧面垫球。

（a）　　　　　（b）　　　　　（c）　　　　　（d）

图6-2-4　侧面垫球

（3）学练方法主要有以下4种。

① 每人一球对墙左右移动练习自垫。

② 转换方向垫球练习：3人一组呈三角形站位，一人抛球，一人变方向垫球，另一人接

球给抛球者，循环练习。

③ 发垫对抗：两人一组，一人发球，另一人接发球垫球。

④ 扣垫对抗：两人一组，一人发球，另一人接扣球垫球。

（三）传球

传球是排球运动的基本技术，是指利用手指、手腕的弹击动作将球传至一定目标的击球动作。正面双手传球是最基本的传球方法，是其他一切传球技术的基础。下面着重介绍正面双手传球和侧面传球。

1. 正面双手传球

（1）准备姿势：稍蹲，上体适当抬起，双手自然放松置于腹前，两眼注视来球。

（2）手型：两手自然张开成半球状，使手指与球自然吻合。手腕稍后仰，两个大拇指相对成"一"字或"八"字形，以大拇指内侧、食指全部和中指的二、三指关节触球，承担来球的主要冲力，无名指与小拇指在球的两侧辅助控制传球的方向，两肘分开，自然下垂。

（3）击球：击球点保持在额前上方约一球的距离。在来球接近额前时，开始蹬地、伸膝、伸臂，两臂经脸前向前上方迎球。击球部位一般在球的后下方。

（4）用力顺序如图 6-2-5 所示。传球时主要靠伸臂、蹬地的力量，用手指和手腕产生的反弹力将球传出。传球时要根据来球的力量和希望传出的球的远近，适当控制手指和手腕的力量。

（a）　　　　（b）　　　　（c）　　　　（d）

图 6-2-5　正面双手传球的连续动作

（5）学练方法主要有以下 4 种。

① 徒手模仿传球时的蹬地、伸膝、伸臂等动作，在额前上方用正确的手型做击球动作。

② 两人一组，一人持球保持正确的击球点和手型，向前上方做击球动作；另一人用单手压住球于对方的正确击球点，给球一定的力量。

③ 每人一球自己抛球后，连续向上自传。

④ 两人对传球。

2. 侧面传球

（1）侧面传球的准备姿势、传球手型、击球点等基本上与正面双手传球的准备姿势、传球手型、击球点相同，只是传球时用力的方向有所改变。传球时根据来球情况和传球方向及距离，判断传球的出手角度和用力的大小。向右侧传球时，右手稍低，左手稍高，身体稍向右侧倾斜；向左侧传球时，与向右侧传球的动作方向相反。

（2）学练方法主要有以下 3 种。

① 3 人为 1 组，交换位置进行移动传球。

② 4 人分 2 组，进行移动传球。

③ 结合球网传球练习：3人1组，做网前"一抛一传一接"练习。

（四）发球

发球是比赛的开始，也是进攻的开始。发球可以直接得分，也可以破坏对方的战术进攻，起到先发制人的作用。发球的方法很多，这里主要介绍正面下手发球和正面上手发球技术。

1. 正面下手发球（以右手发球为例）

正面下手发球的连续动作如图6-2-6所示。

（a）　　　　（b）　　　　（c）　　　　（d）　　　　（e）

图6-2-6　正面下手发球的连续动作

（1）准备姿势：面对球网，两脚前后自然开立，左脚在前，两膝弯曲，上体前倾，左手持球于腹前。

（2）抛球：左手将球轻轻抛起，同时右臂伸直向后摆。

（3）击球：击球时，右脚蹬地，手臂以肩为轴，由后经下向前摆动，身体重心随之前移，在腹前以掌根或虎口处击球的后下部。手触球后，手指、手腕用力将球击出。击球后，击球者随身体重心前移迅速入场。

2. 正面上手发球（以右手发球为例）

正面上手发球的连续动作如图6-2-7所示。

（a）　　　　（b）　　　　（c）　　　　（d）　　　　（e）

图6-2-7　正面上手发球的连续动作

（1）准备姿势：面对球网，两脚自然开立，左脚在前，左手托球于体前。

（2）抛球与引臂：左手将球平稳地抛至右肩上方，同时右臂抬起，屈肘后引，使肘部位于肩部上方，上体稍向右侧转动，抬头、挺胸、展腹、手掌自然张开。

（3）挥臂击球：击球时，利用蹬地的力量使上体向左转动，同时收腹，带动手臂向前上方快速挥动（做鞭打动作）。在右肩前上方伸直臂的最高点，用全手掌击球的后中下部。手触球时，手指和手掌与球要吻合，手腕要迅速做推压动作，使击出的球呈上旋飞行。击球后，击球者随着身体重心前移迅速入场。

3. 学练方法

（1）模仿练习：做徒手模仿练习或击固定球练习，以体会协调用力和挥臂动作的要领。

（2）抛球练习：左手持球，反复做抛球动作，要求掌心向上，平稳地向上抛球，使球不旋转。

（3）近距离对墙或挡网练习：距离由近及远，体会抛球与击球时的手臂挥动配合。

（4）隔网发球：两人一组隔网发球，两人间的距离逐渐加大。

（五）正面扣球

扣球是指队员跳起在空中，用一只手臂做鞭打动作，将高于球网上沿的球有力地击入对方场区的一种击球方法。正面扣球是最基本的扣球方法。

1. 正面扣球的动作要领

（1）准备姿势：稍蹲，两臂自然下垂，站在离球网3米左右处，身体稍转向来球的方向，以便于观察球并向各个方向助跑起跳。

（2）助跑：以两步助跑为例，左脚先向前迈出一步，右脚跨出一大步，支撑点在身体重心之前，并以右脚跟先着地，两臂由体前经体侧摆至体后下方，上体前倾，重心前移，着地的部位从右脚跟过渡到脚掌，同时左脚随即在右脚的前方着地，身体重心下降，两膝弯曲，上体稍向左转准备起跳。（助跑总的要求是连贯、轻松、自然，速度由慢到快，步幅由小到大，只要脚动就要有相应的手臂协同动作。）

（3）起跳：助跑最后一步脚的落地就是起跳的开始，常用的起跳方法有两种，第一种方法是并步法，即一脚跨出后，另一脚迅速向前并步，落于该脚之前，随即蹬地起跳；第二种方法是跨跳法，即一脚跨出的同时，另一脚也跨跳出去，使两脚有一腾空阶段，两脚几乎同时着地和蹬地。

（4）空中击球：起跳后，挺胸展腹，上体稍向右转，右肩向上方抬起，身体成反弓形。挥臂时，以迅速转体、收腹动作发力，依次带动肩、肘、腕各关节成鞭甩动作向前上方弧形挥动，在右肩前上方的最高点击球。击球时，提肩、伸臂，五指微张呈勺形，以全掌包满球，击中球的后中部，使力量通过球中心，手腕要迅速做推压动作，使击出的球向前下方旋转飞行。

（5）落地：空中完成击球后，身体自然下落，尽量用双脚的前脚掌先着地，以缓冲身体与地面的撞击力，落下时保持身体平衡。

（6）扣球的连续动作如图6-2-8所示。

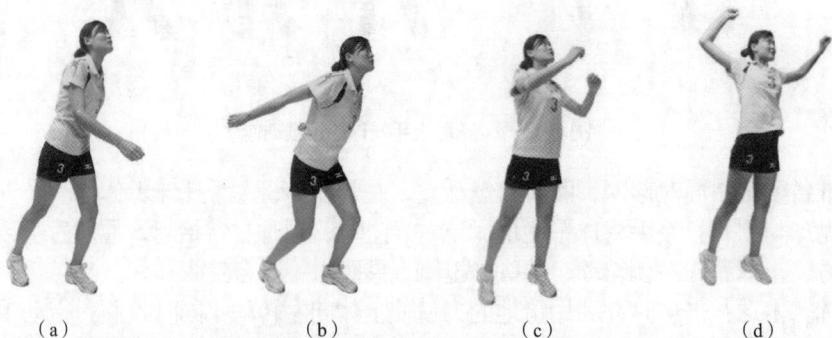

（a）　　　　　（b）　　　　　（c）　　　　　（d）

图6-2-8　扣球的连续动作

2. 学练方法

（1）原地双脚起跳练习：要求两脚用力蹬地，两臂划弧摆动配合起跳，在空中击球，手臂抬起并后引成扣球前的动作，落地时双脚前脚掌先着地，屈膝缓冲下落的力量。

（2）助跑起跳练习：动作由快到慢，步幅由小到大，两步之间衔接连贯，掌握跑动节奏，起跳时避免前冲。

（3）对墙连续扣球，体会挥臂动作和击球手法。

（4）两人一组，一人持球举至击球点位置，另一人挥臂击固定球，体会击球点和击球手型。

（5）网上扣固定球，体会网上扣球的击球点和击球手型。

（6）在 4 号位连续扣抛球。

（六）单人拦网

拦网是指队员靠近球网，将手伸向高于球网处以阻挡对方来球的行动。拦网可分为单人拦网和集体拦网，单人拦网是集体拦网的基础。下面主要介绍单人拦网。

1. 单人拦网的动作要点

（1）准备姿势：队员面对球网，两脚左右开立约与肩同宽，距中线 40 厘米左右。两膝弯曲，上体稍前倾，两臂在胸前自然屈肘，掌心向前，两眼注意来球。

（2）移动：当判断对方准备从某个位置扣球进攻时，相应区域的队员应立即迅速移动。移动时，应根据移动距离远近采用并步、交叉步、跑步等不同的移动步法。

（3）起跳：移动后，两膝弯曲，重心下降。起跳时，两脚迅速用力蹬地，两臂在体侧划小弧用力向体前上方摆，带动身体垂直向上跳。起跳后，稍微收腹以控制身体平衡和延长腾空时间。

（4）空中拦击：在起跳过程中要判断拦击点，两手从额前上方迅速伸出，同时提肩，充分伸直手臂，两手自然张开，并稍用力，屈指、屈腕呈勺形，两手之间的距离应略小于一个球的直径，要防止两手之间的距离过大或过小，前臂靠近球网上沿，两臂保持平行。在对方扣球、击球的一瞬间，两手伸向对方上空尽量接近球。当两手触及球时，手掌和手腕要突然用力，手腕迅速用力下压"盖帽"捂住球。例如，在 2 号、4 号位拦网时，外侧手掌要内转"包球"，防止打手出界。

（5）落地：空中拦击落地时，应稍收腹以保持身体的稳定，前脚掌先着地，屈膝缓冲下落的力量。落地后，要迅速做好下一个动作的准备或接应来球。

（6）单人拦网的连贯动作如图 6-2-9 所示。

（a）　　　（b）　　　（c）　　　（d）　　　（e）

图 6-2-9　单人拦网的连贯动作

2. 学练方法

（1）徒手原地模仿单人拦网动作，体会拦网时的伸臂和拦击球动作。

（2）网前做原地起跳徒手拦网动作。

（3）两人一组，隔网相对，做并步、交叉步等徒手移动拦网。要求移动迅速，两人密切配合。

（4）3 人站在本方高台上，分别持球在本区上空网上沿，多人在对方网前排队轮流移动拦网。要求起跳后在空中压腕"盖帽"并触球。

三、排球运动的基本战术与训练

（一）站位及轮转

（1）1 号位是固定发球位置，发球时，发球队员不得踏及底线（发球线），当球发出（出手）后，身体的任何部位可随时进入场地。换位：当对方发球，本方（我方）得分时，本方队员全体轮换位置，如果对方连续得分则不用轮转，换位按照顺时针方向进行，即 2 号位到 1 号位，3 号位到 2 号位，4 号位到 3 号位等，依次轮转。

（2）基本站位如图 6-2-10 所示。

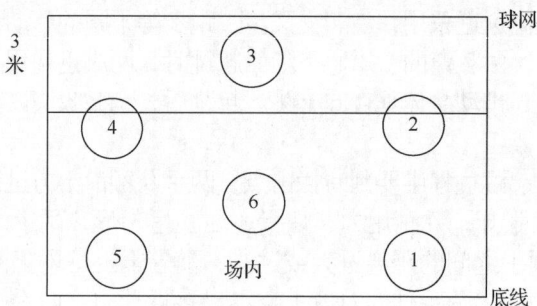

图 6-2-10　基本站位

（二）排球阵容配备及基本战术

排球战术是指场上队员在比赛中根据排球比赛规则、排球运动的规律及敌我双方的具体情况和临场的变化，有意识地运用技术配合，所采用的有目的、有预见性的行动。

1. 阵容配备

（1）四二配备

四二配备，即 4 个进攻队员和 2 个二传队员。其优点是便于组织"中一二"进攻战术，若二传手攻击力强，每一轮都可以采用"插上"进攻战术。其缺点是每个进攻队员都必须熟悉两个二传队员的传球特点，配合较困难。

（2）五一配备

五一配备，即 1 个二传队员和 5 个进攻队员。其优点是进攻力得到加强，全队进攻队员只需要熟悉一个二传队员，配合上容易形成默契，由二传队员做出战术决定，便于统一指挥。缺点是当二传队员轮到前排时，有 3 个轮次只有两点进攻，二传队员的体力消耗较大。

2. 基本战术

（1）"中一二"进攻战术

由前排中间 3 号位队员做二传队员，2 号、4 号位队员做进攻队员，如图 6-2-11 所示。

这种战术简单易学，适合于水平较低的队伍采用。其缺点是两点进攻，战术变化少。

（2）"边一二"进攻战术

由2号位队员做二传队员，3号、4号位队员做进攻队员，如图6-2-12所示。此战术简单易学，有较多的战术变化，由于两名进攻队员的位置相邻，便于进行互相掩护，增加了进攻的突然性和攻击性。

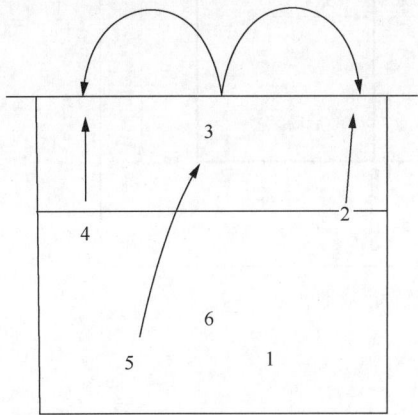

图6-2-11 "中一二"进攻战术　　　　　图6-2-12 "边一二"进攻战术

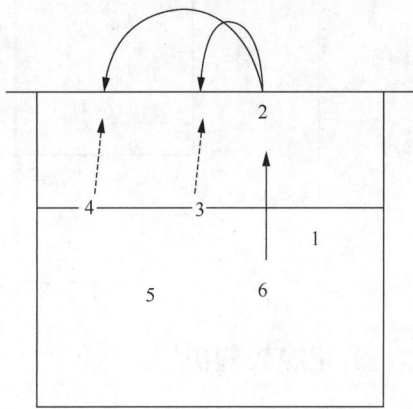

3. 战术练习方法

（1）熟悉位置和跑动路线的练习方法：4人为1组，本方6号位抛球给前排二传队员，由二传队员组织"中一二"或"边一二"进攻。

（2）由老师隔网抛球，4人为1组，定位垫球，组织"中一二"进攻。

（3）教学比赛，学会在比赛中运用各种战术。

4. 串联练习

每4～6人为1组，分组进行对抗练习。例如，"中一二"进攻战术中2号、4号位队员扣球时的传扣串联，"边一二"进攻战术中3号、4号位队员扣球时的传扣串联，"插上"进攻时的传扣串联配合以及结合垫球的垫一传一扣串联。

四、排球运动的竞赛规则

（一）场地、器材

1. 场地

排球运动的标准场地如图6-2-13所示。

（1）标准场地：18米×9米的长方形。中线把标准场地分为相等的两个区域，四周至少有3米宽的无障碍区域。中线与进攻线之间的区域构成前场区，前场区向边线外的无障碍区无限延长，进攻线与端线之间的区域构成后场区。所有界线的宽均为5厘米，线的宽度均包括在场区内。

（2）发球区：在两条边线后各画一条长15厘米，垂直并距离端线20厘米的短线，两条短线之间的区域为发球区。发球区的深度延伸至无障碍区的终端。

2. 球网

排球运动的球网的高度：男子网高为2.43米，女子网高为2.24米。在少年比赛中，男子网高一般为2.35米，女子网高一般为2.15米。

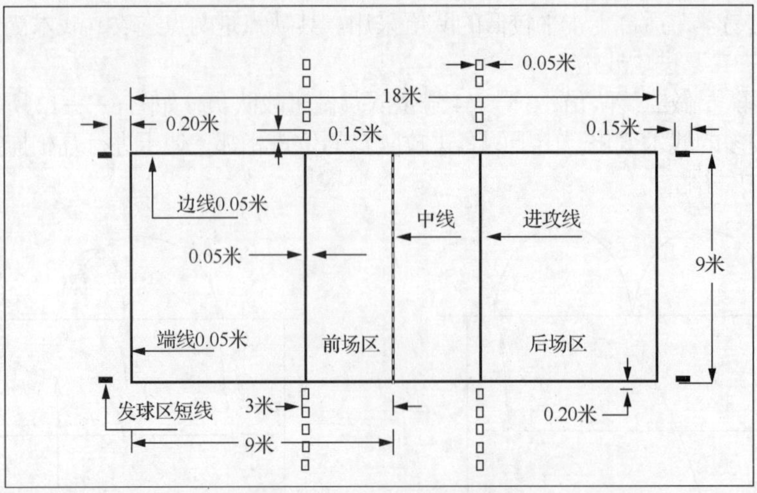

图 6-2-13　排球运动的标准场地

（二）犯规与判罚

1. 发球击球时的犯规

（1）发球次序错误：某队未按照记分表上登记的发球次序发球为发球次序错误。出现后应恢复到正确位置，并判失 1 分。

（2）发球区外发球：未在发球区发球，判犯规队失 1 分。

（3）发球击球时球未抛起或持球手未撤离。

（4）发球时间超过 8 秒为违例。

2. 发球击球后的犯规

（1）发出的球触及发球队队员、球网或未能通过球网垂直面。

（2）界外球：球的落点完全在场区界线以外的地面上；球触及场外物体、天花板或非比赛成员等；球触及标志杆、网绳、网柱或球网标志杆以外部分；发球时或进入对方场区时，球的整体或部分从过网区以外过网。

（3）发球掩护：任何一名发球队的队员，以挥臂、跳跃或左右晃动等动作妨碍对方接发球，而且发出的球从该队员的上空飞过，则构成个人掩护[1]。

3. 击球时的犯规

（1）四次击球犯规：每队最多击球 3 次（拦网除外）将球从球网上方击回对方，超过规定次数的击球为四次击球犯规。

（2）持球：球必须被击出，不得接住或抛出。

（3）连击：一名队员连续击球两次或球连续触及身体的不同部位为连击犯规。

4. 队员在球网附近犯规

（1）过网击球：对方在击球前或击球时，在对方空间触及球或对方队员为过网击球犯规，其依据是击球点是否在对方场区空间。

（2）过中线犯规：在比赛进行中，队员整个脚、手或身体其他任何部分越过中线并触及对方场区时，为过中线犯规。

（3）从网下穿越进入对方场区空间并妨碍对方比赛。

5. 拦网犯规

（1）过网拦网犯规：在对方进攻性击球前或击球时，在对方场区空间拦网为过网拦网犯规。进攻性击球是指除发球和拦网以外，所有直接击向对方的击球。

（2）后排队员拦网。必须同时具备 3 个条件：后排队员在靠近球网处，手在高于球网上沿处阻拦对方来球，该队员触及了球。

（3）拦发球。

第三节 足球运动

一、认识足球运动

足球运动是被誉为"世界第一运动"的竞技项目，风靡全世界，特别是两年一届的欧洲杯、4 年一届的世界杯足球比赛，更是吸引了全球数以亿计的观众，给人们带来了无尽的欢乐，同时也激起了人们运动的热情。足球运动所存在的价值、意义是多方面的。

足球运动是全面锻炼和健全体魄的良好手段，是全民健身活动中一项行之有效的体育运动项目。经常参加足球运动，可以提高人的力量、速度、灵敏性、耐力、柔韧性等身体素质，并能使人的高级神经活动得到改善，尤其是能增强人体的心血管系统、呼吸系统等系统的功能，从而促进人体的健康。据测定，一名优秀足球运动员的肺活量比普通人要高 2 000～3 500 毫升，安静时的心率要比普通人低 15～22 次/分钟。

二、足球运动的基本技术与训练

（一）熟悉球性技术及学练方法

1. 左右拉球练习

（1）动作要领：将球放置于身体前面，使用前脚掌将球踩住，如右脚踩球，将球顺着身体向右转，在转动一定距离后换用左脚将球踩住，再使用同样的动作向左转。

（2）学练方法：一人一球，刚开始时可以做慢动作以适应一左一右的拉球；熟悉动作后可以采取连续左右拉球动作，注意拉球的力度，将球控制在自己的脚下。

2. 原地踩球练习

（1）动作要领：身体直立，两脚前后开立，分别用两脚前脚掌踩球的上部，做一个交换跳的动作，不踩球的脚支撑身体，连续这样做交换跳的练习。

（2）学练方法：刚开始练习时注意踩球的脚不要用力，轻踩就好，尽量目视前方；动作熟练后交换跳的频率要加快，注意动作不要变形。

3. 踩球进退练习

（1）动作要领：做踩球后退练习时，上体直立，两脚开立，左脚支撑身体，右脚踩在球的上部。动作开始后，用右脚踩在球的上部向后拉球，使球向后滚动，拉完球后脚迅速落地以支撑身体，这时用左脚再做同样的动作，拉完球后脚迅速落地支撑身体，两脚交替完成上述动作。踩球前进动作的基本方法与踩球后退动作的基本方法一样，在前进时一只脚将球向前推，另一只脚则将球轻踩在原地，这样交替进行，将球向前推动。

（2）学练方法：从原地踩球练习开始，开始动作之后，先做踩球后退练习，以 15 米为一个距离单元，完成踩球后退练习继续进行原地踩球练习，调整好之后做踩球前进练习。注意尽量做到目视前方，用脚去感受球的位置，注意控制踩球的力量。

4．颠球练习（脚背正面颠球）

（1）动作要领：脚背正面颠球是指用脚趾上面和脚背正面接近趾关节的部位进行颠球的一种方法。支撑腿膝关节微屈，身体重心落在支撑腿上。当球下落至膝关节以下时，颠球腿的膝关节、踝关节、小腿、大腿适当放松，脚尖微翘，用脚背正面部位去触球的下中部并将球向上颠起。

（2）学练方法：开始时用手抛球，当球下落至膝关节以下时，用脚将球颠起，先用一只脚做颠球练习，动作熟练后可逐渐增加颠球次数，也可以进行左右脚交替的颠球练习。

（二）传球、接球的基本技术及学练方法

1．传球的基本技术及学练方法

（1）脚内侧踢球

① 动作要领：踢球时应直线助跑，跨步支撑时眼睛要看球。脚落地时足尖的方向应与出球的方向保持一致，距球 10~15 厘米，膝关节微屈，两臂自然张开，保持好身体平衡。踢球的腿以髋关节为轴由后向前摆动，在向前摆的过程中髋关节外展，脚翘起，脚内侧与出球方向约成 90 度角，以大腿带动小腿快摆击球（见图 6-3-1）。击球时脚跟前顶，脚腕用力绷紧，以脚内侧部位击球的后中部。击球后，踢球的腿应继续保持击球时的姿势随球向前摆。

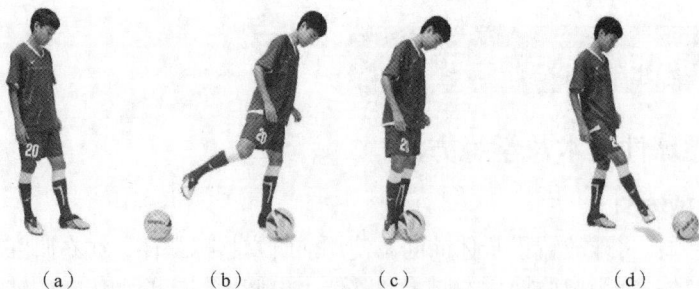

| （a） | （b） | （c） | （d） |

图 6-3-1 脚内侧踢球

② 学练方法有以下 3 种。

• 开始练习时先做模仿练习，两人一个球，同伴在原地踩住球，练习者根据动作要求做原地的模仿练习，注意控制触球时的力度。

• 对墙练习，距离墙 3 米左右距离，在原地进行练习，注意要在做好规范动作的同时控制好力度和方向，开始进行多次练习，动作熟练后可做连续对墙的练习。

• 两人对练，和同伴间隔 3~5 米，开始时一次一次进行传球练习，再逐渐进行连续踢传练习。

（2）脚背内侧踢球

① 动作要领：斜线助跑，助跑的方向与出球的方向约成 45 度，支撑脚以脚掌外沿着地，踏在球的侧后方 25~30 厘米处，膝关节微屈，足尖指向出球的方向，身体稍向支撑脚一侧斜。在支撑脚着地的同时，身体顺势向出球的方向转动，踢球的腿以髋关节为轴，用大腿带动小腿呈弧形由后向前摆动（见图 6-3-2）。在膝关节提到球的垂直上方的刹那，小腿加速前摆，脚尖稍向外转，脚背绷直，脚趾扣紧，脚内侧指向斜下方，以脚背内侧部位击球的后下部。踢球后，踢球的腿随球继续向前摆。

图 6-3-2　脚背内侧踢球

② 学练方法有以下 3 种。

· 原地模仿练习，两人一组，一人在原地踩住球，练习者根据动作要领进行练习，注意触球的部位，控制触球时的力度。

· 对网练习，有条件进行此练习的，可距离网 10～15 米进行练习。

· 两人对练，间隔 10～15 米，踢球时注意控制踢球的力度和方向。

（3）脚背正面踢球

① 动作要领：直线助跑，随着身体与球接近，两眼要紧紧地盯住球。跨步支撑时步幅要大，支撑脚一般踏在球的后沿侧方 10～15 厘米处，足尖的方向与出球的方向一致，膝关节微屈。踢球的腿在跨步支撑的同时大腿向后引，小腿尽力向后屈。在支撑脚着地的同时，弓身送髋（见图 6-3-3）。在支撑脚由斜撑过渡到直撑的同时，以髋关节为轴，用大腿带动小腿由后向前摆动。当膝关节提至接近球的后上方时，小腿加速前摆。在击球瞬间，脚背绷直，脚腕下压，以脚背的正面击球的后中部。击球后，踢球的腿应随球继续向前摆。

图 6-3-3　脚背正面踢球

② 学练方法有以下两种。

· 原地模仿练习，两人一组，一人在原地踩住球，练习者根据动作要领进行练习，注意触球的部位，控制触球时的力度。

· 面对球门，在大禁区线上摆定足球，瞄准球门区域进行练习。

2. 接球的基本技术及学练方法

（1）脚内侧接球

① 动作要领：用支撑脚的脚尖对准来球方向，膝关节微屈，同侧肩正对来球。接球的腿提膝，大腿外展，脚尖微翘，脚底基本与地面平行，脚内侧正对来球并迎球，当脚内侧与球接触的瞬间迅速向后撤，把球控制在脚下（见图 6-3-4）。

② 学练方法：结合脚内侧踢球的技术，一传一停。

图6-3-4 脚内侧接球

（2）脚掌接球

① 动作要领：身体正对来球方向，移动前迎，支撑脚站在球的侧面（或前或后均可），脚尖正对来球的方向，膝关节微屈。同时接球腿提起，膝关节微屈，脚背略屈，使脚底与地面形成的角度略小于 45 度（且脚跟离开地面），一般用前脚掌接触球的上部。在触球瞬间接球的脚可轻微跖屈（前脚掌下点）将球停住（见图 6-3-5），也可根据需要在接球的同时将球推向前方或拉向身后。

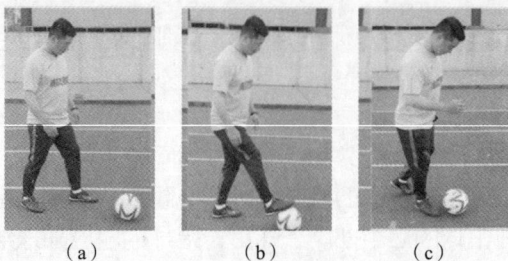

图6-3-5 脚掌接球

② 学练方法：结合脚内侧传球进行练习；结合脚背内侧踢球技术，等球落地之后进行反弹球的脚掌接球。

（3）脚背正面接球

① 动作要领：此技术要根据球的落点及时移动，脚背正面上迎下落的球，在球与脚面接触的一瞬间，接球的脚与下落的球同步下撤（见图 6-3-6），此时大腿膝关节、踝关节、脚趾均保持适度的紧张，脚尖微翘将球接到需要的地方。

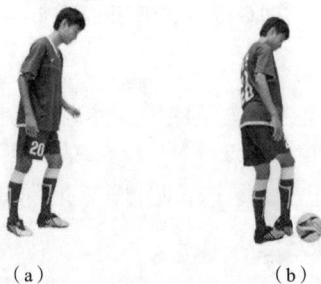

图6-3-6 脚背正面接球

② 学练方法：两人一组进行对抛球练习，注意抛球的高度和方向；结合脚背内侧踢球技术，两人一组进行传球、接球组合练习。

（4）大腿接球

① 动作要领：面对来球的方向，根据球的落点迅速移动，接球的腿抬起，当球与大腿接

触的瞬间大腿积极下撤将球接到需要的位置上（见图6-3-7）。

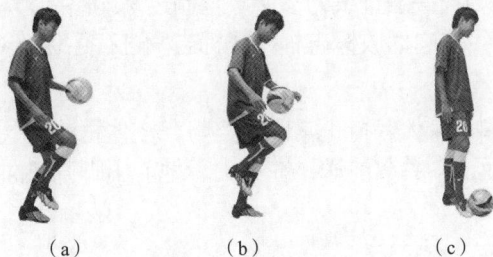

（a）　　　　　　　（b）　　　　　　　（c）

图6-3-7　大腿接球

② 学练方法：两人一组进行对抛球练习，注意抛球的高度和方向；结合脚背内侧踢球技术进行传球、接球组合练习。

（5）胸部接球（挺胸式）

① 动作要领：面对来球站立（两脚左右或前后开立），两膝微屈，重心置于支撑面内，上体后仰，下颌微收，两臂自然张开，保持身体平衡。在接触球的瞬间，两脚蹬地，膝关节伸直，用胸部轻托球的下部使球微微弹起于胸前上方（见图6-3-8）。

（a）　　　（b）　　　（c）　　　（d）　　　（e）　　　（f）

图6-3-8　胸部接球（挺胸式）

② 学练方法：两人一组进行对抛球练习，注意抛球时使球有一定的弧度；结合脚背内侧踢球技术进行传球、接球组合练习。

（三）运球的基本技术及学练方法

1. 脚背内侧运球

（1）动作要领：身体稍侧转并自然协调放松，运球时步幅要小，上体前倾，运球的腿提起向外展，膝关节微屈向外转，脚尖向外转，使脚背内侧正对球，在运球的脚落地前用脚背内侧推拨球，使球随身体前进（见图6-3-9）。

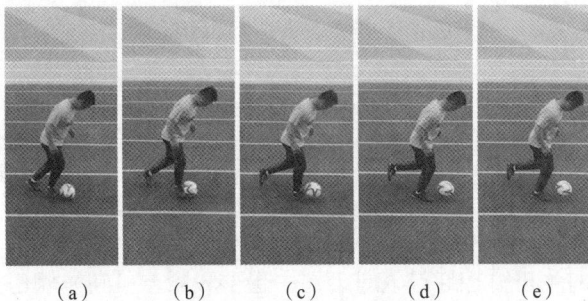

（a）　　　（b）　　　（c）　　　（d）　　　（e）

图6-3-9　脚背内侧运球

（2）学练方法有以下两种。

① 直线运球：在球场找一条直线为参照，控制运球的路线，尽量按照直线方向行进。

② 障碍运球：在直线方向摆放标志桶，绕标志桶进行运球练习。

2. 脚背正面运球

（1）动作要领：运球时身体保持正常跑步姿势，上体稍前倾，步幅不宜过大，运球的腿提起向外展，膝关节稍屈，膝关节前送，在脚尖着地前用脚背正面部位触球的后中部将球推送前进（见图 6-3-10）。

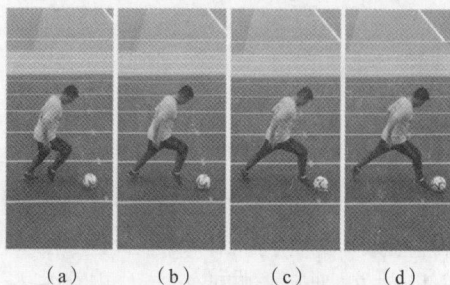

（a）　　　（b）　　　（c）　　　（d）

图 6-3-10　脚背正面运球

（2）学练方法有以下两种。

① 直线运球：在球场找一条直线为参照，控制运球的路线，尽量按照直线方向行进。

② 变速运球：在熟悉了直线运球的基础上，改变行进的速度，加快触球的频率，提高运球的速度。

3. 脚背外侧运球

（1）动作要领：运球时身体保持正常跑动姿势，上体稍前倾，步幅不宜过大，运球的腿提起，膝关节稍屈向前摆，脚稍向内转斜下指，使脚背外侧正对球，在运球的脚落地前用脚背外侧推拨球的后中部，使球随身体前进（见图 6-3-11）。

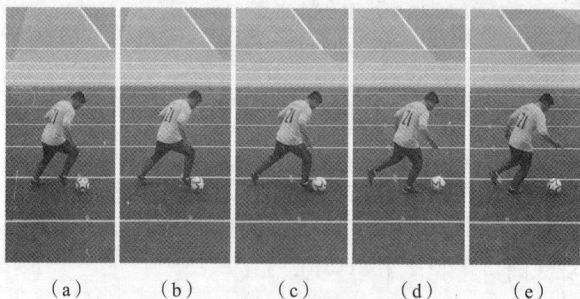

（a）　　（b）　　（c）　　（d）　　（e）

图 6-3-11　脚背外侧运球

（2）学练方法有以下两种。

① 直线运球：在球场找一条直线为参照，控制运球的路线，尽量按照直线方向行进。

② 变速、变向运球：熟悉直线运球后，可进行变速运球，同时也可以加上方向上的变化。

（四）运球过人的基本技术

（1）如果在面对对手进行控球过人时，对手逼得较紧，可向一侧用身体或腿部做虚晃动作（或是身体与腿同时并用）诱使对手跟随运球虚晃动作发生重心的偏移，然后迅速用另一侧脚背外侧向同侧拨球，并越过对手（见图6-3-12）。

（a）　　　　（b）　　　　（c）　　　　（d）

图6-3-12　迎面对手控球过人

（2）对迎面跑来抢球的防守者，仍然可以采用左右晃动的方法使对手重心发生不适当偏移而越过对手（见图6-3-13）。

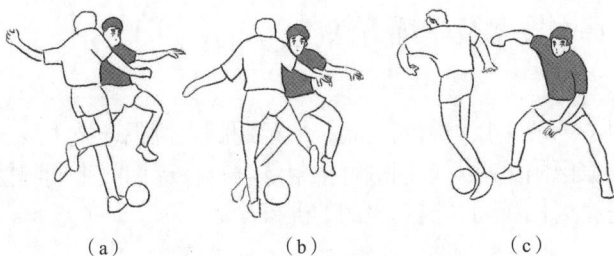

（a）　　　　（b）　　　　（c）

图6-3-13　正对对手控球过人

（3）用假装减速或停顿，再突然起动的方法越过对手。快速运球时，对手在自己一侧紧追不舍，将要与自己跑平时，可以做一个减速或停顿的假动作，使对手产生错觉。当对手也减速或停顿时，突然加速推球向前甩掉对手。

（4）当对手在自己的侧后方追抢时，可用异侧脚向前从球上跨过，诱使对手堵抢，然后用同一只脚的脚背外侧将球向另一侧扣回（或用另一只脚的脚背内侧将球扣回）甩掉对手。

（五）头顶球的基本技术

1. 原地头顶球

身体正对来球，眼睛注视运动中的球，两脚左右开立（或前后开立），膝关节微屈，重心置于两脚间的支撑面上（或后脚上），两臂自然张开，当球运行到通过重心垂直于地面的垂线时，两腿用力蹬地，迅速向前摆体，微收下颌，在触球前瞬间颈部做爆发式振摆，用前额正面击球的中部，上体随球前摆（见图6-3-14）。

（a）　　　　（b）　　　　（c）　　　　（d）

图6-3-14　原地头顶球

2. 跑动跳起头顶球

跑动跳起头顶球的连贯动作如图 6-3-15 所示。

（a）　　　（b）　　　（c）　　　（d）　　　（e）　　　（f）

图 6-3-15　跑动跳起头顶球的连贯动作

（六）射门的基本技术及学练方法

1. 推射

在近距离射门时，一般采用推射的方式，即运用脚内侧踢球技术。

学练方法：在小禁区附近面对球门进行推射练习；在球门线上间隔摆放标志桶，使用推射的方式瞄准目标进行射门练习，提高射门的准确度。

2. 抽射

在中远距离射门时，一般采用抽射的方式，即运用脚背正面踢球技术和脚内侧踢球技术。

学练方法：在禁区线弧顶位置面对球门进行原地的射门练习；将球门用标志桶分割成几部分，进行踢准的练习；增加距离，尝试远距离射门。

（七）守门的基本技术

1. 准备姿势

两脚左右开立，约与肩同宽，两膝自然弯曲，身体略向前倾，两脚跟稍提起，重心放在前脚掌上，两臂自然弯曲，掌心向下，两眼注视来球。

2. 接球

接球分为直腿式接球［见图 6-3-16（a）］和跪撑式接球［见图 6-3-16（b）］。

（a）　　　　　　　　　　　　　（b）

图 6-3-16　接球

（1）直腿式接球：两腿自然并立，脚尖正对来球，上体前屈，两臂并肘前迎，两手小指靠近，手掌正对球。手触球的瞬间随球后引屈肘、屈腕，两臂靠近将球抱于胸前。

（2）跪撑式接球：多用于向侧方移步接球。接左侧球时，屈左腿，右腿跪撑于左腿附近，两腿之间的距离不得超过球的直径，其余动作与直腿式接球的动作相同。接右侧球时，动作相同，方向相反。

3. 接平直球

身体正对来球，两臂屈肘稍向上举，两手小指靠近，五指微屈，手掌正对球。当手触球时，手指和手腕适当用力，并顺势屈臂后引，将球抱于胸前（见图6-3-17）。

（a）　　　（b）　　　（c）　　　（d）

图6-3-17　接平直球

4. 接高球

快速移动起跳，两臂向上伸迎球，两手手指呈"八"字形，手指微屈，手掌正对球。当手触球时，手腕和手指适当用力将球接住，顺势屈肘，回缩下引，将球抱于胸前（见图6-3-18）。

（a）　　（b）　　（c）　　（d）　　（e）

图6-3-18　接高球

三、足球运动的基本战术

（一）传切配合

传切配合是指控球队员将球传给切入的进攻队员的配合方法，是局部进攻战术中运用最多的配合方法。

（二）交叉掩护配合

交叉掩护配合是指在局部地区两名进攻队员在运球交叉换位时，以自己的身体掩护同伴越过防守队员的配合方法。

（三）"二过一"配合

"二过一"配合是指局部区域两名进攻队员通过两次或两次以上的连续传球，越过一名防守队员的配合方法。

四、足球运动的竞赛规则

1. 比赛的基本规定

（1）人数：每场比赛应有两支队伍参加，每队上场的队员不得少于7人，也不得多于11

人，其中必须有一名守门员，每队最多可有 3 名替补队员。

（2）装备：相同的运动上衣、短裤、护袜，还要配备足球鞋与护腿板。守门员的服装颜色必须有别于其他队员。

（3）比赛时间：分为上、下两个半场，每半场 45 分钟。中场休息不得超过 15 分钟。如有加时赛，每半场各 15 分钟，中间不休息。

2. 点球大战

比赛双方在常规比赛中打平，进行加时赛后依然平局，便要进行点球以分胜负。双方先进行 5 人对 5 人的交替罚点球，如未分出胜负，则进行 1 人对 1 人交替罚点球。一方罚进，而另一方未罚进，则比赛结束，否则继续按 1 人对 1 人交替罚点球，直至比赛结束。罚点球时，在裁判员鸣哨后球被踢出前，守门员双脚必须站至球门线上不得移动。

3. 罚球区的规定

罚球区是位于球门前的大区（包括球门在内），在该区域内有着较严格的规定。

（1）守门员在本方罚球区内可以用手触球，但本方队员故意用脚将球回传给守门员，且守门员用手接球则要判罚间接任意球。

（2）防守队员在罚球区内犯规被判罚直接任意球时应罚点球。

（3）在罚点球时，除守门员及主踢队员外，其他队员不准进入罚球区内。

（4）在踢球门球或守方在罚球区内罚任意球时，攻方队员必须自动退出此区外，并距球 9.15 米。

4. 越位

当传球者触击（踢或顶等）球时，同队接球队员的位置处在球的前面，并且该队员与对方端线之间没有对方队员时（不包括对方守门员）即为越位。但若该接球队员在本方半场或队员直接抢到门球、角球和界外掷球时则无越位。此外，队员仅仅是处于越位位置，且裁判员认为其没有干扰比赛、干扰对方或没有利用越位位置取得利益时也无越位。

5. 任意球

在比赛中队员出现犯规与不正当行为时，根据规则应判罚直接任意球、间接任意球。

（1）直接任意球：罚球队员直接将球踢进对方球门得分有效，防守队员在本方罚球区内犯规被判罚直接任意球时，则为点球。一般判定直接任意球的情况如下：绊摔、拉、推、踢或企图踢对方队员；带有暴力和危险性冲撞对方队员；打或企图打对方队员；守门员外的其他队员用手触球；向对方队员吐唾沫；跳向对方队员等。

（2）间接任意球：罚球队员不能直接射门得分。一般判定间接任意球的情况如下：动作带有危险性；队员不正常踢球，而是故意阻挡对方队员；阻挡对方守门员发球；守门员违例。

6. 黄牌警告

一场比赛中同一队员累计得到两张黄牌，则要被判罚红牌出场。比赛中有下列情况，运动员应被判罚黄牌警告：不服从裁判，抗议或干扰裁判员执行判罚；做出对判罚表示不满的手势或举动；煽动、进行粗野的行为；用语言或行动侮辱、威胁对方队员、观众或工作人员；故意延误时间；罚任意球时故意不保持距球 9.15 米；未经裁判员许可进入或重新进入比赛场地等。

7. 红牌

被判罚红牌者要离开比赛场地。比赛中有下列情况，运动员应被裁判员出示红牌：有暴力行为；严重犯规；直接威胁对方队员或实行犯规战术；故意手球破坏对方的进球或明显的进球得分机会；经黄牌警告后再次犯规，又被第二次判罚黄牌。

第四节　网球运动

一、认识网球运动

（一）网球运动的起源与发展

现代网球运动的历史一般认为是从 1873 年开始的。英国人沃尔特·克洛普顿·温菲尔德将早期的网球打法加以改进，使网球运动成为夏天在草坪上进行的一种体育活动，并取名"草地网球"。此后，网球逐渐发展为一项在室内、户外都能进行的体育项目。1875 年，全英网球运动俱乐部成立。这个网球运动俱乐部建造了世界上第一个网球场地，并于 1877 年举办了全英草地网球男子单打锦标赛，即后来的温布尔登网球锦标赛。1874 年，网球传到美国，并演变出在沙土上、水泥地上举行的比赛，于是"网球"的名称就慢慢替代了"草地网球"的名称。

1896 年，在雅典举行的现代第一届奥林匹克运动会上，网球的男子单打与男子双打被列为正式比赛项目，后来又曾在奥林匹克运动会上被取消。在 1988 年的第二十四届奥林匹克运动会上，网球重新被列为正式比赛项目。

（二）网球运动的特点

网球运动是深受人们喜爱、极富乐趣的一项体育活动。网球运动既是一种消遣，一种增强体质的方式，也是一种艺术追求和享受，当然它还是一种扣人心弦的竞赛项目。网球运动的动作优美，每打出一次好球，都会使人兴奋异常、愉快无比。网球运动吸引了许多爱好者积极投身于该项运动。

二、网球运动的基本技术与训练

（一）握拍法

1. 东方式握拍

（1）正手握法：先使拍面与地面垂直，然后如同与球拍握手一样握住拍柄。这时大拇指与食指间的"V"形虎口，恰好在拍柄的上平面偏右的位置。然后用大拇指第一关节扣住拍柄的右平面，食指则轻绕至拍柄右侧至下平面。中指、无名指和小指紧握，并与大拇指接触（见图6-4-1）。

（2）反手握法：使"V"形虎口略偏左，位于左平面和上平面之间的左上斜面，食指关节在右上斜面的位置（见图6-4-2）。

2. 半西方式握拍

（1）正手握法：将食指根放在第 4 个斜边上，手几乎都在拍柄的上方（见图6-4-3）。如果过食指根关节处钉入一颗钉子，它将正好通过拍柄的中心。

（2）反手握法：与半西方式正手握拍对应，从东方式反手握拍开始，逆时针转动手（左手请顺时针转动），直到食指根移动到拍柄的下一条边上（见图6-4-4）。

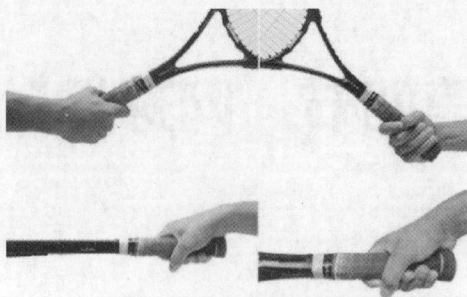

图 6-4-1　东方式正手握拍

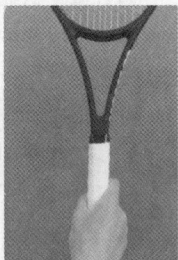

图 6-4-2　东方式反手握拍

图 6-4-3　半西方式正手握拍

图 6-4-4　半西方式反手握拍

3. 双手握法

（1）正手握拍：通常以东方式正手握拍为主体，另一只手作为辅助（见图 6-4-5）。使用双手正手握拍的运动员人数很少，因为在步法上它要比单手握拍时多跑一步，这要求运动员要有很好的体力。

图 6-4-5　双手正手握拍

（2）反手握拍：反手握拍时，辅助的左手使用东方式正手握拍法，这样可以固定拍面，增加击球的力量（见图 6-4-6）。

图 6-4-6　双手反手握拍

（二）准备姿势

1. 底线击球的准备姿势

如图 6-4-7 所示，两脚开立约与肩同宽，两脚平行，脚跟稍提，两膝微屈；上体稍前倾，轻握球拍，肘关节微屈，肩关节放松，上臂自然贴在身体右侧（右手握拍者），非持拍的手屈肘托住球拍的中心（拍颈处），球拍稍远于身体并横于腹前；两眼注视对方，重心放在两脚的前脚掌上。

（a） （b）

图 6-4-7 底线击球的准备姿势

2. 网前击球的准备姿势

网前击球的准备姿势与底线击球的准备姿势的不同点是前者两脚开立的幅度稍大，两膝微屈的幅度稍小，两手持拍使拍面向前，如图 6-4-8 所示。

图 6-4-8 网前击球的准备姿势

除上述两种准备姿势外，练习者还经常使用中场击球的准备姿势。中场击球的准备姿势与网前击球的准备姿势的不同点是后者的重心稍低。中场击球的准备姿势是持拍在胸前，拍头位于胸前，并使拍头的高度与球网高度保持一致。

（三）步法

网球的各种击球步法都要求人与球保持适当的距离。在打球时，只有站位合适，才能得心应手地打出各种好球。

1. 开放式步法

若从准备姿势起动，则以右脚为轴，向右侧转动身体，左脚向右前方跨出，与端线约成45度角，使左肩对网，跨出的左脚仍在偏左侧的场地，身体呈开放姿势（见图 6-4-9）。

2. 封闭式步法

从准备姿势起动，以左脚为轴，向左侧转动身体，右脚向左前方跨出，步子较大，超过左脚落在左侧的场地，使右肩对网，甚至使右肩胛骨对网，身体呈闭锁姿势（见图6-4-10）。

图6-4-9 开放式步法

图6-4-10 封闭式步法

3. 滑步

滑步是指面对球网两脚左右滑步移动。向左滑步时蹬右脚，先移动左脚，再跟右脚。向右滑步时蹬左脚，先移动右脚，再跟左脚，如图6-4-11所示。

4. 左右交叉步

向右移动时，脚掌向右转动，左脚先向右前方跨一步，交叉于右脚前，同时向右转动身体进右脚，再进左脚。向左移动时，其方法与向右移动时的方法相同，方向相反。左右交叉步示意如图6-4-12所示。

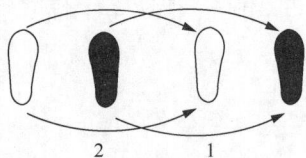

图6-4-11 向右滑步示意

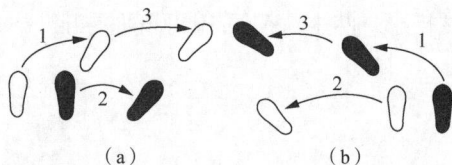

（a） （b）

图6-4-12 左右交叉步示意

（四）正手击球

正手击球是指在握拍手同侧于后场击对方来球的技术动作，这种击球方法通常用于接对方发球和反弹来球。

1. 底线正手击球的动作方法

（1）正手平击球

正手平击球是指以底线正手击球方法击出不旋转或略带旋转球的技术动作。这种击球方法简单易学，适合初学者使用，是底线正手击球的主要方法之一。

正手平击球打法要使用东方式正手握拍方法。平击球是由于使用了球拍面正击球体使球不旋转或略有旋转飞行，其特点是速度快，球的飞行路线较直，球落地后弹跳低、前冲力量大，但其准确性和控制性较差。

正手平击球的动作分解如图6-4-13所示，技术要点如下。

① 挥拍时手腕要保持相对固定，以减少拍面在挥动过程中的变化。

② 击球时拍面与地面保持垂直并以同样的拍面继续向前挥。

③ 引拍和挥拍击球的整个过程中要保持拍头不能下垂。

④ 击球后，球拍向前挥动于左肩上方自然收拍。

(a)　　　　　　(b)　　　(c)　　　　　(d)　　　　　(e)

图 6-4-13　正手平击球

（2）正手上旋击球

正手上旋击球打法可使用半西方式握拍法，上旋球是由于球拍向上摩擦整个球体使球产生上旋。上旋球特点是球的飞行弧线高，落地后弹跳高且前冲力量较大。正手上旋击球打法是一种具有较强的攻击性和失误较少的打法。

正手上旋击球的动作分解如图 6-4-14 所示，技术要点如下。

① 后摆引拍时，拍头稍向下垂，手腕翻转与手背形成一定角度。

② 挥拍时，球拍从上向下再向前上方做环形挥拍动作。

③ 击球时拍面斜向下盖住球并做向上提拉动作，同时加大腰部的转动幅度。

④ 击球后，柔软地使用手腕，使球拍挥至身体内侧。

⑤ 挥拍击球过程中，拍面是一直变化着的。

(a)　　　　　　　(b)　　　　　　(c)　　　　　　(d)

图 6-4-14　正手上旋击球

（3）正手削球（下旋球）

正手削球时，由于拍面向前下方切削使球产生下旋。其特点是过网点很低，球落地后反弹低并稍伴有前冲或回弹现象，是一种很省力的打法，但缺点是攻击力量不大。

正手削球的动作分解如图 6-4-15 所示，技术要点如下。

① 后摆引拍时，直线将球拍引至身体后侧，动作幅度较小。

② 挥拍时手腕固定，使拍面斜向地面稳定前挥。

③ 击球时用斜向地面的拍面以切削动作在身体侧前方击球。

④ 击球后球拍随球向前送，并在身体前方以左手扶拍结束动作。

⑤ 在后摆引拍和挥拍击球的过程中要保持拍面相对稳定。

2. 正手击球的学练方法

（1）后摆引拍练习。练习者站在障碍物前约 1.5 米处做后摆引拍动作，用拍头前端触及障碍物，以体会后摆引拍的伸展程度。

（a）　　　　　　（b）　　　　　　（c）　　　　　　（d）　　　　　　（e）

图 6-4-15　正手削球

（2）击对方前场抛球练习。练习者站在发球线后约 1 米处，迎击对方前场抛来的球。

（3）两人对墙练习。两人分别站于挡墙相距约 6 米处，以底线正手击球的方法连续迎击同伴打过来的反弹球。

（4）两人底线正手击球。两人分别在两底线站立，以中等力量迎击对方来球，要求击球时动作顺畅、完整。

（五）反手击球

反手击球是指在握拍手的异侧于后场击对方来球的技术动作，这种击球方法通常用于接对方发球和反弹来球。

1. 底线反手击球的动作方法

（1）反手平击球

反手平击球一般使用东方式反手握拍方法，如图 6-4-16 所示。平击球的特点是球速快，球的飞行路线比较平直，球落地后的前冲力量大。

图 6-4-16　反手平击球的握拍方法

反手平击球的技术要点如下。

① 后摆引拍时，右脚向右侧前方跨出并用力踏地，屈膝降低重心。

② 击球时手腕绷紧，使球拍与地面垂直。

③ 挥拍击球时应从后向前上方比较平缓地挥击，同时左臂自然展开留在身后，保持身体的平衡。

④ 击球后，球拍应随着惯性挥至右肩上方，持拍手臂挥直。

（2）反手上旋击球

反手上旋击球打法一般使用东方式反手握拍法，其特点与正手上旋球的特点基本一样，是一种进攻性反拍击球打法，如图 6-4-17 所示。

反手上旋击球的动作分解如图6-4-17所示，技术要点如下。

① 后摆引拍时，持拍手的肘关节微屈并稍靠近身体。

② 击球时拍面稍向后倾斜，利用球拍向上摩擦球体使球产生旋转。

③ 在击球过程中，前肩应该像一个卷曲的弹簧被放开一样，应平滑地转动。

④ 击球完成后，应继续向右前上方挥动球拍。

（a）　　　　　　（b）　　　　　　（c）　　　　　　（d）

图6-4-17　反手上旋击球

（3）反手削球（下旋球）

反手削球一般使用大陆式握拍法，其特点是球过网时很低平，落点容易控制，稳健省力，但球的攻击力不强，常常作为防守性打法。

反手削球的技术要点如下。

① 后摆引拍时，拍头要比反手上旋击球的拍头起得高，球拍要相对远离身体，手腕上翘，使拍头高于手腕，拍面稍斜向地面。

② 向前挥拍时肘关节外展，手臂伸直，保持拍面稳定。

③ 击球时手腕绷紧，拍面微开，球拍由后上方向前下方做切削动作，击球点比反手上旋击球的击球点稍前。

④ 击球后球拍随挥拍动作由下稍向上呈弧形前挥至肩部或头部高度。

（4）双手反手击球

双手反手击球（见图 6-4-18）的特点是拍面比较稳定，击球的准确性高，不论来球高低，都便于对球施加力量使球上旋，发力击球比较容易，球的攻击性强，能够弥补反手削球力量不足的弱点。但双手反手击球对练习者脚步移动速度和判断能力的要求很高，体力消耗较大，扩大了对方的攻击范围。

（a）　　　　　　（b）　　　　　　（c）　　　　　　（d）

图6-4-18　双手反手击球

双手反手击球的技术要点如下。

① 当判断需要用双手反手击球时，右手立即换成东方式反手握拍法握拍，左手顺着拍柄向下滑，直到双手相接，左手掌贴在拍柄背面以东方式正手握拍法握拍。

② 后摆引拍时右脚向右前方跨出，身体重心在右脚上，侧身转肩背朝网，双臂相对靠近身体直线向后以充分引拍。

③ 挥拍时回身扭腰，球拍由后下方向前上方挥出，在挥拍过程中尽量保持拍面与地面垂直。

④ 击球点位于身体左前体侧与腰部同高处。

⑤ 击球时右臂伸直，拍面垂直于地面，并有向前推击球的感觉。

2. 反手击球的学练方法

（1）挥拍动作练习

练习者左手持固定物于身后，右手持拍做徒手挥拍练习，体会挥拍时两手臂展开，保持身体平衡的感觉。

（2）自抛击球练习

练习者原地对挡墙或挡网站立，进行反手的自抛击球练习。

（3）双手反手移动击球

练习者站在底线中间，以双手反手击球的握拍方法移动迎击对方前场送于左侧的来球。击球后返回原来的位置，准备迎击下一个来球。要求判断球的落点，迅速移动到位，及时后摆引拍。

（六）截击球

1. 截击球的动作方法

（1）正手截击球

正手截击球是指在握拍手同侧进行凌空击球的技术动作，如图6-4-19所示。

（a）　　　　　　　（b）　　　　　　　（c）

图6-4-19　正手截击球

正手截击球的技术要点如下。

① 后摆引拍时，左脚立即向右前方跨出，同时转肩带动球拍向后引，拍头要高于握拍手，绷紧手腕，握紧球拍。

② 截击球的动作有点像在做挡击或撞击，击球时在拍面向前撞击的同时微微向下做切削球的动作，击球时保持拍头上翘，拍面稍向后仰。

③ 击球后有一个小幅度向前的随意挥拍的动作，在随意挥拍的过程中，手仍要紧握球拍。

（2）反手截击球

反手截击球是指在握拍手异侧进行凌空击球的技术动作，如图6-4-20所示。对大多数参加网球运动的人来说，反拍截击比正拍截击更容易，因为它更符合人体解剖学肌肉用力结构特点。

反手截击球的技术要点如下。

① 后摆引拍时，左手扶拍，手向后拉拍，同时转肩，做短距离后摆引拍动作，拍头高于握拍手，眼睛注视来球。

② 挥拍击球时，左手松开稍向后伸，右手握紧球拍前挥并在身体前方切削来球。

③ 向前挥拍时，两只手的动作好像在拉长一根橡皮筋，以保持身体平衡。

（a）　　　　（b）　　　　（c）

图 6-4-20　反手截击球

2. 截击球学练方法

（1）后摆引拍练习

背对挡墙或挡网距 0.5 米处站立，做后摆引拍动作练习，以体会短距离引拍。

（2）网前短拍截击练习

两人一组，隔网站立，一人送球，一人先用手掌接对方来球，然后以短拍截击对方来球，体会击球动作。

（七）发球

1. 发球动作

发球是指运动员在底线单手抛球再将球击至对方发球区的技术动作。发球是网球比赛中唯一由自己掌握而不受对方影响的技术动作，其质量直接关系到一分的得失。发球动作由准备姿势、抛球与后摆动作、挥拍击球动作和随挥动作 4 个技术环节组成。

（1）准备姿势

准备发球时，两脚前后分开与肩同宽，左脚与底线相距 5 厘米并约成 45 度角，右脚与底线平行，左肩侧对球网，重心放在右脚上，把球和球拍放在体前腹部的高度，如图 6-4-21 所示。对初学者而言，在右区发球时，一般站立在中点与右边线中间的位置上；在左区发球时一般站在离中点 1.5 米处。

图 6-4-21　发球准备姿势

（2）抛球与后摆动作

抛球时用大拇指、食指和中指第一、二关节拖住球，掌心向上，如图6-4-22所示。抛球时整个手臂伸直向上托送，利用手臂向上的惯性使球平稳地离开手，避免做屈腕、屈肘动作，尽可能让球垂直向上抛出。抛出的球的高度约等于握拍的手臂充分向上伸直时球拍的顶部再加一个拍面的高度，抛球后左手上举片刻。在球抛出后开始做后摆动作，在抛球的同时将球拍从前方开始往下向后上方摆起，同时做屈膝、转体、展肩的动作，后摆完成时拍头在头后指向上方，身体重心随着抛球的动作先移向后脚，后摆动作完成后重心开始前移（见图6-4-23）。

（a） （b）

图6-4-22 抛球姿势

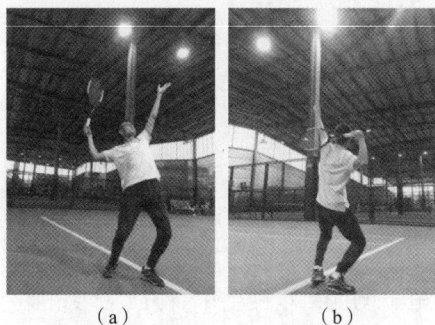

（a） （b）

图6-4-23 抛球与后摆动作

（3）挥拍击球动作

挥拍时，右肘伸直抬高拍头指向上方，手腕微转将拍面正对出球方向（见图6-4-24），当球落到击球点的瞬间，迅速挥臂击球的后上部，并伴随着扣腕动作，注意将击球点保持在体前右上方。在挥拍的同时左手自然下落。此时，身体重心前移，身体面对球网。

（4）随挥动作

击球后，继续保持完整的向前上方伸展的随挥动作，拍面随惯性挥至身体左下方，右脚跨过底线进入场区，迅速调整好所处位置，准备接对方回球，如图6-4-25所示。

图6-4-24 挥拍击球动作

图6-4-25 随挥动作

2. 技术要点

（1）稳定的抛球是发好球的重要因素。

（2）在抛球后保持左手上举片刻有利于保持身体平衡。

（3）在挥拍击球的整个过程中要保持抬头看球。

（4）击球时，尽可能提高击球点，有利于提高击出的球的过网点。

3. 平击发球和上旋发球的技术要点

（1）平击发球

平击发球（见图 6-4-26）是指以拍面的中心平直击球的后中部，使球平直飞行的发球技术动作。用平击发球法发出的球几乎不会旋转，球几乎是笔直地飞行，且对运动员的力量要求较高，发球时往往要靠近网才能将球击入场内，在绝大多数场地上球的反弹较低，一般用于第一发球。发球成功时，有时能直接得分，但平击发球的失误率较高。

平击发球的技术要点如下。

① 发球时站立的位置应相对靠近中点，以缩短球的飞行距离。

② 击球点的位置在右肩上方，高度接近身体向上伸展的最高点。

③ 拍面的触球点在球的正后方中部。

④ 挥拍击球时拍面垂直地面并有向前上方挥动的动作，并顺势向下平稳挥出。

⑤ 击球后，球拍随挥至体前左侧膝部的位置。

（a）　　　　（b）　　　　（c）　　　　（d）

图 6-4-26　平击发球

（2）上旋发球

上旋发球（见图 6-4-27）是指使发出的球带有强烈上旋的发球方法。上旋发球综合了侧旋球的特点，球的过网点较高，落地急速，球落地后反弹很高，但这种发球难度较大。这是一种以上旋球为主、侧旋球为辅的发球方法。

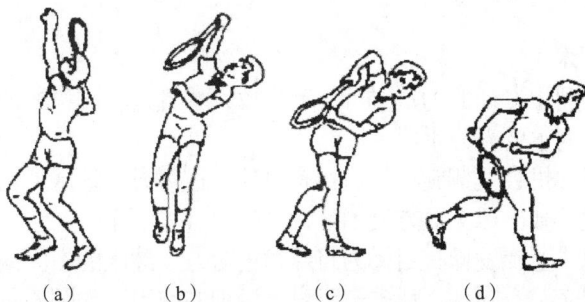

（a）　　　　（b）　　　　（c）　　　　（d）

图 6-4-27　上旋发球

上旋发球的技术要点如下。

① 发球时站立的位置与切削发球站立的位置相同。

② 抛出球的位置在头后偏左上方。

③ 拍面的触球点在球的中部偏下方。

④ 击球时身体成弓形，利用杠杆力量对球施加力量使其旋转，球拍快速从左向右挥动，并从下向上擦击球的背面，使球产生右侧上旋。

⑤ 击球后，球拍随挥至体前靠右侧位置。

4. 发球的学练方法

（1）徒手练习方法

① 碰背挥拍练习。持拍手的手肘向上抬并弯曲，使拍头在背后向下垂，拍边碰背，然后向前上方挥拍，以体会挥拍动作。

② 辅助挥拍练习。在同伴的帮助下进行挥拍练习。

③ 对墙挥拍练习。对墙挥拍练习以体会击球时的运动路线和击球时拍面的位置与方向。

（2）固定球练习方法

① 握拍颈挥拍击球练习：练习者站在网前，侧身对网，挥拍击球，以体会击球时用拍面触球。

② 跪姿挥拍击球练习：练习者半跪在中场，先抬肘并弯曲使拍碰背，然后抛球挥拍将球击过网。

③ 站立挥拍击球练习：练习者站在后场，先抬肘并弯曲使拍头碰背，然后抛球挥拍将球击过网。

（3）完整动作的学练方法。

① 对墙发球练习：练习者面对墙站在离墙约 12 米处，以完整的发球动作对墙发球，以体会完整的发球动作。

② 发球区发球练习：练习者站在底线一侧，以完整的发球动作将球发至对场另一侧的发球区，以体会发球的动作。

③ 连续发球练习：练习者站在底线一侧，用一种发球方法进行连续的发球练习，以熟练掌握发球动作。

三、网球运动的基本战术与训练

（一）上网型打法

上网型打法战术是指以在网前进攻为主要的得分手段。上网型打法常用的基本战术有以下两种。

1. 发球上网战术

发球上网战术是利用发球的力量进行主动进攻，并且是上网抢攻的一项主要战术，也是上网型打法在比赛中的主要得分手段。

（1）用第一发球的机会发侧旋球，目标是将球发进对方发球区的右区外角，然后上网，根据对手回球的路线，截击球至对方反拍区，如图 6-4-28 所示。

（2）用平击发球或上旋发球，目标为将球发进对方发球区的右区内角，然后上网迅速冲至发球线中线，判断来球方向并将球截击至对方场地的空当，如图 6-4-29 所示。

（3）用平击发球或侧旋发球，将球发到对方发球区左区内角，然后上网冲至中场处，判断来球方向并将球截击至对方正、反拍底线，然后人随球跟进，准备进行近网二次截击（见图6-4-30）。

（a）　　　　　　　　（b）

图6-4-28　发侧旋球

（a）　　　　　　　　（b）

图6-4-29　用平击发球或上旋发球

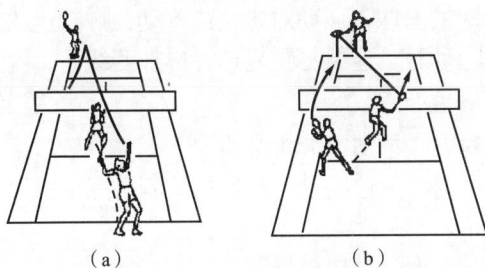

（a）　　　　　　　　（b）

图6-4-30　用平击发球或侧旋发球

2. 随球上网战术

随球上网战术是利用双方在底线对攻、对方接发球时，以及当对手出现质量不高的中场球时，果断地进行抽击，然后随球上网的一项战术。

（1）拉出强烈的上旋球至对方的底线，趁对方将注意力集中在来球时，突然快速上网，将对方的回球截击或扣杀至对方的空当（见图6-4-31）。

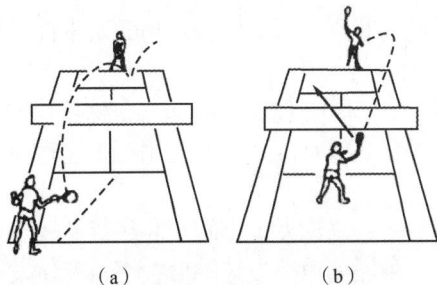

（a）　　　　　　　　（b）

图6-4-31　随球上网战术打法一

（2）在对拉中突然大角度拉开，然后上网改发小球（见图6-4-32）。

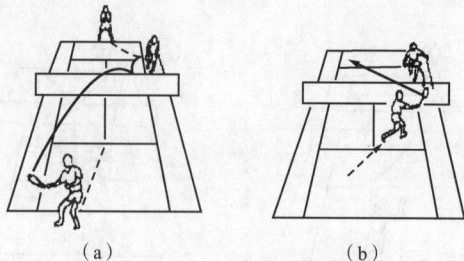

（a）　　　　　　　　　（b）

图6-4-32　随球上网战术打法二

（3）在底线相持对攻或对拉中，利用抽击球的速度、力量、旋转和落点的变化来控制对方，使对方在回球时出现质量不高的浅球或中场球，然后迎上随球上网，以达到攻击对方的目的。

（二）底线型打法

底线型打法是以底线正、反拍击球技术为基础组织的战术，其思路是用速度、旋转、落点的变化来创造进攻机会。

1. 对攻战术

（1）以正、反拍抽击球技术控制球的速度、力量，攻击对手的弱点，用速度压制对方。

（2）用正、反拍强有力地抽击球，连压对方一点，找机会突击另一点。

（3）用正、反拍有力地抽击球，调动对方两边跑动，寻找进攻得分机会。

（4）在调动对方两边跑动时，连续打重复球，再加变线。

2. 侧身攻战术

（1）连续用正拍攻击对方，创造得分机会。

（2）用正拍进攻，调动对方两边跑动，用反拍控制落点进行突击进攻。

（3）用正拍攻对方反拍，再突然改用正拍。

（4）用正拍进行攻击时，连续打出重复球。

3. 紧逼战术伺机用正拍

（1）接发球时迅速向前进攻，使对方发现发完球后有来不及准备的感觉，从而产生心理压力。

（2）连逼对方使用反拍，找准时机突然使用正拍，并伺机上网。

（3）紧逼对方两边跑动，使其被动或回球出现错误，并伺机上网。

（三）综合型打法

综合型打法是指根据不同的对手、不同的技术与战术掌握情况、场地特点与战术需要，灵活地变换战术的打法。

（1）对付发球上网型打法者，采用接发球破网或先确保接球的成功率，再准备第二板破网。

（2）对付随意打法者，采用底线打深球战术，用正拍进行对拉，反拍切削控制落点的战术，寻求进攻机会。

（3）对付底线稳健型打法者，采用发球上网及底线紧逼战术，以打乱对方节奏。

（4）对付接发球上网者，可提高第一发球的命中率，变化发球方式和落点，以控制场上的主动权。

四、网球运动的竞赛规则

（一）场地

网球运动的球场是一个长 23.77 米、宽 8.23 米的长方形。中间由一条挂在最大直径为 0.8 厘米的绳索或钢丝绳上的球网分开。

（二）发球

1. 发球前的规定

发球员在发球前应先站在端线后、中点和边线的假定延长线之间的区域里，用手将球向空中任何方向抛起，在球接触地面以前，用球拍击球。当球拍与球接触时便完成了发球。

2. 发球时的规定

发球员在整个发球动作中，不得通过行走或跑动改变原站的位置，只准站在规定位置，不得触及其他区域。

3. 发球员的位置

每局开始后先从右区端线后发球，任何一方得或失一分后，应换到左区端线后发球。

4. 发球失误

发球失误的情况包括未击中球、发出的球在落地前触及固定物（球网、中心带和网边白布除外）、违反发球站位的规定。发球员若第一次发球失误，应在原发位置上进行第二次发球。

5. 发球无效

发球触网后落到对方发球区内，但接球员未做好接球准备为发球无效，应重发球。

6. 交换发球

第一局比赛结束后，接球员和发球员互换身份。以后每局比赛结束后，均依次互相交换身份，直至比赛结束。

（三）通则

1. 交换场地

双方应在每盘的第 1、3、5 等单数局结束后，以及每盘结束双方局数之和为单数时，交换场地。

2. 失分

发生下列任何一种情况，均判失分：在球第二次着地前，未能将其还击过网；还击的球触及对方场区界线以外的地面、固定物或其他物件；还击空中球失败；故意用球拍触球超过一次；运动员的身体、球拍在发球期间触及球网；过网击球；抛拍击球；出现压线球和落在线上的球等界内球。

（四）计分方法

1. 一局

（1）每胜 1 球得 1 分，先胜 4 分者并净胜对手两分或两分以上为胜 1 局。

（2）双方各得 3 分时为"平分"，平分后，净胜两分为胜 1 局。

2. 一盘

（1）一方先胜 6 局为胜 1 盘。

（2）双方各胜 5 局时，一方净胜两局为胜 1 盘。

第五节　羽毛球运动

一、认识羽毛球运动

（一）羽毛球运动的起源

羽毛球运动起源于英国。相传 19 世纪中叶，印度有一种以绒线织成的球，其上插有羽毛，人们手持木拍，隔网击打这种球的活动非常盛行。19 世纪 60 年代，一批英国退役军官将这项活动带回英国。1873 年，在英国格拉斯哥郡的伯明顿镇的一场宴会中，该项活动被介绍给大家，并在大厅里组织了该活动。此后，这种室内活动迅速传遍英国，"伯明顿"（Badminton）即成为羽毛球的英文名字。

起初，羽毛球运动并没有统一的形式，直至 1877 年人们才首次制定了羽毛球运动的比赛规则。1893 年，英国羽毛球协会成立，并重新修订和统一了羽毛球比赛的规则。1934 年，国际羽毛球联合会成立。1992 年，羽毛球被正式定为奥林匹克运动会的正式比赛项目。

我国在世界羽坛占有重要的地位，在各种世界级羽毛球比赛中成绩斐然。

（二）羽毛球运动的特点

1. 全身运动项目

无论是将羽毛球活动作为有规则的羽毛球比赛还是作为一般性的健身活动，参与者都要在场地上合理地运用各种击球技术和步法将球在场上进行往返对击，从而锻炼参与者的上肢、下肢和腰部肌肉的力量，加快参与者的血液循环，增强其心血管系统和呼吸系统的功能。长期进行羽毛球锻炼，可使参与者的心跳强而有力，肺活量加大，耐力提高。此外，羽毛球运动要求参与者在短时间内对瞬息万变的球路做出判断，果断地进行反击，因此，它能提高人体神经系统的灵敏性和协调性。

2. 可调节运动量

羽毛球运动适合于各类人群，运动量可根据个人年龄、体质、运动水平和场地环境的特点而定。青少年可将其作为促进生长发育、提高身体机能的有效手段进行锻炼，运动强度应为中等，活动时间以 40～50 分钟为宜。适量的羽毛球运动能促进青少年长高，能培养青少年自信、勇敢、果断等优良的心理素质。

3. 简便性

（1）羽毛球运动对设备的要求比较简单，只需两个球拍、一个球和一条绳索即可。可以在正规的室内运动场进行，也可以在公园、小区等室外场地进行。

（2）集体、个人皆宜。羽毛球运动既可单兵作战（2 人对练），又可集体会战（双打练习或 3 人对 3 人对练）。单兵对战时，参与者可以随心所欲地打出不同弧线、远度、力量、速度等的任意落点的球；集体会战则可以使参与者养成相互配合的习惯，培养其集体主义精神。

羽毛球运动的娱乐性较强，运动量可大可小。不同年龄、不同性别以及不同体质的人都能在羽毛球运动中找到乐趣。

二、羽毛球运动的基本技术与训练

（一）握拍法

1. 正手握拍法

张开右手，手掌下部握住拍柄底托，虎口对准拍框侧面拍柄的棱角，小指、无名指和中指并握，食指稍分开，大拇指和食指相对。握住后，拍柄后端稍露出（见图6-5-1）。

2. 反手握拍法

反手握拍法与正手握拍法的不同之处是，大拇指是竖贴在拍柄的侧面，其他四指除部位稍有移动外，基本与正手握拍法相同（见图6-5-2）。

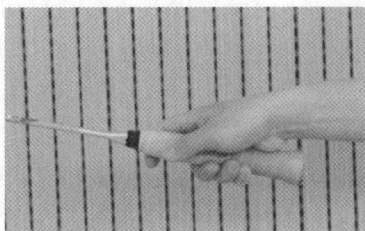

图6-5-1 正手握拍　　　　　　　图6-5-2 反手握拍

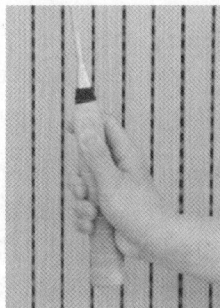

（二）移动

1. 启动

对来球进行判断后，运动员从准备接球的个人中心位置转为向击球位置出发，称为启动（见图6-5-3）。要做到启动快，必须反应敏捷、判断准确。

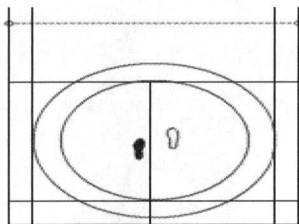

图6-5-3 启动

2. 移动步法

移动步法主要指运动员从中心位置起动后到击球位置的移动方法。移动的基本步法有垫步、交叉步、小碎步、并步、蹬转步、蹬跨步和腾跳步等。下面将介绍各种基本的移动步法。

（1）垫步：当右（左）脚向前（后）迈出一步后，另一脚跟进，紧接着以同一脚向同一方向再跟一步为垫步。垫步一般用于调整步距。

（2）交叉步：左右脚交替向前、向侧或向后移动为交叉步。经另一脚向前面跨越的为前交叉步，而经另一脚向后面跨越的为后交叉步。交叉步一般在向后退打后场球时使用得较多。

（3）小碎步：以小步幅的交叉步进行移动为小碎步。小碎步由于步幅小、步频快，一般在启动或回动起始时用。

（4）并步：右脚向右（或向后）移动一步时，左脚即刻向右（或向后）移动一步，紧接着右脚再向右（或向后）移动一步为并步。

（5）蹬转步：以一脚为轴，另一脚做向后或向前蹬转为蹬转步。

（6）蹬跨步：在移动的最后一步，左脚用力向后蹬的同时，右脚向来球的方向跨出一大步为蹬跨步。蹬跨步多用于上网击球，在后场底线两角移动准备抽球时也常采用。

（7）腾跳步的上网步法：身体腾空，动作迅速、突然，充分利用腿、脚的蹬跳力量。脚步到位后，为争取高点击球，常采用腾跳步上网。腾跳步多用于前场网前正、反手扑球。

3. 步法到位配合击球

移动不是目的，它是为击球服务的。"步法到位"，即指根据不同的击球方式，运动员应站到最适合这种击球方式的位置，如果没有占据最理想的位置，击球前还需要做小步调整，使击球动作协调。

4. 回动（回中心位置）

击球后应尽力保持（或尽快恢复）身体平衡，并立刻向各中心位置移动，以便在中心位置做好迎击下一个来球的准备，这个过程被称为回动。

5. 学练方法

（1）绕场地做各种移动步法的练习。

（2）在场地的不同位置移动做挥拍练习。

（3）采用游戏的形式进行移动练习。

（三）发球

1. 发高远球站位姿势

左脚在前，右脚在后，左手将球举在身体的右前方（见图6-5-4），右手开始向前摆动，腕部仍保持后屈，待球落到适当高度时，向前摆臂击球。在球与球拍接触的一刹那，握紧球拍，完成"闪击式"击球。击球时，身体重心由右脚移到左脚。

图6-5-4 发高远球站位姿势

2. 发球技术

羽毛球的发球技术包括正手发球和反手发球。下面以正手发球为例进行介绍。

（1）正手发高远球

正手发高远球的连贯动作如图6-5-5所示。其要领是用右手大臂带动小臂，从右后向左前方挥拍，在球拍接触球的瞬间用力将球击出。

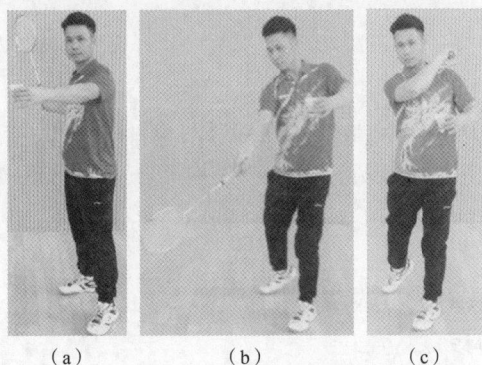

图 6-5-5　正手发高远球

（2）正手发平快球、网前球

① 正手发平快球的连贯动作如图 6-5-6 所示。其要领是用大臂带动手腕、手指突然发力，球拍仰角不超过 30 度。

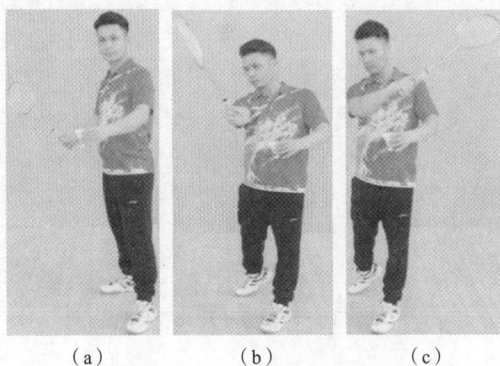

图 6-5-6　正手发平快球

② 正手发网前球的动作如图 6-5-7 所示。其要领是手臂、手腕的挥动幅度小，拍面从右向左斜切球，将球击入对方前发球线后。

图 6-5-7　正手发网前球

3. 学练方法

（1）做徒手挥拍发球练习。

（2）在发球区练习发球。

（3）练习发不同高度、距离和力量的球。

（四）接发球

1. 基本动作

以右手持拍为例，接发球时左脚在前，膝微屈，身体重心保持在两腿之间。接高球时，用平高球、吊球或扣杀球还击；接网前球时，用平高球、高远球、放网前球、平推球还击；接平快球时，用平推球、平高球还击。

2. 学练方法

（1）结合发球进行接发球对抗练习。

（2）进行连续的接发球练习。

（3）尝试单打比赛（见图 6-5-8）。可采用任何姿势在任何场区发球、接球。每局先得11分方胜，三局两胜。

图 6-5-8　单打比赛

（五）击球技术

羽毛球的击球技术分为击高球、网前球、扣杀球等。

1. 击高球

击高球分为正手、头顶、反手直线和对角线高球。

2. 网前球

网前球包括放球、搓球、推球、勾球、扑球、挑球等技术。正、反手击网前球的各种动作如图 6-5-9 所示。

击网前球的技术要点是正手前臂外旋，手腕、手指用力，合理运用放球、搓球、推球、勾球、扑球、挑球等技术，反手手腕内收外展，击球后使球底部滚过网。

3. 扣杀球技术

扣杀球按击球力量分为大力、轻杀、劈杀、点杀和开网大力杀等。扣杀球的连贯动作如图 6-5-10 所示。

4. 学练方法

（1）多在电视上、现场观看比赛，培养自身对羽毛球的兴趣，学习运动员的优秀品质。

（2）学练顺序：熟悉球性—模仿—学习分解动作—结合技术练习。

（3）发挥创造性，采用多种练习方法，逐步从模仿阶段到会学、会练、会评、会欣赏，为终身进行体育锻炼打好基础。

（a）　　　　　　　（b）　　　　　　　（c）　　　　　　　（d）

（e）　　　　　（f）　　　　　（g）　　　　　（h）

图6-5-9　正、反手击网前球的各种动作

（a）　　　　（b）　　　　（c）　　　　（d）　　　　（e）　　　　（f）　　　　（g）

图6-5-10　扣杀球

三、羽毛球运动的基本战术与训练

（一）单打战术

1. 发球抢攻战术

从发球的第一拍起争取控制对方，以攻杀得分。采用这种战术的，一般用发网前低球结合平快球、平高球来争取第二拍的主动进攻。用这种战术对付应变能力较差的对手，或实施于比赛的关键时刻，效果往往很好。实施这一战术时，应有高质量的发球予以保证，否则很难成功。

2. 杀、吊上网战术

对手打来的后场高球，本方先以杀球配合吊球的方式把球下压，尽量将落点控制在场区的两条边线附近，致使对手被动回球。在对手回网前球时，本方应迅速上网搓球、勾对角球或平推球，创造在中场大力扣杀的机会。这种战术要求运动员必须能很好地控制杀、吊球的落点，在使对方被动回网前球时，能主动迅速上网击球。

3. 快拉、快吊战术

以平高球压对方后场两底角，配合快吊网前两角，引对方上网，当对方被动回击网前球时，迅速上网控制网前球，以网前搓球、勾球结合推后场底角，迫使对方疲于奔跑，被动回击。

4. 后场下压战术

利用对方打来的高远球在后场回击扣杀，结合吊球迫使对方被动挡网前或放网前球。这时，快速上网搓球或推球控制前场，迫使对方被动抛高球，再后退起跳大力扣杀。

（二）双打战术

1. 攻后场战术

当对方后场扣杀能力差时，本方可采用平高球、推平球、接杀挑底线，把对方一人紧逼在底线两角移动。当对方回球质量不高时，抓住机会大力扣杀，如遇另一对手后退支援时，即可攻网前空当。

2. 后攻前封战术

当本方处于主动进攻地位时，站在后场的队员见高球时可采用杀、吊上网战术，迫使对方接球挡网前，这为本方前场队员创造了封网扑杀的机会。前场队员要积极封锁前场，迫使对方被动挑高球。一旦对方挑高球达不到后场，就为本方创造了再次进攻的机会。

四、羽毛球运动的竞赛规则

（一）单打主要规则

1. 发球区和接发球区

（1）当发球方的分数为 0 或为双数时，双方运动员均应在各自的右侧发球区发球或接发球。

（2）发球方的分数为单数时，双方运动员均应在各自的左侧发球区发球或接发球。球发出后，由发球员和接发球员交替对击直至"死球"。

2. 得分和发球

（1）接发球员违例或因球触及接发球员场区内的地面而成"死球"，发球方得 1 分。随后，发球员再从另一发球区发球。

（2）发球员违例或因球触及发球员场区内的地面而成"死球"，接发球方得 1 分，同时发球员失去发球权，而接发球员成为发球员。

（二）双打主要规则

1. 发球区和接发球区

（1）一局比赛开始和获得发球权的一方得分为 0 或双数时，都应从右侧发球区发球。

（2）当发球方的分数为单数时，从左侧发球区发球。

（3）双打配对中的另一名运动员将采用相反的发球和接发球规则。

（4）发球员和接发球员都必须站在斜对角发球区内发球和接发球。

（5）只能由接发球员接发出的球，如果接发球员的同伴触及球或接球即为违例，发球方得 1 分。

（6）发球必须从两个发球区交替发出。

（7）接发球方站在各自发球区不变，直到他们发球得1分后才交换发球区。

2. 场上顺序和位置

（1）自发球被回击后，由发球方的任何一人击球，然后由接发球方的任何一人击球，如此往返直至"死球"。

（2）自发球被回击后，运动员可以从各自所在网的一方的任何位置击球。

3. 得分

（1）接发球方违例或因球触及接发球方场区内的地面而成"死球"，发球方得1分，原发球员更换发球区继续发球。

（2）发球方违例或球触及发球方场区内的地面而成"死球"，接发球方得1分，发球方失去发球权，而接发球方成为发球方。

4. 间歇与暂停

（1）比赛的间歇。当一方先得11分时间歇，每局间歇不能超过60秒；比赛的第1局与第2局之间，及第2局与第3局之间，允许不超过120秒的间歇。

（2）比赛的暂停。在出现运动员不能控制的情况时，裁判员可根据需要暂停比赛；如遇特殊情况，裁判长可以要求裁判员暂停比赛。如果比赛暂停，已得分数有效，恢复比赛时由该分数算起。

第六节 乒乓球运动

一、认识乒乓球运动

乒乓球运动是指由两人手持球拍，在隔着球网的球台两端轮流击球的一项球类运动。进行乒乓球运动之前，理应对乒乓球运动的一些基本知识及基本规则进行了解，以便增加运动的规范性及趣味性。本节主要介绍乒乓球运动的起源、特点、场地及器材规格、握拍方法。

（一）乒乓球运动的起源

乒乓球最早是由网球演变而来。19世纪后期，网球在当时欧美上层社会中十分流行，约在1880年由于把网球搬进室内，随即将其称为"室内网球"。后来又因此项运动在桌上进行，起名为"桌上网球"。传入日本时其被称为"桌球"。直至1890年，英国人詹姆斯吉布发现用塑料制成的空心玩具球有较强的弹跳力，于是用它来代替网球，因"乒乓"声而得名乒乓球。在20世纪20年代前，乒乓球是一种游戏活动，到20世纪20年代后，才逐渐引起人们的重视。乒乓球是我国的传统优势项目，深受男女老少的喜爱。

（二）乒乓球运动的特点

乒乓球运动的特点：器材设备简单，室内室外都可以进行，运动量可大可小，不同年龄、性别和身体条件的人均可根据自身情况参加此项活动，很容易被大众所接受；乒乓球的球速快、变化多，要求运动员在短时间内对瞬息万变的来球快速做出判断，果断地进行反击。乒乓球运动能提高人体神经系统的灵敏性、协调性，其项目有单项、双打、团体项目。团体项目通过个体来实现，所以乒乓球运动可以培养运动员的独立思考、单独作战及集体主义的精神。

（三）乒乓球场地及器材规格

1. 场地

（1）标准比赛场地

乒乓球的标准比赛场地为长不小于 14 米、宽不小于 7 米的长方形，天花板的高度不得低于 4 米。在正式的比赛中，场地周围不能有明亮的光源，且场地的地面不能呈白色，以免影响运动员的视线。理想的乒乓球比赛场地地面是用弹性的木料拼接而成的或是用塑胶铺置的。

（2）基本使用场地

当达不到上述条件时，也可以在水泥地或三合土的地面上进行比赛。但要保证运动员在比赛中不会感到地面太滑或太黏，球台有一定的弹性，地面较为平整。

2. 器材规格

（1）球台：长 274 厘米，宽 152.5 厘米，高 76 厘米（见图 6-6-1）。

图 6-6-1　乒乓球台规格

（2）球网：包括球网、悬网绳、网柱和夹钳部分，球网高 15.25 厘米。

（3）球：直径为 40 毫米，重 2.53～2.7 克，颜色为白色或橙色，无光泽（见图 6-6-2）。

（4）球拍：大小、形状和重量不限。但底板应由 85% 的天然木料制成，球拍两面无论是否有覆盖物都必须光泽，且一面为鲜红色，另一面为黑色。用来击球的拍面应用一层向外的普通颗粒胶覆盖（见图 6-6-3）。

图 6-6-2　乒乓球

图 6-6-3　乒乓球拍

（四）乒乓球的握拍方法

1. 直拍握法

直拍握法像人们写字握笔一样，以食指第二指节和大拇指第一指节在拍面形成一个钳形，以中指第一指节贴于拍面 1/3 的上端（见图 6-6-4）。

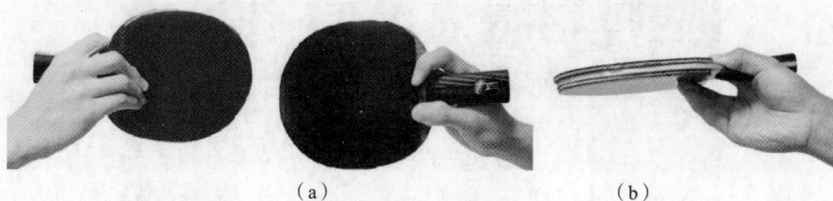
（a）　　　　　　　　　　　（b）

图 6-6-4　直拍握法

2. 横拍握法

横拍握法如同握手一样，中指、无名指、小指握拍柄，虎口贴住拍肩，大拇指略弯曲捏拍，球拍的正面贴在中指旁边，大拇指斜伸在拍的另一面（见图 6-6-5）。

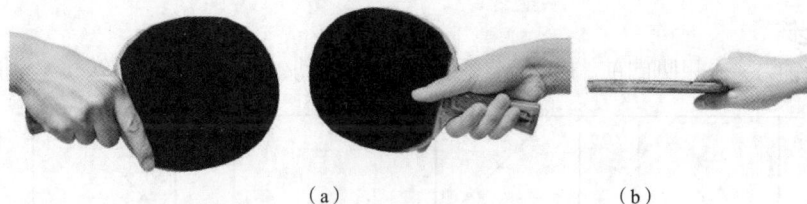
（a）　　　　　　　　　　　（b）

图 6-6-5　横拍握法

二、乒乓球运动的基本技术与训练

基本技术即指掌握某种技能所需的最基础的简单技术。本书介绍的乒乓球运动的基本技术主要指基本姿势、基本步法、基本发球技术与基本击球技术。

（一）基本姿势

基本姿势是指进行比赛时的站位与身体姿势。

1. 站位

应根据各种不同类型的技术特点、身高和能否照顾全台的要求决定站位的方法。

（1）快攻类：基本站位在近台 30～40 厘米，偏左。

（2）弧圈类：以弧圈球为主打法时其基本站位在中台，离台 50 厘米左右，偏左。

（3）削球类：横拍攻削结合打法的基本站位在中台附近；以削为主配合反攻打法的基本站位在中远台附近。

2. 身体姿势

身体姿势是指在击球时身体所保持的合理姿势。若要保持合理的身体姿势，应做到：两脚平行站立比肩膀稍宽，身体重心在两脚之间，保持身体的平衡。

（1）足跟稍提起，前脚掌着地，两膝微屈并稍微内扣，上体稍前倾，收腹以方便加速跑动。

（2）持拍手臂自然弯曲，使用直拍握法时，肘部略向外张，手腕放松，球拍置于腹前；使用横拍握法时，肘部朝下，前臂自然平举（见图 6-6-6）。

（a）　　　　　　　　　　（b）

图 6-6-6　身体姿势

（二）基本步法

步法移动是击球的基本环节之一。

1. 单步

一脚为轴，另一只脚向前、后、左、右不同方向移动，重心随之进行转移（见图 6-6-7）。

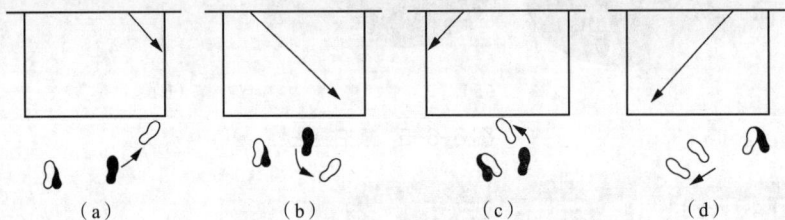

（a）　　　　　　（b）　　　　　　（c）　　　　　　（d）

图 6-6-7　单步

2. 跨步

一脚蹬地，另一只脚向移动的方向跨一大步。

3. 并步

一脚先向另一只脚移（并）半步或一小步，另一只脚在并步脚落地后即向同方向再移动一步（见图 6-6-8）。

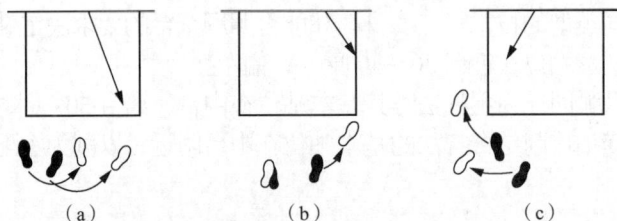

（a）　　　　　　　（b）　　　　　　　（c）

图 6-6-8　并步

4. 跳步

以来球同方向脚蹬地为主，双脚有瞬间的腾空，离来球较远的脚先落地，另一只脚跟着落地。

5. 交叉步

近来球方向的脚的脚尖先转向移动方向，并略移半步或原地转移重心；远来球方向的脚向来球方向跨一大步，双脚在身体前（侧）处于短暂交叉状态，身体向来球方向移动，近来球方向脚再跟上一步，身体重心随手臂挥动方向转移（见图 6-6-9）。

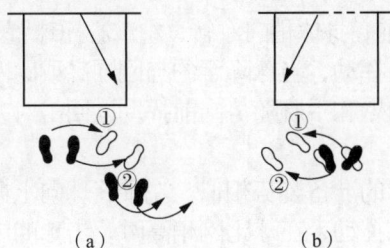

图6-6-9 交叉步

（三）基本发球技术

1. 发球的方式

按发球方位区分，发球的方式可分为正手发球、反手发球、侧身发球；按照发球的性质区分，发球的方式可分为速度类发球、落点类发球、单一旋转类发球和混合旋转类发球；按发球的形式区分，发球的方式可分为地抛球、高抛球和下蹲发球等。

2. 发球的技术

（1）发平击球

① 正手发平击球。右脚稍后，身体稍向右转，左掌心托球，置于体前偏右，右手持拍于身体右侧，如图 6-6-10 所示。当球向上抛起时，右臂稍向后引拍，接着从身体右后方向前挥拍，在球降至基本与网同高时击球，拍面稍前倾触击球的中上部。

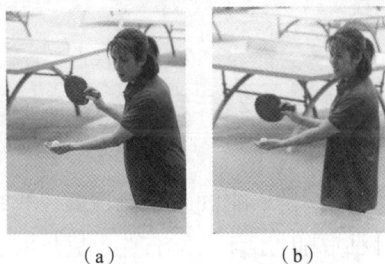

（a）　　　　　（b）

图6-6-10 正手发平击球

② 反手发平击球。右脚在前，身体稍向左转，引拍至身体左侧。球向上抛起后，右手持拍从身体左侧向前挥拍，拍面稍前倾，在球降至基本与网同高时击球的中上部。

（2）发急球

① 正手发急球。右脚稍后，身体稍向右转，右手持拍于身体右侧。当左手将球抛起后，右手随即向右后上方引拍，待球下落时前臂迅速向左前方挥动，食指压拍，拍面略向左偏斜，稍前倾，当球降至约与网同高时击球，用球拍沿球的右侧中部向中上部摩擦。击球后，前臂和手腕随势向前挥动以回击对方来球（见图6-6-11）。

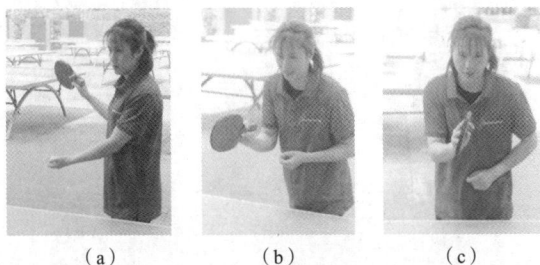

（a）　　　　　（b）　　　　　（c）

图6-6-11 正手发急球

② 反手发急球。右脚稍前，身体稍向左转，左掌心托球置于腹前左侧，右手持拍。抛球后，待球下落时前臂迅速向前挥动，当球降至约与网同高或比网稍低时击球，拍面稍前倾，以击球的中上部。击球后，前臂和手腕随势向前挥动以回击对方来球。

（3）反手发短球

其准备姿势与反手发急球的准备姿势相似。左手将球向上抛起，右手向后上方引拍，当球下落时，前臂、手腕向下方挥动，在球比网稍高时，击球的中下部，球经本台中段越网落到对方近网处。

（4）正手发左侧上旋球、下旋球

右脚在后，抛球时右手随即向右上方引拍，手腕略向外展。当球下落时，手臂迅速向左下方挥动，在球约与网同高时击球。发左侧上旋球时，手腕快速向左上方转动，使球拍从球的中下部偏下向上方摩擦；发左侧下旋球时，手腕快速向左下方转动，使球拍从球的中下部向左下方摩擦（见图6-6-12）。

（a）　　　　　（b）　　　　　（c）

图6-6-12　正手发左侧下旋球

（5）反手发右侧上旋球、下旋球

左脚在前，右手向左上方引拍，拍柄略向下。抛球后，当球下落时，前臂和手腕同时发力，向右下方挥拍，在球约与网同高时击球。发右侧上旋球时，手腕向右上方转动，使球拍从球的中部略偏下向右上方摩擦；发右侧下旋球时，手腕向右下方转动，使球拍从球的中部略偏下向右上方摩擦（见图6-6-13）。

（6）正手发转和不转的球

发转球时，右脚在后，前臂向后上方引拍，拍面略向后仰。抛球后，待球下落时前臂迅速向前下方挥动并略向外旋，手腕用力转动使拍面后仰的角度大些，当球约与网同高时击球的中下部。发不转的球时，手臂向前下方挥摆，前臂外旋与手腕的转动要慢，或外旋后在触球瞬间略有内旋，使拍面后仰的角度小些，用球拍下部偏右处向前撞击球，以减小向下的摩擦力。

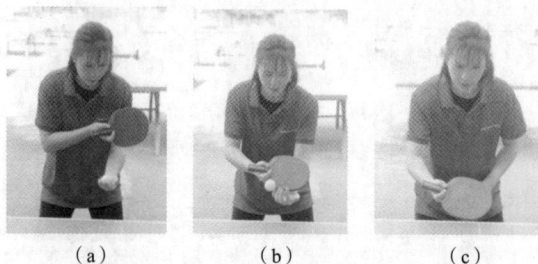

（a）　　　　　（b）　　　　　（c）

图6-6-13　反手发右侧下旋球

104

（7）侧身正手发高抛球

站位偏于左半台，右脚稍后，两膝微屈，身体侧对球台约成 90 度角，左手一侧身体与球台约距 20 厘米。抛球时，左手肘部要略靠体侧，手托球略高于台面，手腕固定，以前臂发力为主，配合膝关节伸展向上抛球。当球抛起后，右手臂立即向右侧后方引拍，手腕也随之外展，待球落至约与右胸同高时，开始挥臂，当球落至右腰前约比网稍高时击球（见图 6-6-14）。球拍与球接触的瞬间，其动作和正手发左侧上旋球的动作相同。

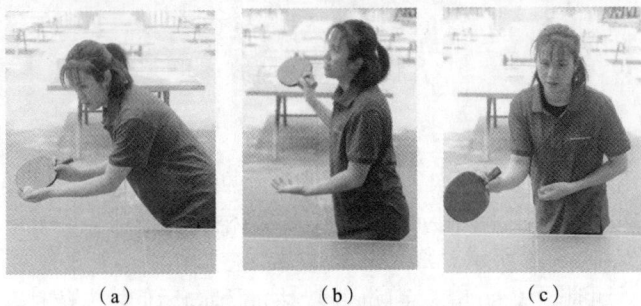

| （a） | （b） | （c） |

图 6-6-14　侧身正手发高抛球

3. 接发球

练习接发球应与发球教学结合进行。接发球的练习：用推挡或攻球回接平击球、急球、左右侧上旋球，先定点定线，然后不定点不定线；用搓球回接下旋球、左右侧下旋球，用攻或者搓球回接各种不同性质的球，用不同技术回接各种不同落点的来球；用正手侧身拉或攻回接各种不同性质的来球；用比赛的方法，提高接发球的技术。

（四）基本击球技术

乒乓球运动是双方在球桌上来回交替击球的运动，因此，基本击球技术是乒乓球运动得以进行的基本前提与保障。基本击球技术分为挡、推、搓、削、攻、拉和扣 7 大类，下面主要介绍其中的 5 类。

1. 挡球与快推球

（1）挡球：球速慢、力量轻、动作简单，容易掌握，是初学者的必学入门技术；用于回接挡球和上旋来球等，能起到调动对方跑动和防守的作用。

学练方法：近台中偏左站位，左脚稍前，屈膝提踵，含胸收腹，重心放在前脚掌上，右手置于腹前，上臂靠近身体右侧，球拍呈半横状；前臂和手腕顺来球路线向前伸出主动迎球，在球处于上升期时击球的中部，拍面与台面几乎垂直，球拍触球后迅速还原成准备姿势。

技术要点：球拍呈半横状，手臂前伸迎球，在球处于上升期时击球的中部，借来球的反弹力将球挡回。

（2）快推球：站位近、动作小、速度快、变化多。一般适用于对付旋转球中较弱的拉球、推球和中等力量的突然袭击球。

学练方法：近台中偏左站位，右脚稍前，击球时提起前臂，上臂后收，肘部贴近身体，在球处于上升期或高点期时击球的中上部；击球时适当用伸髋、转腰等动作，加大手腕发力，并用中指顶住拍背向前用力（见图 6-6-15）。

技术要点：稍后撤引拍，前臂向前推出，配合转腕下压。

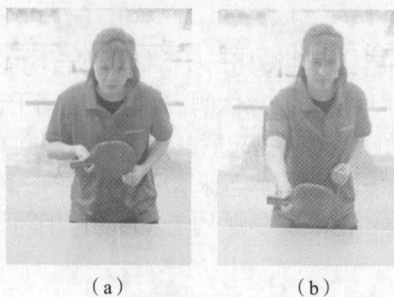

（a）　　　　　（b）

图 6-6-15　快推球

2. 搓球

（1）慢搓球：击球的动作幅度大，在来球的下降期击球，回球速度慢，但有利于增加搓球的旋转强度。慢搓一般适用于回接旋转较强、线路稍长的来球。

学练方法：如图 6-6-16 所示，离台约 50 厘米，右脚稍前，上体微屈，重心在两腿之间；右手引拍至左肩处，屈肘约成 80 度，手腕内收，拍面稍向后仰，击球时以肘关节为轴，前臂发力带动手腕迅速向前下方挥拍，同时伸肘于腹前偏左臂处准备迎球的下降期，击打球的中下部后稍向前送拍，然后还原动作准备下一次击球。

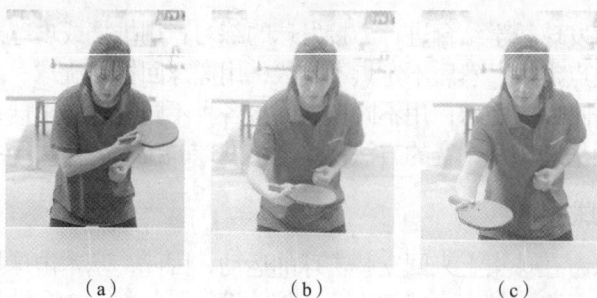

（a）　　　　　（b）　　　　　（c）

图 6-6-16　慢搓球

技术要点：应根据来球的具体情况，控制好拍面的后仰角度；击球时，以前臂用力为主，转腕动作幅度不宜过大；搓球时，在向下用力的同时，应增加前送的幅度。

（2）快搓球：击球的动作幅度小，回球速度快，借来球的前进力量将球搓回，常用于接发球或削过来的近网下旋球。

技术要点：身体重心前移，身体靠近来球；前臂主动前伸击球的中下部；快搓一般借力还击，若来球下旋弱可用力下切。

3. 攻球与拉球

（1）正手近台攻球：站位近、击球时间短、球速快、击球动作幅度小，是近台快攻打法的主要技术之一。

学练方法：身体靠近球台，右脚稍后，两膝微屈，上体略前倾；击球前，引拍至身体右侧，球拍呈半横状，上臂与身体夹角约为 35 度；击球时，右脚蹬地转动腰部，带动手臂由右侧向左前上方挥动，以前臂发力为主，食指放松，大拇指压拍使拍面前倾结合手腕内转，击打上升期球的中上部；击球后，手臂跟随身体转动顺势继续挥拍至身体正中（见图 6-6-17）。

技术要点：充分利用全身协调用力（蹬地、转动腰部，移动重心）；以前臂发力为主，手腕辅助用力；击球点在身体右前侧；触球瞬间向前打，略向上摩擦。

图 6-6-17　正手近台攻球

（2）正手中远台攻球：站位稍远、动作幅度较大、需用较大力量扣球、球的进攻性强，且步法移动的范围较大。多用于双方对攻中，以力量配合落点变化直接得分或为扣杀创造条件。

技术要点：加大引拍的幅度（目的是为了增大击球的动作半径）；上臂带动前臂发力，上臂向前，前臂和手腕以向上发力为主；身体其他部位的协调用力也不可缺少（见图 6-6-18）。

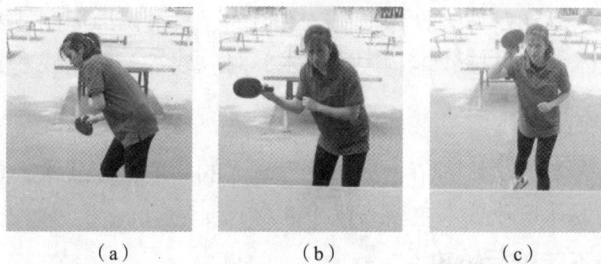

图 6-6-18　正手中远台攻球

（3）正手扣杀：击球的动作幅度大、需用较大力量扣球、球速快、球的攻击性强，其是得分的重要手段。正手扣杀常用来对付着台后弹起比网高的机会球或前冲力量不大的半高球。

学练方法：两脚开立，右脚稍后，身体右转，手臂向后上方拉开，击球时上臂从下向上做环形挥动，拍面前倾，前臂手腕下压，在拍头约与肩同高处击球的中上部，击球后手臂顺势下压挥拍至左侧，配合身体左转，重心移到左脚（见图 6-6-19）。

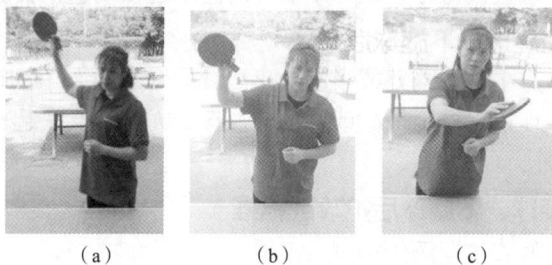

图 6-6-19　正手扣杀

技术要点：击球点离身体稍远，球拍应与球同高；在高点期击球，不宜打"落地开花球"；击球瞬间，应发挥整个手臂的最大力量，同时配合腰部转动及蹬地的力量；如来球带有下旋，则球拍略低于来球，触球瞬间手腕向上发力。

（4）侧身攻球：利用侧身来发挥正手攻球的作用，是争取得分的主要手段。在发球后和接发球时，为了积极争取主动的进攻机会而进行侧身抢攻；与推挡结合更能发挥正手攻球的作用；在还击下旋球时，能为进攻创造机会。

技术要点：准确判断来球，迅速移动步伐，果断地运用各种攻球技术击球。

（5）正手拉球：站位近、速度快、动作小、线路灵活和稳健性好。正手拉球是回击发球、搓球、削球等下旋球的一种必备技术。常用于接发球抢位，对搓中抢位，以及对付削球时稳拉，以落点、弧线和旋转程度的变化，伺机进行突击。

学练方法：站位靠近球台，右脚稍后，重心在右脚。击球前引拍至身体右侧下方，球拍呈半横状，拍面约垂直于地面，上臂与身体的夹角约为 30 度。击球时上臂与前臂由后向前上方挥拍，前臂迅速内收，结合手腕转动的力量摩擦下降期来球的中下部；击球后，重心移至左脚，球拍顺势挥至头部。

技术要点：拉球时手适当放开，即前臂和上臂的角度打开即可；击球部位以球的中部为主，球拍保持竖直，前倾不要过大，同时避免接触球的侧面太多；腰部收紧，要收腹、含胸；肘部做外侧半圆形运动；重心在保持平稳运动的前提下尽可能上移。

三、乒乓球运动的基本战术与训练

在比赛中，根据自己和对方的具体情况，有目的、有意识地运用技术就形成了战术。战术可分为发球抢攻战术、接发球战术、搓攻战术、对攻战术、拉攻战术、削攻结合战术。

（一）发球抢攻战术

发球抢攻战术是各类打法均力争主动、先发制人的一项主要战术，是比赛的重要得分手段。各种打法常用的发球抢攻战术主要有以下 4 种。

1. 正手发转与不转球后抢攻

此战术一般以发对方站位的中间或者右方的短球为主，配合左方长球。运用这套战术开始时，以发短的下旋球为宜，以控制对方不能进行抢攻或者强拉，然后再发不转球抢攻。发不转球时一般也先发短球，或发至对方攻势较弱的一面，伺机进行抢攻。

2. 发高抛左侧上旋球、下旋球后抢攻

采用此战术时可将球发至对方中左短、左大角、中左长、中右和短右等位置，再配合直线发球。一般多用侧身发高抛对对方右近网并拐出边线，待对方轻拉起来，可用反手狠压，也可侧身用正手反拉，或直接得分，或为下板球的连续进攻制造机会。

3. 反手发右侧上旋球、下旋球后抢攻

此战术一般发至对方中右近网处或半出台落点，配合发两大角长球。利用发球的旋转变化合理使用正、反手击球，抢拉、抢冲或反拉、反撕，尤其是反手起板，其特点是出手快、突然性强，使对方较难防守。

4. 反手发急上旋球、下旋球后抢攻或抢推

运用此战术时，可分为下面两种情况。

（1）反手发急上旋球至对方反手侧，然后迅速侧身进行抢攻。急球必须发得快，扣球力量要大，以使球的线路长，最好再配合直线急球。

（2）擅长使用反手推挡的选手，或遇到对方反手推攻较差时，可发急下旋球。若对方搓球回接，必然不好控制球，此时可用正手或侧身抢攻；若对方向上轻托，可使用推挡加推压或侧身抢攻技术。因此，为增加上述战术的效果，可与发右方小球配合运用，以长短球相互配合牵制对方。

（二）接发球战术

接发球战术是与发球抢攻相抗衡的一项战术，目的是破坏对方的发球抢攻，争取在接发

球轮形成相持或者主动局面。在无遮挡发球规则下，选手越来越重视接发球抢攻战术。常用的接发球战术有以下 5 种。

1. 接发球抢攻

接发球抢攻战术是最积极、最主动的接发球战术，在运用此战术时需注意对对方发球的旋转要判断清楚，步伐移动迅速，以保证在最佳的击球点和击球时间击球。

2. 用拉、拨或快推的方法

运用此战术时要将球击至对方弱点处，争取形成对攻的相持局面，在难以完成高质量的接发球抢攻时，先将球拉至对方不易反攻处，继而形成相持局面。擅长打相持球的选手常用此战术。

3. 以摆短为主，结合劈两大角长球

此战术主要用于回击对方发过来的强烈下旋球或下旋短球，以防止对方的直接抢攻、抢拉。运用此战术时需注意接发球后要尽量主动上手，避免连续搓过多板；对于对方发的侧上旋球或不转球，不宜直接搓接，以免回球过高被对方抢攻。

4. 稳健控制法

此战术一般是在攻对削、削对攻或削对削时采用，利用拉、推、拱、搓、削等技术接发球，主要注重接发球的准确率，以稳为主，但也需要加强手法、对落点的控制和对弧线的控制，以防对方抢攻。

5. 接短球

此战术是在对方为控制我方的抢攻而发短球时所采用的积极回球方法，可分为以下两种情况。

（1）快摆结合劈长：在对方发较转的短球时，可以快摆为主结合劈长。

（2）调打或晃撇：在对方发侧上旋球或不转短球时，可以大胆挑打；对不转球还可以利用身体的晃动，将球撇至对方反手大角，由于伴有身体的晃动，对方不敢轻易侧身。

（三）搓攻战术

搓攻战术是进攻型打法的辅助战术之一，也是削球打法在相互对垒时的主要战术之一。此战术是利用搓球的旋转、落点的变化，为进攻创造条件，但在对付进攻型打法时，搓球的板数不宜过多。常用的搓攻战术有以下 4 种。

1. 先搓对方反手大角，再变直线，伺机反攻

此战术主要用于对付反手攻击力不强的选手，先搓对方的反手大角，待其准备侧身或已将注意力放到了反手时，再变直线，伺机进行反攻。

技术要点：搓反手时角度要大，变线的动作尽量隐蔽，弧线要低，落点尽量靠近边线。

2. 以摆短为主，配合劈两大角长球，伺机进攻

此战术主要用于对付擅长抢攻长球的选手，目的是先用短球控制对方，把对方引上网前，再搓下去，使其来不及抢攻或导致其抢攻质量下降，从而伺机进攻或反攻。

技术要点：摆短的质量要高，即弧线要低、不出台，旋转尽量强，否则容易被对手挑打；劈长时要突然、角度要大，落点要靠近边线，才容易制造抢攻或者反攻的机会。

3. 搓转与不转球，伺机抢攻

此战术一般先以搓转球为主，然后用相似的动作搓不转球，利用旋转的差别为进攻制造机会，伺机抢攻。

技术要点：最好在旋转变化的基础上，再结合落点的变化，其效果会更好。

4. 搓球转快攻

此战术可以分为以下 3 种情况。

（1）对搓中先拉一板弧圈或小上旋，迫使对方打快攻。善打相持球的选手常用此战术。

（2）搓中突击，其特点是突然性强，是持正胶、生胶类球拍的进攻型选手的主要得分手段之一，应大胆运用。

（3）搓球至对方进攻质量差的一边，让对方拉球，自己则准备进行反攻（反撕、反拉、反冲）。

技术要点：一是要求选手具备反攻的能力；二是要求选手提高搓球的质量，以防对方高质量地抢攻。若选手不具备这两项能力，运用此战术，可能会使自己处于被动地位。

（四）对攻战术

对攻是进攻类打法选手相互对抗时，双方利用速度、旋转、落点变化和扣球力量来抑制对方，争取主动的重要手段。常用的对攻战术有以下 5 种。

1. 攻两角战术

此战术是靠攻击对方左右两个大角，使其顾此失彼，从而占据主动地位。一般用于对付步伐比较慢、动作也比较慢的选手。可以采用对角攻击，即以两条斜线攻两角调动对方，也可采用双边直线攻击，即先以直线攻一角，再以直线攻另一角。

技术要点：打斜线时角度要大，能超出边线最好，以充分发挥对角攻击的作用；打直线时速度要快，突然性要强，球的线路要直。

2. 紧压对方反手，结合变线，伺机抢攻

此战术是最基本的对攻战术之一。一般用于对付反手攻击能力较弱或进攻能力不强的选手，先用反手攻压住对方反手，若对方能勉强侧身，可连压反手或快速变线到对方空当，伺机进行抢攻。

技术要点：紧压对方反手时，球速要快、角度要大、扣球力量要大；变线击球时要有质量、角度大、突然性强；避免习惯性变线而使对方适应；应主动变线，切忌被动变线，给对方提供抢攻的机会。

3. 调右压左

调右压左是指先打对方正手位，将其调动到正手位并被迫离台后，再打其反手位。这种战术主要是牵制擅长侧身进攻的选手。在对方左半台进攻能力强，压对方反手位较难时可采取此战术；或用来对付正手位进攻能力不强、反手位只能近台、不擅离台的直拍快攻选手。

技术要点：调正手位的击球力量要大，回反手的球角度要大，否则易遭对方攻击。

4. 加、减力压对方反手、中路后，迅速抢攻

此战术用于对付站位中台的两面拉选手。一般先用加力推球使对方退离球台，再用减力挡球将其引近球台，然后伺机扣杀。

技术要点：一定要先加力使对手退离球台后再减力挡球，如果只有减力挡球，没有加力推球，就容易导致自己处于被动地位。

5. 连压对方中路或正手，伺机抢攻

这是对付两面攻或横拍反手攻能力较强的选手所采用的对攻战术。采用这类打法的选手往往反手进攻能力不强，正手进攻能力相对较弱，中路更是其弱点中的弱点。故可先用推挡或反手攻，压住对方的中路或正手，待其攻势较弱时，伺机侧身抢攻。

技术要点：连压对方正手或中路的球一定要有力。

（五）拉攻战术

拉攻是进攻型打法选手对付削球打法选手的主要战术，即通过控制球的落点、旋转和力量制造机会，伺机突击、抢冲和扣杀。常用的拉攻战术有以下 4 种。

1. 拉左杀右或拉右杀左

此战术实际上是拉对方一边杀另外一边。一般先拉、削球旋转变化不强或攻势较弱的一边，出现机会后杀另外一边。

2. 拉中路杀两角或拉两角杀中路

拉中路杀两角是从中路寻找机会，然后杀两角得分。一般用于对付以逼角为主或落点控制较好的选手。先拉中路，可以迫使对方忙于让位，难以逼角或控制落点，突击的机会就比较多。

拉两角杀中路是先从两角找机会，然后突击中路得分。中路追身，是削球选手的共同弱点，特别是对正反手顶重板比较稳的削球选手，中路是其最好的突破口。

3. 拉直杀斜或拉斜杀直

这两个战术相比较而言，拉斜杀直时拉球比较保险、稳健，杀直线虽然威胁大，但技术难度也较大；拉直杀斜时拉球难度较大，但杀斜线的难度降低，命中率高。因此，这两个战术的使用，还需根据对手和比赛场上的情况而定。

4. 拉一角为主，伺机突击自己擅长的线路或对方中路

运用此战术时，拉一角多选择对方削球不稳、旋转变化不强或攻势较弱的一面，这样既容易寻找机会，又可减少被对方反攻。突击时选择自己擅长的线路，可以保证命中率；选择突击对方的中路可以增大对方顶重板的难度，从而加大了突击的威胁。

（六）削攻结合战术

削攻结合战术是以削攻结合为主要打法的选手在比赛中经常使用的战术，多以削球的旋转变化为进攻创造机会，常用的削攻结合战术主要有以下两种。

1. 削加转球与削不转球，伺机反攻

（1）一般先削加转球，使对方难于抢冲，导致其送出不转球，伺机上前反攻。

（2）可采用削加转球至对方反手位，削不转球至对方正手位，伺机进行反攻。

（3）削加转球至对方正手位，然后削不转球至对方反手位，迫使对方搓球或吊短球，待出现机会上前反攻。

（4）以连续削接近端线的不转长球为主，使对方拉球失误或伺机进行反攻。

2. 削挡结合，伺机反攻

（1）先用削球连续逼对方反手大角度接球，待对方侧身拉球，再上前挡球至其正手空挡，并伺机进行反攻。

（2）对于对方的搓中突击、发球抢攻或吊短后突击，在来不及后退时，皆可在台前挡球，既可以缓解来不及后退削球的局面，又出乎对方的意料。

四、乒乓球运动的竞赛规则

1. 合法发球的判定

（1）发球时，球应放在不持拍手的手掌上，手掌应张开、伸平，球应是静止的，击球点

应在发球方的端线之后和比赛台面的水平面之上。

（2）发球员须用手把球几乎垂直地向上抛起，不得使球旋转，并使球在离开不持拍手的手掌之后上升不少于 16 厘米。

（3）当球从抛起的最高点下降时，发球员方可击球，使球首先触及本方台区，然后越过或绕过球网装置，再触及接发球员的台区。在双打中，球应先后触及发球员和接发球员的右半区。

（4）从抛球前球静止的最后一瞬间到击球时，球和球拍应在比赛台面的水平面之上。

（5）击球时，球应在发球方的端线之后，但不能超过发球员身体（手臂、头或腿除外）离端线最远的部分。

（6）发球员发球时，有责任让裁判员或副裁判员看清他是否按照合法发球的规定发球。

2. 合法还击的判定

对方选手发球或还击后，本方选手必须击球，使球直接越过或绕过球网装置，或触及球网装置后再触及对方台区。

3. 重发球的判定

出现下列情况应判重发球。

（1）如果发球员发出的球，在越过或绕过球网装置时，触及球网装置，此后成为合法发球或被接发球员或其同伴阻挡。

（2）如果接发球员或其同伴未准备好时，球已发出，而且接发球员或其同伴均没有企图击球。

（3）由于出现了选手无法控制的干扰情况，而使选手未能合法发球。

（4）裁判员或副裁判员暂停比赛。

（5）在双打时，选手错发、错接球。

第七节　慢投垒球运动

一、认识慢投垒球运动

（一）慢投垒球运动的起源

慢投垒球运动也称慢速垒球，是 20 世纪中期由棒球、垒球运动衍生出来的一项新兴体育运动项目。1953 年，人们为其制定了规则并将其命名为慢投垒球。慢投垒球运动不靠身体对抗，而更多体现了智慧、配合战术，强调的是团队合作精神；继承了棒球、垒球运动团结协作、勇敢智慧的特色；简化了复杂的棒球、垒球规则，从而降低了击球的难度。慢投垒球简单易学，各类人群都可以根据自身情况进行此项运动。

（二）比赛场地

慢投垒球比赛的场地与垒球比赛的场地一样，是一个直角扇形区域，直角的两边是边线，两条边线以内的地面都是界内地区，以外的区域是界外地区。

在一垒的垒位上安置了一个长 76 厘米、宽 38 厘米的白、橙两色长方形双垒包，其中白色部分在界内地区，橙色部分在界外地区。

在二、三垒的垒位上各安置一个用白色帆布制成的边长为38厘米的正方形垒包。在本垒的位置上安置了一个与地面齐平的白色本垒板，本垒板用橡胶板制成，呈五边形，面对投手的一边长为43厘米。在本垒后方安置了一块好球带，好球带长90厘米，宽65厘米，其短边与本垒板横边的中线重合。

（三）慢投垒球比赛的主要装备

慢投垒球比赛的装备主要有球、球棒、手套和护具等。

1. 比赛用球

慢投垒球的比赛用球整洁平滑，使用白色皮革配红色线或黄色反光皮革配红色线，周长约为31厘米，质量为177~200克，我国一般按比赛组别将慢投垒球分为软球[见图6-7-1（a）]和硬球两种[见图6-7-1（b）]。

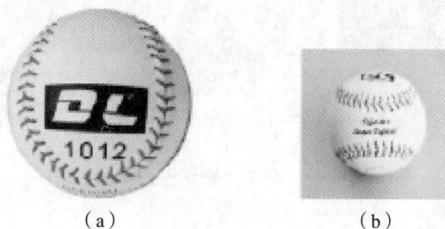

（a）   （b）

图6-7-1

2. 球棒

球棒的表面光滑，可用金属、木料、竹料、塑料、碳素、玻璃纤维等材料制成，球棒的长度不得超过86.4厘米，质量不得超过1 077克，最粗端的直径不得超过5.7厘米（见图6-7-2）。

图6-7-2　球棒

3. 手套

慢投垒球中使用的手套应为皮革制，除捕手和一垒手可以使用连指手套外，其他防守队员必须使用分指手套（见图6-7-3）。

图6-7-3　手套

4. 护具

慢投垒球运动的竞技性虽然降低了，但是也具有一定的对抗性，因此，为了保障安全，在较高水平的比赛中，往往要求在进攻时击球员和跑垒员必须戴护具，如头盔。近年来，在较为正式的比赛中，多会对此进行强制性的要求。

二、慢投垒球运动的基本技术与训练

（一）握球的方法

要确保传接球的准确性首先要学会正确地握球。根据每个人的习惯以及手的大小不同，握球方法主要有三指握球法和两指握球法两种（见图 6-7-4）。不论使用哪一种握球方法，都要保证至少有 3 根手指的指肚搭在球的缝合线上，这一点对传球的速度和准确性非常重要。

（a）　　　　　　（b）　　　　　　（c）

图 6-7-4　握球的方法

（二）手套的使用

接球时手指自然张开，大拇指与中指相对，无名指和小指自然微屈，虎口、大拇指、食指和中指及相连的手掌形成了一个凹兜，它就是接球的部位。接球时是用手掌或者食指和中指的根部接球，一定要避免用虎口也就是手套球档的位置接球。两臂及手要放松，保持正确的手型和身体姿势，并有适当的缓冲空间。根据来球的高低、方位，接球者要及时移动，调整身体的位置，然后变换手指和手套的方向，使人和手套的接球部位对准来球。必须强调的是，接球时另外一只传球手要护在手套旁边，以便于及时掏球、传球。

（三）接球技术

1. 徒手接球的手部动作

徒手接球的手部动作如图 6-7-5 所示。

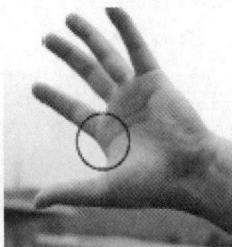

图 6-7-5　徒手接球的手部动作

2. 各个位置接球的动作

不同的位置要采用不同的接球方法。高手接球、低手接球、接偏左球、接偏右球的动作如图 6-7-6 所示。

（a）　　　　　（b）　　　　　（c）　　　　　（d）

图 6-7-6　各个位置接球的动作

3. 接地滚球的动作

接地滚球时保持脚尖、膝关节、肩关节成一条直线的前倾姿势，动作重点要注意是非正面看球（稍微侧面地看球），同时双脚不要并拢，分开比肩略宽，并确认球的最后弹跳位置，将球与手套、眼睛集于一点准备接球［见图 6-7-7（a）］。没戴手套的手伸出位于戴手套的手之前，在接球时压制球的走向［见图 6-7-7（b）］。

（a）　　　　　（b）

图 6-7-7　接地滚球的动作

4. 侧面接球的动作

比赛中大多数的球不是正面球，而是侧面球（见图 6-7-8）。无法从正面接住左侧的来球时，就在向左移动的过程中，将戴手套的手向移动的方向伸出，同时重心移动到身体左侧，这样可以保证手套能够伸出到身体左侧，接球后顺着身体的余势，垫步传球。用反手接球且无法从正面接住右侧的来球时，应右脚撑地左脚踏出，同时将身体重心转到身体右侧，以左脚外踝面对球的来向，使手套能够伸到身体右侧贴地的位置。接到球后迅速将手置于胸前，踏一步后传一垒。反手接球时，身体必须转向球的方向，同时重心放在右侧，这样才能把手伸出，有时反手接球后可能会顺势冲一步以缓冲身体的余势，尽快稳定身体。

（四）传球的基本技术

上手传球是以肩为支点并使用手臂的投球，其要点是先踏步用脚的力量将球向后拉，然后脚朝向传球的方向踏出（若是右投即踏左脚，反之踏右脚），以踏出的脚为中心旋转投球，球的出手点在脸之前，基本是刚过耳朵的位置，手上抬时保持放松，可以参考广播体操中做双手侧平举动作时的手臂动作。

（a） （b）

图6-7-8　侧面接球的动作

需要注意的是传接球是一个连续的动作，要注意动作的连贯性，避免接球后停滞一段时间再做传球。接球时会自然把球向身体内侧引，然后就可以顺势做传球的动作。从接球到传球的连续感和节奏感，是控制球的关键。这也是传接球的一个要点——不能为了追求速度而导致动作变形。在任何情况下，动作的节奏和步骤都不能忽视。

（五）传接球学练方法

1. 自抛自接

（1）单手由低到高抛接球。

技术要点：逐渐学会用双手接球，注意接球的手型，可以采用低手接（腹前接）、胸前接，也可以用前额上方接（高手接）。

（2）持球向另外一只戴手套的手的套里甩腕、拨指传球。感觉就像把球砸进手套，两手的距离由近到远，由轻传到逐渐加大传球力量。通过这个练习可以逐渐熟悉用手套接球的动作和传球出手的动作，注意甩腕、拨指的方法以及传球时方向的控制。

2. 二人近距离互相用下手抛掷接球

掌握接球时手套的正确位置。需要注意的是，初学者应该先接下手的抛球，因为其相对比较容易控制，如果一开始就接上手传球，不但不容易传准，还容易受伤。此外，下手的抛球是慢投垒球中投球动作的基础。在这个练习中，也可以选拔出适合做投手的队员。

3. 跑动中接教练员抛出的球

为了让队员熟悉左右两侧传过来的球的不同接法，可在跑动中进行接球的练习，可以由教练员抛球，队员在移动中接球。

4. 接反弹球

单手持球在体前，向地面抛反弹球，球弹起后用单手或双手接球。体会接反弹球的感觉和动作。

5. 二人或多人的传接球练习

（1）二人对传练习。两人相距10~20米，要求传球距离由近到远，传球速度由慢到快。

（2）移动接球练习。两人面对面相距8~10米，一人传球，将球传向接球人的左右两侧，接球人根据来球的方向左右移动接球。

（3）三角传球、四角传球、对角传球练习。3~4人为1组，站成三角形或正方形，按照顺时针、逆时针或对角线等方向传球。这种练习形式由于传球的方向不一致，会有角度的变化，所以比较接近实战。训练时要求面对来球方向接球，传球时左肩和左脚应对准传球方向，转体和左脚的伸踏动作要协调。

（4）转体传球练习。3人为1组，分别站在前、中、后的位置，要求中间的队员接球后向左或向右转体把球传出。这项练习模拟的是外野手的接力传球，应当用正面接球，接球时要略微侧身以保障能迅速将球传出手，节省中间处理球的时间。

（六）投球的基本技术

在慢投垒球比赛中，投手的主要任务有两个：一是按照规则规定的动作向击球员投球，二是积极主动地与全体防守队员相互配合共同防守。

1. 投球的技术与方法

投手投球时，根据比赛规则必须遵守下列各项规定。

（1）投球前面对击球员，两手握球置于身前，两脚立定在投手板上。

（2）投球时向击球员迈出一步，迈步和投球的动作同时进行。

（3）合法投球，应采用低手投法，手腕必须随球向前送，待手部摆到体前时，才能使球离手。手腕和体侧的距离不得大于肘部和体侧的距离。

2. 投球的练习方法

（1）拨球练习。投手的拨球质量将直接决定投球的质量。在拨球练习的开始阶段，投手可以把球拨进手套，其动作类似于在做传球练习时向手套里面甩球的动作。在具有一定的手感之后，可以以投球动作将球向上拨，让球直上、直下地飞行，以此慢慢找到在慢投垒球运动中将球向上投的感觉。

（2）投球练习。两名投手互相投球，从近距离慢慢拉到正常距离，此时要注意掌控球的落点。

（3）建立"好球带"范围的概念。地上放一个长的储物篮，或者放一个好球带，从距离10米左右开始，投手将球投出，力求球落在好球带上或者筐内。投手应尽量放松，注意投球的动作要领和身体的协调性，循序渐进，逐渐拉大投球距离，通过近距离和远距离的投球练习可以增加投手的"手感"，进而提升其对投标准距离球的手感和控球能力。

（七）打击的基本技术

（1）打击动作的基本姿势如图6-7-9所示。

图6-7-9　打击动作的基本姿势

（2）常见的握棒方法大致分为长握法、中握法、短握法3种，如图6-7-10所示。大多数人习惯使用长握法，有时候会根据投手的特征或战术需要调整球棒握法，以提高击球的准确率。

（a）　　　　　　　（b）　　　　　　　（c）

图6-7-10　常见的握棒方法

（3）站位的方式。站位是指击球员站在击球区内时双脚的位置。击球区具有一定的长度（2.13 米）和宽度（0.91 米），因此，击球员应当选择适合自己的站位。一般而言，最基础的站位是平行站位。平行站位是指击球员两脚的连线与击球区的长边平行，在这个平行站位的基础上，还有封闭式站位和开放式站位之分。

（4）挥击动作。挥击动作的基本要求是用下半身旋转，将球棒平行于地面挥出。需要注意的是挥棒时不是仅仅使用手的力量去击球，而是用下半身的力量去击球。通常把击球分为引棒、伸踏、转体下棒、击中球、延伸 5 个阶段。

① 引棒。挥棒击球之前需要有一个引棒的动作，简单地说，引棒就是把球棒向后拉，其动作类似于挥拳击打物体时，把手先往后拉的动作，这样才能给整个动作一个启动。

② 伸踏。伸踏是指将自由脚（右打者是左脚）向着投手的方向踏出。伸踏时注意降低重心，这样可以让下身更加稳定，有利于身体的旋转。伸踏时应该注意身体不要向前倾，应当继续把重心保留在轴心脚（右打者是右脚），但是伸踏时不能太用力，保证能够踩稳即可。

③ 转体下棒。伸踏之后应当立刻衔接转体下棒的动作，即身体围绕中轴进行旋转，同时手与身体同步进行旋转。

④ 击中球。转动身体之后，利用手腕控制球棒，使球棒完全击准球。在击中球时，应当尽量保持球棒水平挥击，避免太过向上扬或者向下压。

⑤ 延伸。必须注意的是，击中球不是挥击动作的结束。击中球之后更重要的事情，是要利用球棒继续带动球向着击球员所希望的方向飞行，这就是击球的延伸。

（5）挥棒打击的练习方法。

① 挥棒技术动作的分解练习。初学者可采用分解练习法，先练握棒、挥棒动作，再练脚部动作，然后再练习完整的挥棒动作。

② 挥空棒练习。从击球准备动作开始，用长握法或短握法反复练习挥空棒，以纠正不正确的挥棒动作。挥空棒的 3 种练习形式：挥重棒与挥轻棒交替进行；由同伴手持一细软树枝在本垒上空作为目标，击球员挥棒击树枝；挥空棒可以采用分组练习，每组 15～20 棒。

③ 击 T 架球练习。利用 T 架进行练习，在挡网前安装 T 架，并在 T 架上放置一个球，然后挥棒击打放在 T 架上的球，要求击球时必须盯住球，这是提升击球力量和击球准确性的有效方法。

④ 击抛球练习。击抛球练习分为击直抛球和击投手球。

击直抛球是指 2 人或 3 人为 1 组，垒球 10～15 个，一人侧向蹲、坐或跪在挡网前 2～3 米处，把球置于身前，单手拿球向上抛起 0.6～0.8 米的高度。击球员面向抛球者站于约 1 米的距离，按照完整的击球动作，将球击向挡网。击球时眼睛注意看球并体会协调用力击球的感觉。二人交换位置进行抛击练习。

击投手球是指 4～5 人为 1 组，每组 2～3 个球。可以固定投手或轮换投手，投球距离为 9～10 米，投手投出快、慢高低球，击球员要判断是好球还是坏球，并迎击好球，逐渐提高击球的准确率。也可 4 人按照击球员、投手、捕手和外野手轮换位置，10 球后轮换练习。

（八）跑垒的基本技术

1. 跑垒
击球员在将球击出后应立即起跑，并全速冲向一垒，力争在球未被守队传至一垒前触踏一垒垒包。

击出内野滚地球后，首先以一垒为目标，朝垒包全速奔跑。起跑时为了确认球的走向，边跑需边观察三垒到一垒的动向。确认是漏接或失误的话，就马上全力跑垒（见图 6-7-11）。

（a） （b） （c）

图6-7-11 踏一、二、三垒位置

2. 垒的学练方法

（1）起跑练习：利用看信号、听口令或结合观看投手投球，以及内、外野手的传球情况，做各种起跑练习，如原地起跑、转身起跑、仰卧或坐起起身跑、滑步移动中突然起跑、挥空棒后起跑等。

（2）弯道跑和踏垒跑练习：如在田径场上做弯道跑、绕圈跑以及1个垒或几个垒的跑垒、踏垒练习。

（3）连续跑垒练习：跑垒员分别站在垒上，当听到信号后便连续跑两个垒，注意在踏垒前的绕弧线跑和踏垒的位置，以及跑垒途中身体内倾、摆臂动作等。

三、慢投垒球运动的基本防守与训练

在慢投垒球比赛中，各个位置的防守员具有各自明确的区域分工，每个队员必须知晓自己的任务与职责，同时也需要全体队员相互之间的协同与配合，才能形成一个完整的防御体系。下面将对每个防守位置的职责和任务进行简要说明。

防守位置的名称与代码：1号位—投手，2号位—捕手手，3号位——一垒手，4号位—二垒手，5号位—三垒手，6号位—游击手，7号位—左外野手，8号位—中外场手，9号位—右外野手，10号位—自由人。

（一）一垒手的防守

在一般情况下，当击球员准备击球时不论一垒有无跑垒员，一垒手应站在一垒、二垒垒线后1~2米处，同时距二垒线2~3米的位置做好接球准备。一垒手在进垒位接球时应当维持前倾姿势，降低膝关节以随时准备接偏斜球。

（二）二垒手的防守

在一般情况下，二垒手在防守时应站在二垒侧后方离垒线2~3米的地方，同一垒手协同防守一垒、二垒之间的地滚球以及附近的高飞球，在比赛中要根据临场情况进行适当的调整。

（三）三垒手的防守

三垒是进攻方的热点，所以要求三垒手必须热情、勇敢、能快速处理球，同时也要熟练掌握触杀的技术动作。

1. 防守位置

由于强球容易朝三垒方向飞，所以三垒手要有足够的敏捷性。球若突破三垒手后就会成为贴边线的长打球，所以三垒手的责任重大。

2. 触杀

在球打到外野之后，三垒手应移动到垒包的外侧，并面向内场，准备接球触杀进入三垒的跑垒员。注意要避免和进垒的跑垒员发生冲撞，身体应正面面向二垒垒包方向，接到球之后将手套放在垒包的前方，因为这是跑垒员必然要触踏的位置（见图6-7-12、图6-7-13）。

图6-7-12　高触杀　　　　　　　　　　图6-7-13　低触杀

（四）游击手的防守

游击手是防守的核心，其位置通常是内野球最多的方向，而且游击手负责的范围非常广泛，是内野手中运动量最大的位置，所以游击手需随时做好接球的准备。

（五）外野手的防守

外野手是球队最后的防守屏障，因此，外野手在保证能接好防守范围内的高飞球的前提下，还应该处理好打到自己范围内的地滚球。同时，在垒上有人的时候，外野手接到球后，还需要快速、准确地进行传球，将球传到内野，由内野手进行进一步的防守，因此，外野手要注重训练自己的传球技术。

1. 接地滚球

接球时先放松望向远方等球过来，观察球的弹跳状况后接球。若草地上有凹陷，球不规则弹跳时，先判断应于草地凹陷前或凹陷后接球，再于放松状态下屈膝接球，以接球姿势等球最后弹跳之后上前接球，所以哪怕将身体当成墙，也要让球在身体前停下（见图6-7-14）。

图6-7-14　外野手的屈膝跪地接球

2. 接高飞球

处理高飞球是外野手的基本功，首先一定要准确预测高飞球的落点，接球时要稳健，切忌慌张。接球后，为了防止球从手套中掉出，不要马上移动，也不要急于将手套放下。反手接球时，为了防止球进手套后掉落，右手需在旁辅助。

（六）捕手的防守

捕手要在球被击出后迅速向前移动以准备接防守队员的传球。由于慢投垒球比赛中采用的是封杀规则，所以捕手只需要踩本垒接球，其动作类似于一垒手的防守动作。捕手在击球员击出本垒特别是本垒后方的高飞球时，应当迅速反应，尽量接住球，以造成击球员被直接接杀出局。

（七）自由人的防守

一般自由人主要有两种站位。第一种是站在外野，形成四人外野，在对方击球员长打能力强时，可以有效地覆盖外野的范围，提高外野的防守强度。第二种是站在内野，一般站在二垒垒包附近，打到垒包附近的球，比较方便处理。

（八）基本站位与补位

补位的原则是在球飞行的路线或者延长线上都要有防守队员。此外，防守的补位必须结合球队的战术要求，战术要求的不同，补位也会不同。

四、慢投垒球运动的竞赛规则

慢投垒球比赛在两支球队之间进行，先选择攻方、守方，每一局上半局由先攻队进攻，在 3 人出局后交换攻守，由先守队进行下半局的进攻，如是交替。一般慢投垒球比赛为 7 局或者 70 分钟，比赛到达局数或者时间限制之后，累计得分多的球队获胜。从比赛开始，进攻队有 10 名队员依次进行击球及跑垒。当有一名队员从本垒击球开始，依照一、二、三垒的次序跑回本垒，该队即得一分。防守队可以有 10 名队员在场上防守，按照防守位置的不同分为内场手（内野手）和外场手（外野手），其中内场防守队员有 6 名，外场防守队员有 3 名，第 10 位队员称为自由人，与其他外场手类似，可在界内的任何位置跑动。

比赛由投手向对方第一棒击球员投球开始，投手要按照规则规定的方法投球，投出的球落在好球带或本垒板上面，为"好球"，否则为"坏球"。轮到上场击球的击球员有 3 次合法的击球机会，如果 3 次都"击"不中（"好球"未击、击而不中、击成界外球、"坏球"击而不中等都应判一"击"），或击出的球在落地前被防守队员接住，或踏出击球区击球等，均判该击球员"出局"；如果是"坏球"而击球员未挥棒击球，判为一"球"，累计 4 "球"判击球员安全进占一垒，然后由下一位击球员继续击球；如果击球员把对方投手投来的球打进界内（直角扇形场地内），击球员就成为击跑员，击跑员如能安全进占一垒，即成为跑垒员；各垒上的跑垒员在比赛进行过程中都可以合法跑垒，但是不得妨碍或扰乱正常防守活动，不得故意颠倒跑垒顺序等，违反规则的跑垒员将被判出局；跑垒员如能在本方 3 人出局前，合法地跑过一、二、三垒并安全地返回本垒，就为本队赢得 1 分；跑垒员如果在跑垒途中，在接触垒垫之前被防守队员持球触及身体，即被判为出局；当攻方队员累计有 3 个人出局时，双方队伍交换攻守，此时赛完一局中的上半局，进入下半局比赛，先攻队进场防守。

第八节　高尔夫球运动

一、认识高尔夫球运动

（一）高尔夫球运动的起源

现代高尔夫球运动起源于苏格兰东部城市圣·安德鲁斯，形成于 15 世纪。当时的牧羊人常用赶羊的棍子玩一种击石子的游戏，比谁击得远、击得准，这种游戏后来就演变成高尔夫球运动。而后，高尔夫球运动传入英格兰，19 世纪末传到美洲、大洋洲及南非，20 世纪传到亚洲。

1744 年，苏格兰成立第一个高尔夫球俱乐部"绅士高尔夫球社"。1754 年，苏格兰制定了高尔夫球运动的规则。1860 年，在英国举行了一年一度的高尔夫球公开赛，这个比赛现已成为最大规模的国际性比赛之一。1900 年，第二届国际奥林匹克运动会曾把高尔夫球列为表演项目。

目前世界上有许多高尔夫球比赛，如英国公开锦标赛、美国高尔夫球公开赛等。

1985 年 5 月中国高尔夫球协会正式在北京成立。1994 年，我国的高尔夫球运动开始走上职业化道路。高尔夫球运动在我国已受到越来越多群众的喜爱。

（二）高尔夫球运动的特点

1. 环境舒适

高尔夫球场虽是人造的，但保留了自然的风貌，能让参与者亲近大自然，体验人与自然的和谐共处。

2. 可参与性强

高尔夫球运动不受年龄、性别、身体素质、机体运动能力等条件的限制，老少皆宜。高尔夫球运动是一种以步行为主的运动，步行虽远但用时长，运动强度较小，它对于人们预防心血管病、高血压、糖尿病等都有很好的作用。

3. 塑造品质

高尔夫球运动倡导"礼仪、诚信、自律"，将礼仪纳入运动规则，有助于塑造参与者的品质。

（三）高尔夫球运动场地

高尔夫球场是球场设计者精心设计、创造的艺术品，大多在自然起伏的地形、地貌的基础上进行人工绿化和独具匠心的点缀，把自然景观和建筑景观融为一体。现代高尔夫球场不仅是运动场所，而且是休闲度假的好去处。根据内部区域和功能不同，高尔夫球场由会所区、球道区和草坪管理区 3 个主要功能区域组成。下面简单介绍会所区和球道区。

1. 会所区

高尔夫球场会所区如图 6-8-1 所示。

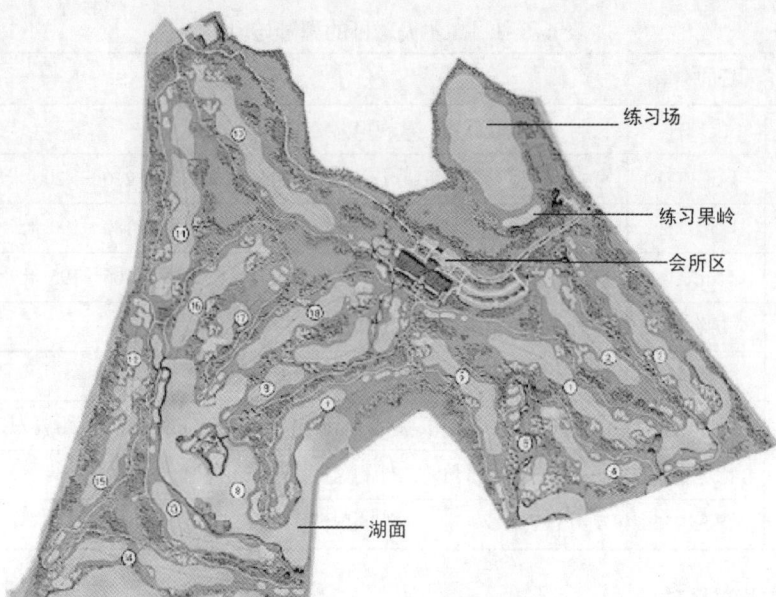

图6-8-1 高尔夫球场平面图

2. 球道区

高尔夫球场球道区平面图如图6-8-2所示。

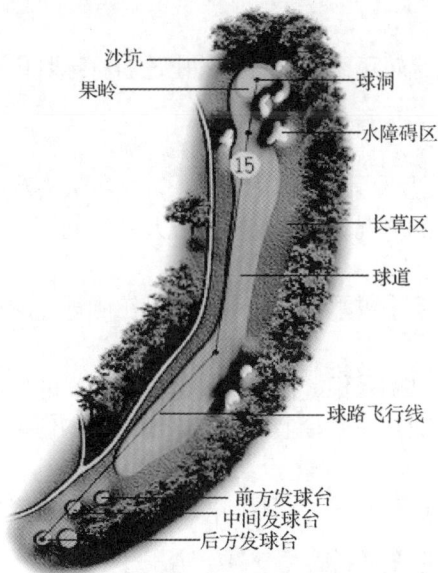

图6-8-2 球道区平面图

（四）高尔夫球运动的装备

1. 高尔夫球杆

高尔夫球杆全套共有17根，一般打球时可以选用14根球杆。木杆按长度分有1号、2号、3号、4号、5号，主要用于击远距离球。铁杆一般有12根，按长度分有1号、2号、3号、4号、5号、6号、7号、8号、9号，另还有劈起杆、沙坑杆、推杆。表6-8-1所示为高尔夫球杆的型号与用途。

表6-8-1　高尔夫球杆的型号与用途

名称	杆的类型	用途
1号木杆	发球杆	长洞、中洞开球用，常规距离约为220米
2号、3号木杆	球道木杆	常用于球道第二打，偶尔用于第三打，常规距离为210～1 200米
4号、5号木杆	球道木杆	常用于球道第二打，偶尔用于第三打，常规距离为180～190米
1～4号铁杆	长铁杆	常用于球道第二打，偶尔用于第三打，常规距离为165～195米
5～7号铁杆	中铁杆	球道用杆，常规距离为130～155米
8号、9号铁杆	短铁杆	球道用杆，常规距离为110～120米
劈起杆	特殊铁杆	击球高，球落地后滚动小，常用于近距离打高近球，常规距离为20～100米
沙坑杆	特殊铁杆	专门在球落进沙坑时击球的球杆，常规距离为20～90米
推杆	特殊铁杆	专用于在果岭上推球入洞的球杆

2. 高尔夫球及球座

高尔夫球是一个质地坚硬、富有弹性、实心、白色的小球。按球的解剖结构来分类，高尔夫球有单层球、双层球、三层球、多壳球之分。球座一般是木质或塑料制成，用于发球台上将球架高到适当高度，使击球时无阻力。

3. 高尔夫球运动的服饰

（1）服装

有领的运动衫和长裤是比较正统的穿着，外出旅游打球时可准备一件透气轻薄、易收纳的防水、防风上衣。

（2）帽子

帽子在高尔夫球运动中是不可缺少的用品之一。多数人喜欢戴鸭舌帽和没有帽顶的遮阳帽，其优点是遮阳和在有风的情况下不易飞落，以及能起到部分吸汗的作用。

（3）手套

进行高尔夫球运动时多左手戴手套，使手与球杆牢固地连成一体，稳定握杆。

（4）球鞋

球鞋起保护草皮、击球时站得稳、行走时省体力、防滑的作用。鞋底一般有小的胶钉或铁钉，易站稳，不易失去平衡，在果岭上也不会因压力不均伤害果岭上的草坪。

（5）球包

球包是用于放置球杆、高尔夫球、球座、手套和其他用品的袋子，也称球杆袋或球具袋。

二、高尔夫球运动的基本技术与训练

（一）高尔夫球运动的基本动作

高尔夫球运动的技术是非常复杂的，根据球在球场的不同位置，所使用的球杆不同，运用的击球技术也是有所差别的。一般来说，一套完整的高尔夫球动作由握杆、站姿、瞄球、挥杆击球和结束动作组成。

1. 握杆

（1）左手：球杆从食指靠掌的第一指节斜着横贯上紧紧地靠着掌缘下端的厚肉垫，大拇指跟食指的"V"形纹要指着右眼。

（2）右手：全用指头去握杆，球杆直着压过靠掌的指节上，一定要握在手掌之外。中指及无名指用的力量最大，在练习右手握杆时，右手的大拇指和食指呈分开状，呈"V"形纹指着下巴。常见的右手握杆方法有以下3种，如图6-8-3所示。

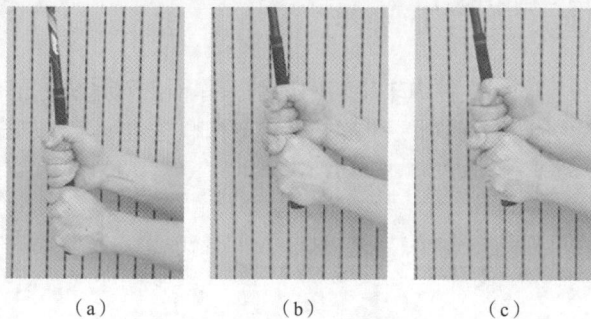

（a） （b） （c）

图6-8-3　常见的右手握杆方法

① 重叠式握法：右手小指扣住左手食指的指节，右手食指成扣扳机状扣住球杆，并与中指明显分开，右手大拇指应位于杆把左侧的中央，以便和食指相互平衡。

② 连锁式握法：右手的小指插入左手食指与中指之间，与左手食指勾锁在一起。

③ 自然式握法：两手手掌相向，但不重叠，用十指握住球杆，右手的小指与左手的食指相贴。

（3）两手握杆：两手握杆时要联结在一起形成一体。右手的小指头在左手指和中指之间的夹缝里，左手的大拇指正好平稳地被藏在右手手指下。

2. 站姿

站姿也和握杆一样在高尔夫球运动中具有举足轻重的地位，因为高尔夫球不同于棒球，它要求将球按特定方向打到特定地点，站姿的好坏将直接影响球的飞行方向。

正确的站姿步骤应当如图6-8-4所示。

（1）调整站姿，从球的后方向目标方向眺望，在目标线上寻找一个标记，并确定球与该标志物之间的连线，即为球的飞行方向。

（2）确定球与脚的位置关系，从球的位置引出一条与球的飞行方向垂直的线，一般情况下，左脚脚跟靠近该线。

（3）两脚跨线并拢而立，左脚尖稍向外撇开，左脚跟靠近该线。

图6-8-4　站姿

（4）将重心移向左脚，根据所使用的球杆适当地将右脚向右跨出，即完成了站位动作。

至于两脚之间的距离及脚与球之间的距离不是固定不变的，而是随球员的身体姿势及所使用的球杆而改变。

3. 瞄球

正确瞄球是挥杆动作的基础，因此，在瞄球时，身体各部必须保持正确的基本姿势，其中包括握杆和站姿。瞄球的基本姿势介绍如下。

（1）身体放松，集中精神，进行一两次深呼吸后握杆。

（2）根据所使用的球杆确定球与脚的距离，轻轻踏脚调整姿势，保持两脚的平衡。

（3）两肘弯曲，将球杆举至体前，两手向右回旋，检查右手的中指和无名指的握杆姿势。

再向左回旋，检查中指、无名指和小指的握杆姿势。

（4）伸出两臂，使杆头位于球的正后方，杆面正对球的飞行方向，杆头底部轻轻触地。

（5）两臂弯曲并稍稍内扣，上体微微前倾，头颈部保持挺直、放松，眼睛目视球。

（6）轻轻晃动杆头。为了使挥杆动作更加流畅，在开始挥杆之前轻轻左右摆动一下杆头有利于放松全身的肌肉，集中精力。

4. 挥杆击球

挥杆击球动作是一直围绕人体纵轴旋转的运动，挥杆击球是决定整个技术动作质量的关键，其动作的结构包括引杆、上挥杆、下挥杆、击球和顺摆动作等，如图6-8-5所示。

（a）　　　　　　（b）　　　　　　（c）　　　　　　（d）

（e）　　　　　　（f）　　　　　　（g）　　　　　　（h）

图6-8-5　挥杆击球动作结构

（1）引杆

引杆是指将杆头从击球准备时的开始状态向身体的后上摆动的动作，引杆时头、肩不要动，保持手臂和肩构成三角形，膝关节保持不动，身体由左向右动。

（2）上挥杆

上挥杆是引杆的延续。上挥时保持手臂和肩形成三角形，两眼注视球，左臂伸直，手腕弯曲，握紧球杆，胸部几乎对着目标的相反方向，右肘弯曲，肩转到最大范围且左肩在下巴下方。

（3）下挥杆

下挥杆是指球杆摆到顶点时稍做制动，即开始做下挥杆的动作，这时使重心有意识地移向左脚，臀部、髋部快速转动，以产生力量带动手臂摆动，左肩也在腰部的作用下自然向左转动。

（4）击球

击球的基本原理：球杆的长短决定挥杆轨迹的长短，球飞行轨迹的高低视球杆杆头角而定。击球是下挥杆的一部分，是指用杆头向下挥杆击球以使球向前运行的技术。这时，有意识地移动重心到左脚，保持手腕呈弯曲状态，到合适距离时才甩腕，同时臀部、髋部向目标方向迅速转动，以带动手臂向前获得更大速度，头部保持不动，眼睛注视球，杆头击在球的正中位置。

（5）顺摆动作

顺摆动作指击球之后杆头继续向击球方向挥动的过程，它是击球动作的延续，是惯性的挥动。这时，身体重心逐步完全转移到左脚，在右腿的推动下腰部继续向左边转动，头继续保持不动，右肩在下颚下方，以非常稳定的动作结束击球动作。

5. 结束动作

结束动作是正确、流畅、有节奏地挥杆的自然结果。正确的结束动作应该是右臂继续带动右肩向下颚下方转动。身体重量全部由左腿支撑并保持稳定。右脚尖点地，在右臂到达右肩平直高度时，头部才能随着转动轴转向目标方向。

（二）高尔夫球运动的主要技术

高尔夫球运动的主要技术包括推击球技术、切击球技术、劈击球技术、沙坑击球技术等。

1. 推击球技术

推击球技术是高尔夫球运动中的重要技术之一，在每轮击球中推击占了总杆数的43%。推击也是高尔夫球运动的挥杆动作中动作幅度最小的，其目的是将球推入洞内。

（1）选杆：推杆。

（2）站姿：两脚与肩同宽，体重平均分配在两脚上。

（3）瞄球：球位在双脚中间偏左脚，两眼要与预定路线成一条直线。

（4）挥杆击球（拨击法）：上杆幅度小，击球时加速。

练习方法：单手推杆练习。

练习提示：在整个过程中，手与肩始终保持呈倒三角形。

2. 切击球技术

切击球是推击球的延伸，属于短打范畴，其目的是将球尽量击到球洞附近或直接将球击进球洞。

（1）选杆：短铁杆或中铁杆。

（2）站姿：站位要靠近球。

（3）瞄球：球位在双脚中间偏右脚。

（4）挥杆击球：挥杆时以肩膀摆动来带动双手和球杆。

练习方法：双手握好7号铁杆，做好瞄球姿势，练习时用一把撑开的雨伞放在20～30米处作为目标，将球短切入伞中。

技术要点：手腕保持固定角度，击球要干脆。

3. 劈击球技术

劈击球技术是高尔夫球比赛中运用得最多的技术，也属于短打的一种，这种技术可以使球飞得很高，越过一定的障碍。

（1）选杆：短铁杆、沙坑杆或劈起杆。

（2）站姿：距离目标 100~200 米。

（3）瞄球：球位一般在两脚间偏右脚。

（4）挥杆击球：上杆时身体重心在右脚，下杆时重心移至左脚，挥杆幅度不宜过大。

练习方法：用沙坑杆将球切越一株矮树或其他物体。

技术要点：依靠双脚和控制球杆动作来提高击球的准确度，脚跟不要过早离地。

4. 沙坑击球技术

沙坑是高尔夫球场中专为球手击球设置的障碍区。由于沙坑里的情况复杂，所以在沙坑里击球的难度相当大。

（1）选杆：沙坑杆、劈起杆或 9 号铁杆。

（2）站姿：距离目标约 300 米，握杆位置下移 2.5 厘米。

（3）瞄球：瞄球点在球后 2 厘米，双脚、双膝、臀部和肩膀都朝向目标的左侧。

（4）挥杆击球：挥杆时以肩膀摆动来带动双手和球杆。

技术要点：力量通过沙传递给球。

三、高尔夫球运动的基本战术

高尔夫球运动的战术是指在比赛中为表现出高超的竞技水平、挑战自我并战胜对方而采取的合理有效的计谋和行动。高尔夫球运动的基本战术包括以下 6 方面。

1. 坚持"以我为主"和"准"的战术思想

高尔夫球运动的特点就是自己和自己比赛，"以我为主"就是球手要排除干扰，积极施展自己的特长和打法，不要被带入对手的节奏中。"准"就是要求击打的球落点要远、要准。

2. 熟悉比赛场地，合理制订战术计划

在正规的高尔夫球比赛中，赛前要安排球手先熟悉比赛场地。球手要通过赛前练习，对开球区、球道、沙坑、水池、果岭、障碍物等有所了解。练习中应对击出球的方向、弹道、跳跃程度和滚动距离做详细记录。根据这些资料和自己的经验合理制订战术计划。

3. 合理采用发球球位和球座高度

一场高尔夫球比赛，有 18 杆要在发球区发球，因此，选择最佳球位打好第一杆至关重要。在规定发球区域内，发球左右位置的选择，要根据自己的技术情况和当时的风向、风力等多方面情况来决定。发球的位置是否利于击球也是需要密切注意的问题。选用不同的球杆、遇到不同的风向，球座的高度也相应有所不同。当顺风时，用 1 号木杆发出高弹道的球或想打左斜球，球座应最高；一般发球，使用次高的球座；如果想打出弹道较低的球或右斜球，球座应更低一点；如果用球道木杆或铁杆发球，球座的高度不应超过 1.25 厘米。

4. 巧妙运用优势球杆，打好每一杆

打高尔夫球的击球原则是在准的基础上再求远。优秀球手都有自己的优势球杆，在一定的距离内用优势球杆可以打得最稳、最准。如果控制能力不强，在第 1 洞发球时，可使用 3 号木杆。3 号木杆虽不如 1 号木杆的击球距离远，但击球的准确度高，球的落点好，利于下一杆击球。

5. 集中精力，发挥特长取胜

打高尔夫球时要不受外界环境的影响，更重要的是能控制自己的情绪，始终以平常心打好每一杆，要始终保持清醒的头脑，正确分析客观环境对自己技术的影响。球手不可盲目改变战术，要坚持自己的特长打法。

6. 麻痹对方，施加压力

在热身运动中，球手本来能顺利、出色完成技术动作，却故意表现技术动作不稳定或有意表现出状态不稳、情绪不佳等，给对方造成错觉，使对方产生轻敌思想。一旦开始比赛出其不意，使对方毫无心理准备。

四、高尔夫球运动的竞赛规则

1. 发球区规则

（1）比赛迟到：迟到不足5分钟，加罚两杆；超过5分钟，取消比赛资格。

（2）击球顺序：出发顺序可以按竞赛委员会规定的顺序，也可以通过抽签或按年龄大小决定谁先发球。

（3）比赛指导（助言）：不得向除自己的伙伴和自己的球童以外的人征询助言和提供助言，违者罚两杆。

（4）开球：往球座上放球或准备击球时，杆头不小心碰到球导致球滑落，可以重新放到球座而不受罚；但如果正式挥杆击球而没打到球，不管球是否移动均算一杆；若挥空时使球从球座落下，也只能在球落地的位置打第二杆；如果把打落的球重新放在球座上再打就算第三杆。

（5）球出界：如果球出界必须向同组比赛球员说明，再在上次击球处打一个暂定球判罚一杆，要重新打时应等到大家打完后再打；在发球区击球出界，则补打时球必须在发球区，这杆算第三杆。

2. 球道规则

（1）击球顺序：在球道中应由距离球洞远的球员先打。

（2）打错球：在比赛中把别人的球误认为自己的球击出，要罚两杆；如果自己的球被别人误击不受罚，但必须把球放回原位。

（3）球损坏：发现自己的球坏了，可以在说明后换球；如果没说明就换球则要罚一杆；如果私自换球则罚两杆。

（4）无法打球：球打到树根旁无法打时可以说明，可把球拿出在远离球洞的方向以两杆为半径的范围抛球，同时被罚一杆；如果球停在道路上时，可以在远离球洞的方向在一杆以内的位置抛球而不受罚。

（5）临时积水：球落入或靠近临时水域时，捞出或换球在附近击出，不判罚。

（6）移动球：球打到高草区时可以接触草，但如果移动了球，则罚一杆。

（7）球遗失：在5分钟内找不到球被视为球遗失。重新打球时必须回到原位，并加罚一杆。

（8）折断树枝：打球时球折断树枝或挥杆时折断树枝都要罚两杆。

（9）击中球车或人：比赛中击中球车、球袋、自己、同伴或球童时要罚两杆。

（10）连击：在击球时球杆两次碰到球即为连击，罚两杆。

3. 障碍区规则

（1）球进入沙坑：在沙坑中打球时球杆碰到沙子要罚两杆。

（2）球进入水障碍区：球进入水障碍区时要罚一杆，然后在进水切点的水障碍区外面抛球，如果认为在水中可以打时则可不受罚；在发球区开球击入水障碍区时允许在球座上再放一球重新发球。

4. 果岭规则

（1）擦拭球：球上果岭后可以把球拿起来擦拭，但拿起前必须标定球的位置，否则要罚一杆。

（2）拔旗杆：一组选手的球都打上果岭后，才可以拔掉旗杆。

（3）散置障碍物：推击路线上有如树叶等散置障碍物可以进行整理，但如果有钉鞋的印迹则不能去整理。

（4）运动中的球：别人推的球还在动时就准备击打自己的球，罚两杆。

（5）击球入洞：在比杆赛中，每一洞都必须击球入洞，否则即失去参赛资格。

（6）球碰球：从果岭外打球上果岭时碰到本来就停在果岭上的球时，要把被碰到的球放回原位；如果两人的球都在果岭上，碰到别人球的队员要被罚两杆。

（7）误击入洞：如果误将别人的球击入洞，罚两杆，但进的球不算入洞，需从洞中取出放回原处。

第七章

游泳运动

本章导学

本章主要介绍游泳运动的起源、健身价值，带领大学生了解如何熟悉水性，重点对蛙泳游泳技术进行分析，讲解练习方法，并介绍游泳的安全与卫生等。其中，游泳技术分析与练习主要分析蛙泳技术的身体姿势、腿部技术、臂部技术、完整配合技术，介绍与其对应的练习方法等内容；游泳的安全与卫生主要介绍游泳的安全措施、卫生要求和意外急救措施。

第一节　游泳概述

自古以来，人类与水就有不解之缘，人们在适应大自然的过程中学会了游泳，游泳也成为一项重要的技能。游泳运动是指依靠自身漂浮，借助肢体运动在水中活动的技能。通常意义的游泳分为竞技游泳和实用游泳，竞技游泳是奥林匹克运动会的正式比赛项目，包括蝶泳、仰泳、蛙泳和爬泳（自由泳）4 种竞速项目及花样游泳等。

一、游泳的起源

游泳运动的起源是与人类社会的生产劳动、生活娱乐等活动紧密联系的。游泳是人类在征服和改造自然的生产劳动中产生的，是在满足人们的娱乐和需求中发展起来的。

近代游泳运动开始于 19 世纪初期，首先在英国等工业发达国家兴起。1837 年，英国首先建立了全国游泳协会，并在人工游泳池中举行了正规的游泳比赛。1896 年第 1 届现代奥林匹克运动会在希腊雅典举行，游泳被列为正式比赛项目，当时举行了 100 米、500 米和 1 200 米自由泳 3 个项目的比赛。1992 年，我国参加了远东运动会的比赛，这是我国第一次参加国际游泳比赛。1993 年 12 月，在首届世界短池游泳锦标赛中，我国夺得了包括接力的 10 个项目的金牌，刷新 9 项世界纪录，震惊世界泳坛。自此，我国的游泳运动不断发展。

二、游泳的健身价值

游泳是在水域环境中进行的活动，它对促进人体的身心健康具有独特的价值和作用。

（一）提高呼吸系统的机能

水的密度是空气密度的 800 多倍，深度每增加 1 米，每平方厘米面积上承受的压力就增加 0.1 千克。人站在齐胸的水中，胸腔会承受 12～15 千克的水压。这种水压使游泳者的呼吸比在陆地上呼吸更费力。普通人的肺活量在 3 000～4 500 毫升，而游泳运动员的肺活量一般可达 4 000～6 000 毫升，优秀运动员的肺活量甚至可达 7 000 毫升以上。可见，游泳是一项能有效提高呼吸系统机能的运动。

（二）提高血液循环系统的机能

经常进行游泳锻炼，心脏会有明显的运动性肥大现象，表现为心室、心房容积扩大（尤其是右心室），心肌纤维增粗，收缩强而有力。游泳时水对肌肉的刺激和按摩作用，还可以提高血管壁的弹性，从而有利于减少血液循环系统的外周阻力。

血液循环系统机能的提高，使心脏的机能活动出现节省化现象，表现为人体在安静状态下的心率减缓。

（三）改善体温调节机能

水的导热能力约是空气的导热能力的 25 倍，人浸入水中时体温散失的速度大大加快，必然会相应加强体内的能量代谢过程，以产生更多的热量来维持体温恒定。经常游泳可以改善人体的体温调节机能。

（四）提高运动能力

坚持游泳锻炼，能够促进速度、力量、耐力、柔韧、灵敏性等素质的全面协调发展，从而使人体的运动能力得到提高。

（五）促进体格匀称发展

游泳是一种全身运动，游泳时臂、臀并用，四肢有节奏地做划水和打水动作，肌肉会周期性地收缩与放松以带动大小肌肉群参与工作。相当一部分动作都是左右交替进行的，可使人体体格的发展匀称。长时间游泳会消耗体内的糖和脂肪，有利于人保持健美的体格。

（六）培养良好的心理品质

游泳初学者由于失去固定的支撑呈漂浮状态，出现呛水或溺水等情况，往往会产生怕水心理。通过学习游泳、熟悉水性可消除恐惧心理，进而掌握游泳机能。同时，游泳能够培养自信、果敢、坚毅、临危不惧等良好的心理品质。

132

第二节　熟悉水性

熟悉水性是游泳运动的重要环节，对初学者来说，这是消除怕水心理，适应水环境的重要阶段。熟悉水的浮力、压力和阻力，习惯游泳时身体体位的改变，初步掌握一些水中活动的基本技能，可为进一步学习各种游泳技术打下良好基础。

一、水中行走

（一）练习目的

水中行走是熟悉水性的第一步，练习的目的是让初学者初步体会并适应水的浮力和阻力，初步掌握在水中维持身体平衡的方法，消除怕水心理。

（二）动作要点

水中行走一般选取低于肩部的水位行进，身体略往行进方向倾斜，速度平稳，重心的移动与腿的动作协调一致。具体可进行以下练习。

（1）在池中侧对池壁，手扶池边或水线向前或向后迈步；面对池边或水线左右移动。

（2）集体扶肩或拉手，在水中向前、向后和侧向行走。

（3）做各个方向的小跳跃式行走，充分感受水的浮力和阻力。

（4）进行水中行走比赛或游戏。

二、呼吸

（一）练习目的

呼吸训练是熟悉水性的重要阶段。通过呼吸训练，可以逐渐熟悉在水中呼吸的方法。

（二）动作要点

游泳时先用嘴巴在水面上方吸气，吸气后头部浸入水中闭气，然后用口鼻在水中缓慢吐气，并直到吐尽，出水面再反复进行，即按照"快吸—稍闭—慢吐—猛吐"的节奏进行。

1. 水中闭气

初学者应扶池边或同伴，深吸气后闭气，慢慢蹲下把头没入水中，保持 10～20 秒，循序渐进，反复进行练习。

2. 水中呼吸

初学者应扶池边或同伴，深吸气后闭气，慢慢蹲下把头没入水中，稍停片刻后，用口鼻吐气直到吐尽，然后抬头到水面上快速吸气。反复进行，逐渐学会控制呼气、吸气动作。

3. 连续呼吸

在熟练完成上面的练习以后，进行连续呼吸的练习（见图 7-2-1）。

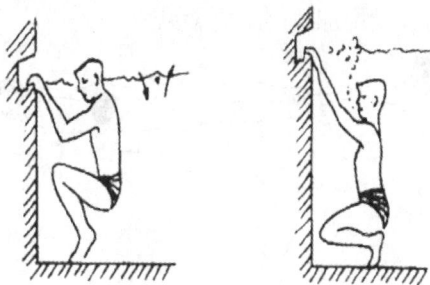

图 7-2-1　连续呼吸

三、漂浮站立

（一）练习目的

漂浮站立是进一步熟悉水性和体会水的浮力的途径，是进一步克服对水的恐惧的方法。练习漂浮站立有助于快速转换水中行进体位，初步掌握在水中控制身体平衡的方法。

（二）动作要点

1. 抱膝漂浮

深吸一口气后闭气没入水中，身体团紧使人体像一个气球一样浮在水上。平稳停留 5～10 秒后打开身体，两臂在体侧轻拨水维持平衡，在池底站稳（见图 7-2-2）。

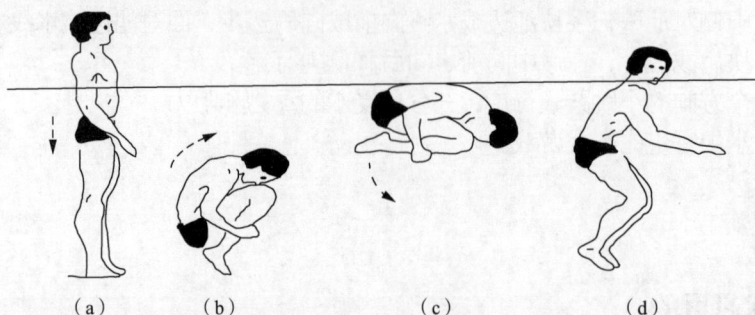

图 7-2-2　抱膝漂浮

2. 展体漂浮

两脚站于池底略下蹲，双臂放松并向前伸，同时吸气、闭气，轻蹬池底，抬腿并腿打直，身体呈直线漂浮在水面 5～10 秒后，团体站立。

四、水面滑行

（一）练习目的

水面滑行训练是熟悉水性阶段的重点，可以帮助初学者掌握在漂浮状态下维持身体平衡的方法，学会基本的游泳体态，为学会各种泳姿做准备。

（二）动作要点

在水面滑行时应力求熟练、平稳、快速。注意保持流线型体态，腰腹收紧、脚背绷直，在滑行中学会如何减轻阻力，以增加滑行距离（见图 7-2-3）。

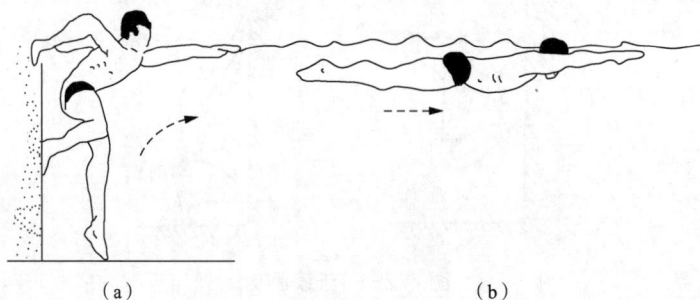

图 7-2-3　水面滑行

五、水中游戏

1. "游龙戏水"

练习者排成纵队，后面的人将双手搭在前面人的肩上同时在池中行走（见图 7-2-4）。

图 7-2-4 "游龙戏水"

2. 转圈

练习者手牵手在水中围成一个圈，开始向指定的方向旋转，进行侧向移动，在移动中学会控制身体平衡，感受水的阻力，亲近水，同时控制整体的队形（见图 7-2-5）。

图 7-2-5 转圈

3. "踩地雷"

两人一组，面对面，双手扶住对方的肩膀，不得放开。练习开始后，双方都要想办法踩对方的脚，同时避免被对方踩到。

4. "结网捕鱼"

指定一个人当"渔夫"，其他人散开当"鱼"。被渔夫抓住的人转变成渔夫一起捕鱼，直到捕尽为止（见图 7-2-6）。

图 7-2-6 "结网捕鱼"

5. "海底寻宝"

将彩色的小石子丢入池中指定的区域，2～3 人为 1 组在池底寻找小石子，找到小石子多者为胜。

6. 水球比赛

在池子的规定区域两端放上软网，同学们分两队用手将水球丢入对方的网内则得一分，游戏过程中不允许搂抱、泼水等，可以做类似打篮球时的防守动作（见图 7-2-7）。

图 7-2-7　水球比赛

第三节　游泳技术分析与练习

　　在竞技游泳运动的 4 种泳姿中，本书着重介绍蛙泳。蛙泳是一种模仿青蛙游泳动作的游泳姿势，也是一种最古老的泳姿。运用蛙泳泳姿，游泳者可以方便观察前方是否有障碍物，避免撞上障碍物。

　　蛙泳是竞技游泳的姿势之一。蛙泳姿势的要点是人体俯卧水面，两臂在胸前呈对称状，直臂侧下屈划水，两腿对称屈伸蹬夹水，似青蛙游水。蛙泳较省力且易于坚持，实用价值大，常用于渔猎、救护、水上搬运等，同时，也是游泳初学者的学习项目。

一、蛙泳技术分析

（一）身体姿势

　　蛙泳的身体姿势并不固定，而是随着手臂、腿部及呼吸的周期性变化而变化。在一个动作周期中两臂前伸、两腿向后蹬夹腿并拢时，身体几乎水平俯卧水中，头部夹在两臂之间，两眼注视前下方，脚尖绷直，全身拉伸成一条直线［见图 7-3-1（a）］。

　　游进过程中，身体按一定的节奏上下起伏。在划水和抬头吸气时，上体向前上方抬起，肩部、背部上升露出水面，此时躯干与水面的角度较大［见图 7-3-1（b）］。当手臂向前伸时，循环下一个周期动作。

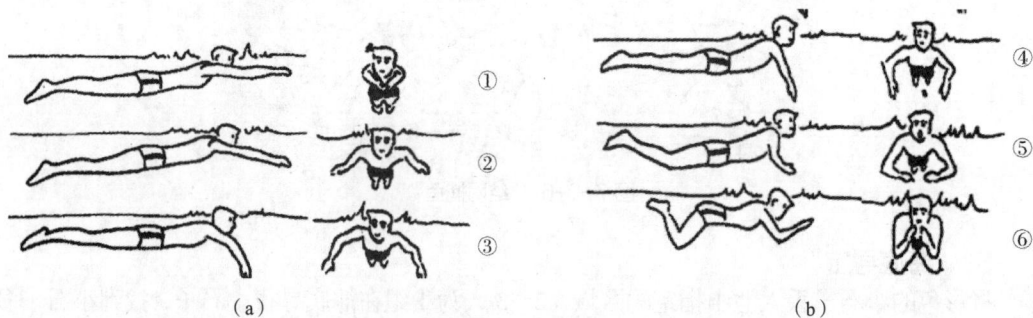

（a）　　　　　　　　　　　　　　　　　　　（b）

图 7-3-1　身体姿势

（二）腿部技术

　　蛙泳的腿部动作是保持身体平衡、推动前进的重要动力。尽管现代蛙泳技术强调以臂部动作为主，但腿部动作同样不可忽视。初学者更应掌握好腿部动作。蛙泳的腿部技术可以分为收腿、翻腿、蹬夹、滑行4个相连的动作。

（三）臂部技术

蛙泳的手臂动作是推动身体前进的重要因素，现代蛙泳技术尤其重视手臂动作在划水中的作用。手的划水路线近似于画出一个"桃心形"。两手从"桃心"尖顶开始，不停顿地划动一周回到尖顶。

为方便分析，可以把蛙泳的一个划水周期分为外划、下划、内划、前伸4个紧紧相连的动作阶段。

（四）完整配合技术

蛙泳时靠臂部、腿部的交替动作推动身体前进，动作配合技术是学习的难点。正常蛙泳一般采用1:1:1的配合技术，即在一个完整动作周期中蹬夹腿、划臂、呼吸各一次。配合技术应尽力做到协调、连贯、有节奏。

二、蛙泳技术练习

（一）腿部技术练习

蛙泳的腿部技术练习应注意：边收边分慢收腿，向外翻脚对准水，用力向后蹬夹腿，并拢收紧漂一回。

1. 跪撑翻脚压腿

两脚分开跪垫，两膝间距比肩宽，勾脚尖外翻，脚内侧贴地，双手后撑振压。这个练习有利于提高踝关节、膝关节的柔韧性。

2. 俯卧模仿蹬腿

俯卧于垫上模仿蛙泳时腿部的动作（见图7-3-2），其要点是小腿慢收勾脚尖靠近臀部，小腿向外分开脚尖朝向两侧，脚内侧朝后，小腿向后快速蹬夹，两腿并拢伸直。

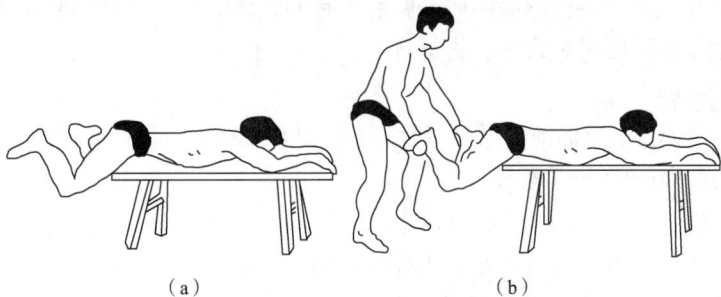

（a）　　　　　　　　　（b）

图7-3-2 俯卧模仿蹬腿

3. 仰卧模仿蹬腿

坐于池边，双手撑地，身体略后仰，模仿蛙泳时腿部的动作。

4. 站立模仿蹬腿

原地站立，单腿支撑，另一腿模仿蛙泳时腿部的动作。站立蹬夹腿保持小腿内侧与脚内侧朝下，并往另一腿并拢。

5. 扶池边蹬腿

一手扶池边，另一手在水下撑池壁，身体俯卧于水中做蛙泳时腿部的动作（见图7-3-3）。可由同伴协助完成。

图 7-3-3 扶池边蹬腿

6. 滑行蹬腿

在蹬池壁后低头闭气，做蛙泳时的腿部动作向前游进，体会连续的收、翻、蹬夹和滑行的动作，如图7-3-4所示。

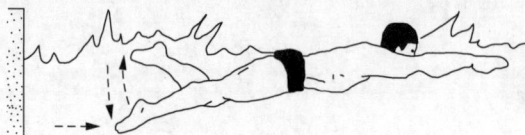

图 7-3-4 滑行蹬腿

7. 扶板蹬腿

身体俯卧于水中，双臂前伸，双手扶板侧做蛙泳时腿部动作的练习。随着练习的深入可配合呼吸共同完成。

（二）臂部技术练习

蛙泳的臂部技术练习应注意：向外向下再向内，屈臂高肘加速划，两手额下转向前，伸直并拢要滑行。

1. 原地划臂

两脚原地分开站立，身体略微前倾，做蛙泳时的划臂动作，注意提肘和"桃心形"的划水的线路。在动作熟练后可配合呼吸进行练习。

2. 行进间划臂

站立于齐胸的水域，上体前倾做蛙泳时的划臂动作，身体随着划臂的动力惯性往前行进。在动作熟练后可配合呼吸进行练习。

3. 夹板划臂

夹板划臂技术是在有一定蛙泳基础上完成的动作，身体俯卧于水中，大腿内侧夹浮板用手臂划水，熟练后可配合呼吸进行练习。

（三）完整配合技术练习

蛙泳时的完整配合技术应注意：外划腿不动，内划要收腿，前伸翻好脚，加速蹬夹腿，臂腿都并拢，放松漂一回。

1. 臂部、腿部分解配合

在身体漂浮水中后，进行划水和蹬腿的练习，配合过程中按照一次划水一次蹬腿分开进行，初步在大脑中建立二者间的联系过程。

2. 臂部、腿部连贯配合

蹬壁滑行后低头闭气，连续完成划水和蹬腿的配合练习向前游进，体会臂部、腿部的连贯配合。常采用完全潜入水中技术，可以更好地体会配合过程。

3. 多次蹬腿、一次划水、一次呼吸配合

初学者在完成完整蛙泳动作时，大多会有一个适应过程，多次蹬腿、一次划水、一次呼吸的配合可以很好地解决学习过程中的问题。练习时可在连续进行2～3次蹬夹水后再进行一次划水、一次呼吸。

4. 完整配合

采用一次划臂、一次呼吸、一次蹬腿滑行的方法连贯完成蛙泳动作。游进过程中逐渐增加游泳距离，反复练习以改进和完善动作。

5. 长滑行配合

在蛙泳完整技术配合的基础上，每个完整周期动作后，身体呈流线型继续滑行，增加滑行距离，再重复动作。

第四节　游泳的安全与卫生

一、游泳的安全措施

游泳时可能因为各种原因而出现意外事故，因此，在进行游泳教学或活动时，必须把安全摆在首位，认真落实各项安全措施，保证万无一失。

1. 强化安全教育

安全教育必须贯彻于游泳活动的全过程。首先，强调安全教育的意义，树立安全意识，克服麻痹思想。其次，加强组织纪律性，要求游泳者严格遵守相关规章制度，上课时要听老师的安排。

2. 选择安全的游泳场所

选择安全的游泳场所是保证游泳者生命安全极其重要的方面。游泳场所一般分为两类：一类是人工建造的游泳池，另一类是江、河、湖、海等天然水域。游泳时应选择水质好、水温合适、有安全保障的活动区域。

3. 加强活动过程的组织与监控

加强游泳活动的组织与监控是确保安全的重要措施。尤其是到自然水域，环境复杂容易出现意外，组织工作显得更加重要。

二、游泳的卫生要求

1. 了解自己的健康状况

为了保证健康安全，防止疾病传染，游泳者每年都必须进行全面的健康检查，以便了解自己的身体状况。若患有严重高血压、心脏病、肺结核等疾病则不宜游泳。

2. 选择游泳时机

饥饿或饱食时都不适合游泳，剧烈运动或大量出汗时也不要游泳，饮酒后更不宜游泳。游泳时应做好相应的准备活动，如慢跑、徒手操、肌肉拉伸运动。

三、意外急救措施

急救时必须抓住主要矛盾，救命在先，做好休克的防治。骨折、关节脱位、严重软组织损伤或存在其他器官损伤时，伤员常因出血、疼痛而发生休克。在现场急救时，要注意预防休克，若有伤员休克，必须优先抢救休克伤员。此外，急救必须分秒必争，力求迅速、准确、有效，做到快救、快送医院处理。

救护人员要保持镇静，切不可惊慌失措或顾此失彼，即使出现危急情况也应镇静地、有条不紊地进行抢救工作。经急救处理后，救护人员应陪伴伤员到医院，并向医生介绍伤员的发病情况和急救经过。

第八章

舞蹈运动

本章导学

舞蹈运动是在音乐的配合下，以身体练习为主，展示力量和柔美的运动。由于它具有健身性、时尚性，因此深受大学生的喜爱。本章主要对体育舞蹈、健美操两个项目进行介绍，并为大学生提供了每个项目的基础成套练习，以便其强化基础，丰富组合动作，提高学习兴趣。

第一节　体育舞蹈

一、认识体育舞蹈

体育舞蹈又名国际标准舞，又被称为社交舞、交谊舞，是一种集竞技性、娱乐性、观赏性、健身性、社交性于一体的大众体育项目。

（一）体育舞蹈的起源

体育舞蹈一词产生于 20 世纪 90 年代，此前该舞蹈被称为国际标准交际舞，也称"国际标准舞"和"国标"。国际标准舞已经有上百年的发展历史，它经历了原始舞蹈、公众舞、民间舞、宫廷舞、舞厅舞（交际舞）等发展阶段。

随着国际标准舞在全世界的普及和发展，在标准舞以外又增加了拉丁舞项群，舞种也从最初的 4 种拓展至 10 种。

拉丁舞起源于拉丁风情舞，动作花样繁多且动作变化快，具有很强的观赏性和表演性，充满了激情和活力。

1964 年，国际标准舞又增加了新的表演和比赛项目——队列舞。

（二）体育舞蹈的特点

1. 严格的规范性

体育舞蹈正是由于其规范、完整的技术体系，才得以在全球推广，正如古典舞和西方芭蕾舞一样，它经过了数百年历史的锤炼。体育舞蹈的规范性表现在技术的规范要求上。首先，在世界体育舞蹈联合会（World Dance Sport Federation，WDSF）教材中，对国际标准舞的技术要求增加到 11 项，每个动作都可从步序、足位、方位、转度、足法、音乐时值、舞伴位置、身体拧转、升降、倾斜、延伸 11 个方面去规范；而对拉丁舞则从步序、足位、使用动作、转度、足法、音乐时值、方位、舞伴位置、引导握持形状、髋部路线、臀部肌肉运动、身体中段横移、身体中段挤压、身体拧转 14 个方面加以规范。技术层面的规范统一，既为体育舞蹈的特性进行了科学化的严谨描述，也为体育舞蹈作为一项竞技体育项目提供了可进行评判的一个先决条件。其次，在音乐的规范要求方面，对音乐的风格特点、节奏、时长等都有了严格的规定。

2. 高雅的艺术性

体育舞蹈是一项融技术与艺术于一体的表现唯美的运动项目。体育舞蹈要求参与者具有良好的修养、得体的礼仪、优美的动作等。体育舞蹈高雅的艺术性是吸引参与者的重要因素，也是吸引体育舞蹈观众的重要因素。随着体育舞蹈运动的发展，追求艺术性、竞技性、技巧性不仅是运动员获取比赛成绩的必要途径，也是体育舞蹈起源的最本质的风格和艺术要求。

3. 娱乐性

体育舞蹈起源于社交场合，其本质就是以交往为目的的娱乐载体。体育舞蹈强调的是娱乐性和健身性，强调身心的和谐发展。体育舞蹈是人们交流思想、抒发情感、相互沟通的形式之一。体育舞蹈的典型特点：体育舞蹈是基于性别平等的男女双方的合作项目，以"对"为单位，遵循同样的技术原理，讲究双人之间的协同配合，表达一致的舞蹈情绪；作为相互配合的单个成员，都在其自身舞蹈技术和动作独立的基础上，寻求对方的配合，以展示各自的风格以及表现魅力，合作与交流是这个运动项目不变的主题。舞蹈中的融洽、和谐的氛围能增进人与人之间的友谊，丰富文化生活。各种聚会上的舞蹈使男性与女性间正常的近距离接触和交流合情合理化。

（三）体育舞蹈的分类

体育舞蹈按舞蹈的风格和技术结构，可分为标准舞（又叫摩登舞）和拉丁舞两大类。标准舞包括华尔兹舞、探戈舞、狐步舞、快步舞和维也纳华尔兹舞；拉丁舞包括桑巴舞、恰恰舞、伦巴舞、斗牛舞和牛仔舞。每个舞种均有各自的舞曲、舞步及风格，根据各舞种的乐曲和动作要求组合成各自的成套动作。下面着重介绍标准舞、拉丁舞、队列舞。

1. 标准舞

标准舞起源于欧洲，具有端庄、含蓄、稳重、典雅的风格。标准舞的舞步流畅、柔美、洒脱，舞姿优美、起伏有序，音乐节奏强烈，舞蹈富于技巧性，是老少皆宜的舞系。

2. 拉丁舞

拉丁舞起源于非洲和拉丁美洲，具有热情、奔放、浪漫的特点。拉丁舞的舞蹈动作豪放，速度多变，手势和脚步的动作较多，充满激情，音乐节奏鲜明、强烈，尤为中青年人所喜爱。

3. 队列舞

队列舞是标准舞或拉丁舞的混合舞，由 8 对选手组成，借助音乐的引导，将 5 种舞蹈在变幻莫测的队形变动中编织出丰富多样的图案。队列舞将音乐、舞姿、队形、图案和选手们的和谐配合融为一体，达到了完美的统一，使体育舞蹈的风格、特点得到更为鲜明的表现。

同一系列的舞种在风格和内容上有其共同特点，每个舞种在步法、节奏、技术处理风格上又有自己的独特之处。

二、体育舞蹈的基本理论

（一）体育舞蹈的专业术语

体育舞蹈的专业术语是指用来描述体育舞蹈理论、动作名称、动作以及技术过程的专门用语。

1. 舞池

国际标准的体育舞蹈竞技场地要求：长 23 米、宽 15 米的长方形场地，上面铺有光滑、平整的木质地板，23 米的两条边为 A 线，15 米的两条边为 B 线。

2. 舞程向

在一个舞池中，为避免互相碰撞而严格规定舞者必须按逆时针方向行进，这个行进方向叫舞程向。

3. 舞程线和方位

舞者沿逆时针方向围绕舞池中央行进的路线叫舞程线，其英文表述为 Line of Dancing，简称 LOD。舞程线通常由两条长线和两条短线构成。沿舞程线产生的 8 个常用方位如图 8-1-1 所示。

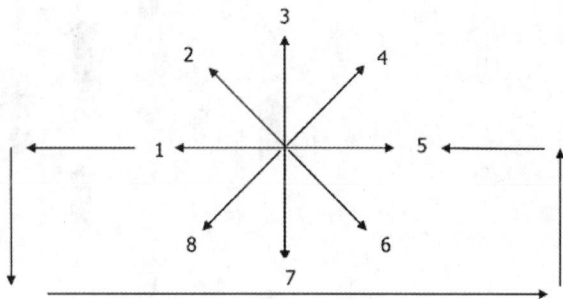

图 8-1-1　舞程线及方位

只要是沿着逆时针方向行进，任何一个位置都有 8 个方位（见表 8-1-1）。

表 8-1-1　体育舞蹈的 8 个常用方位

序号	方位	序号	方位
1	面对舞程线	5	背对舞程线
2	背对斜中央	6	面对斜中央
3	背对中央	7	面对中央
4	背对斜中央	8	面对斜中央

4. 转度

旋转时，以每旋转 360 度为一周，旋转 45 度为 1/8 周，旋转 90 度为 1/4 周，旋转 135 度为 3/8 周，旋转 180 度为 1/2 周，旋转 225 度为 5/8 周，旋转 270 度为 3/4 周，旋转 315 度为 7/8 周（见图 8-1-2）。在记录旋转动作时，应先标明旋转方向，即左转或右转，再标明旋转幅度。

143

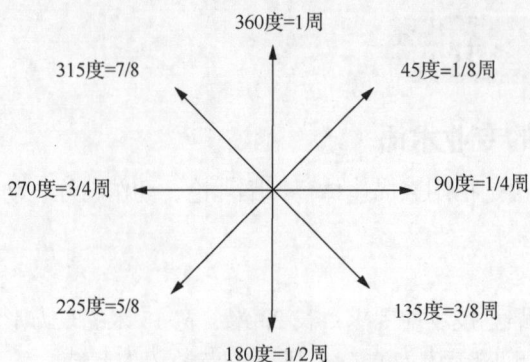

图 8-1-2　转度圆周切分法换算

5. 运动方向

在体育舞蹈中，运动方向一般被习惯性地表述为脚的运动方向。只有在一些造型动作中，才会出现对躯干部位、头部、手臂的运动方向的表述。脚的位置示意如图 8-1-3 所示。

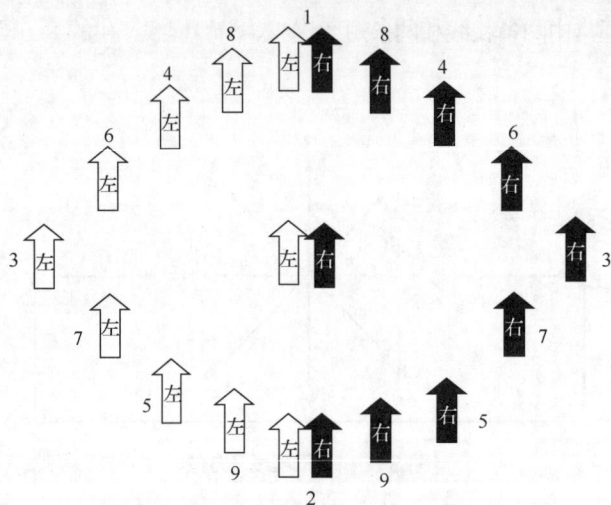

图 8-1-3　脚的位置示意

（1）向前：指做动作时胸部所对的方向。

（2）后退：指做动作时背部所对的方向。

（3）向侧：指做动作时肩部所对的方向。

（4）斜前：指前与侧两个基本方向之间 45 度的方向。

（5）斜后：指后与侧两个基本方向之间 45 度的方向。

（6）向侧稍前：指在斜前与侧两个方向之间。

（7）向侧稍后：指在斜后与侧两个方向之间。

（8）向前稍侧：指在斜前与前两个方向之间。

（9）向后稍侧：指在斜后与后两个方向之间。

（二）体育舞蹈动作名称术语

1. 基本身体位置术语

基本身体位置泛指跳舞时两人相对的位置和姿态，主要包括以下 10 种。

（1）闭式位：指男、女面对面，且女士略靠男士右侧，男士右手放在女士背后左肩胛下半部，左手与女士右手扶握的身体位置。

（2）分式位：泛指男、女面对面，外开约一臂距离的身体位置。

（3）侧行位：指男士的右侧与女士的左侧靠近或紧密接触，而身体的另一侧向外展开成"V"字形站立或行进的身体位置。

（4）反侧行位：指男士的身体左侧与女士的身体右侧靠近或紧密接触，身体的另一侧略向外展开成倒"V"字形站立或行进的身体位置。

（5）并退位：指男士的身体右侧与女士的身体左侧靠近或紧密接触，两人的外侧脚后退的身体位置。

（6）反并退位：指男士的身体左侧与女士的身体右侧靠近或紧密接触，两人的外侧脚后退的身体位置。

（7）外侧位：指在标准舞中，男、女的一方向另一方的右外侧（常见）或左外侧（较少见）前进所形成的身体位置。

（8）并肩位：指在拉丁舞中，男、女面对同一方向肩臂相并的身体位置。以男士为基准，男士左肩与女士右肩相并叫"左并肩位"，男士右肩与女士左肩相并叫"右并肩位"。

（9）影子位：指男、女面向同一方向重叠而立、形影相随的身体位置。以女士居前较常见。

（10）扇形位：指女士在男士的左侧相隔一个半手臂的距离，女士的身体与男士的身体呈扇形排列并转向男士的身体位置。此时，女士左脚在后，重心落在左脚；男士右脚向侧并稍微向前，重心落在右脚。

2. 常用的技术术语

（1）反身动作：指一侧脚前进或后退时，异侧肩和胯后让或前送，使身体与舞步形成反向配合的身体动作。

（2）反身动作位置：指在不转动身体的情况下，一脚在身前或身后形成交叉，以保证两人身体维持相靠姿态的身体位置。常用于外侧位和侧行位的舞步中。

（3）升降：指在跳舞时身体的上升与下降。升降动作是在膝关节、踝关节、趾关节的屈和伸动作的转换中完成的。

（4）摆荡：指舞者在身体上升做斜向或横向移动时，像钟摆一样把身体摆动起来。

（5）倾斜动作：从形体上讲，是指肩的平衡线向左或向右倾斜，会与地面的水平线形成一定角度。

（6）刷步：指当动力脚从一个开位向另一个开位移动时，必须先与主力脚靠拢而重心不变的舞步

（7）滑步：指在第二步双脚并拢时第三步的舞步。

（8）脚跟转：指向后迈出的脚的脚跟转动。在动作过程中，并上的脚必须与主力脚平行；旋转结束时，身体重心移动至并上的那只脚。

（9）追步：指在标准舞或拉丁舞中，一拍跳二步的舞步。

（10）脚跟轴转：指不变重心的单一脚跟旋转。

（11）踌躇步：指前进暂时受阻的舞步型，重心停留于一脚超过一拍。

（12）逗留步：指身体运动或旋转受阻时的部分舞步型，双脚几乎静止不动。

（13）开式转：指第三步不是并靠而是超越第二步的旋转。

（14）轴转：指一只脚的脚掌旋转时，另一脚处于或前或后的反身动作位置。

（15）锁步：指两脚前后交叉的舞步。

（16）平衡：指舞蹈中身体重心的准确分配。

（17）步位：指一个舞步结束时双脚的互动关系。

（18）预备外侧舞伴位：指舞步比一般前进步步伐稍微向侧，以预留出空间让舞伴进入外侧的舞步。例如，男士在狐步舞中羽步的第二步。

（19）方位：指在一个舞步结束时双脚在舞池中面对、背对或指示的方向。方位必须指向舞步运行的方向。

三、体育舞蹈的基本技术

（一）体育舞蹈的礼仪

1. 礼仪的内涵

（1）体育舞蹈礼仪是体育舞蹈中基本精神的体现，是女士优雅、男士绅士的象征。

（2）舞者礼貌地行礼，代表对考官以及观众的尊重。

（3）开始礼仪，代表舞者已经准备就绪；结束礼仪，代表舞者向考官、观众以及舞伴表达谢意。

（4）完整的礼仪表示舞者以良好的状态进行舞蹈展示，充分体现舞者对舞蹈的尊重。

2. 行礼步骤

（1）开始礼仪面向考官或观众，双脚并脚站立。

（2）左脚向侧迈出一步，同时左手上举经前向侧匀速打开。

（3）女士双膝微屈，同时左手匀速放下，头部略微前点；男士的动作基本同女士，左手匀速放下，头部略微前点，但不屈膝。

（4）结束时，左脚收回至右脚并立，同时双手经体侧匀速放下，行礼结束。

（二）拉丁舞的髋部动作的技术要点

1. 髋部路线

髋部路线是指在每步的运行中，髋部的大致运行轨迹，每一个髋部路线都是整个骨盆结构的一个或多个组合运动。

2. 常用髋部路线

髋部路线由上述简单运动组合而成。理论上，有多种可能的髋部路线，且高级舞者可以使用任意一种来达到编排或锻炼某个部位的目的。"8"字胯的髋部路线如表 8-1-2 所示。

表 8-1-2 "8"字胯的髋部路线

步骤		骨盆运动
开始位置		从中间位置向左
1	向右的半个"8"字	向右前方横移，并保持向左拧转
2		向右拧转
3		向左斜前方横移，并保持向右拧转
4	向左的半个"8"字	继续向左前方横移，并保持向右拧转
5		向左拧转
6		向右斜前方横移，并保持向左拧转

（1）"8"字胯

"8"字胯是髋部在横断面上拧转和横移的动作组合，可分为向左的半个"8"字和向右的半个"8"字。"8"字胯的运动轨迹如图8-1-4所示。

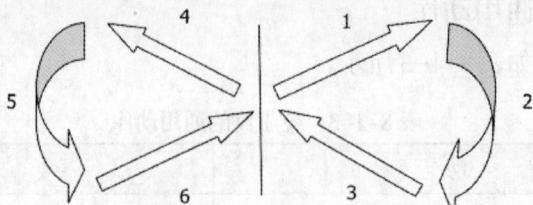

图8-1-4 "8"字胯的运动轨迹

根据所跳舞步的不同，也为了运动的流畅性和协调感，在步骤3和步骤6时，将结合一定幅度骨盆前倾动作，在步骤1和步骤4时，结合骨盆后倾动作。

在某些情况下，"8"字胯只做到中间位置（步骤1和步骤2，或步骤4和步骤5）。

（2）反"8"字胯

反"8"字胯的运动轨迹与"8"字胯的运动轨迹相反，如图8-1-5所示。

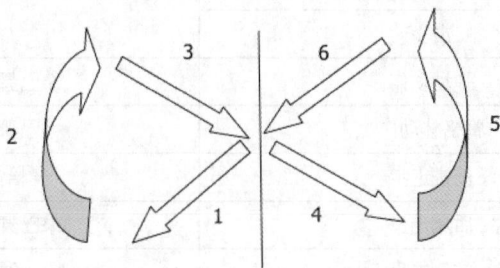

图8-1-5 反"8"字胯的运动轨迹

（3）斜拧

斜拧是拧转和倾斜的结合，当髋部向右拧转时，同时微向左倾斜；当髋部向左拧转时，同时微向右倾斜。

（4）画圈

髋部的画圈动作使用了移动、倾斜、前倾和后倾动作。

（5）前半圈（向前的1/2圈）

从左向右或从右向左的半个圈，经身体前方，包含一个向前的骨盆倾斜动作。

（6）后半圈（向后的1/2圈）

从左向右或从右向左的半个圈，经身体后方，包含一个向后的骨盆倾斜动作。

（7）右半圆

从前至后或从后至前的半个圈，经身体右侧。

（8）左半圆

从前至后或从后至前的半个圈，经身体左侧。

（9）骨盆倾斜

骨盆可向前、向后、向斜或向旁倾斜，是骨盆前倾和后倾的直接结果。

（10）倾斜

倾斜是指骨盆一侧相对放低。这只有在体重100%放到主力腿上时或一侧膝关节比另一侧膝关节弯曲幅度大很多时才能做到。

（11）扭转

扭转是骨盆向左或向右拧转的直接结果。

（三）拉丁舞的通用动作

拉丁舞的通用动作如表 8-1-3 所示。

序号	动作	适用舞蹈
1	回旋转动作	拉丁舞通用
2	螺旋转动作	
3	延迟	
4	拉丁交叉	
5	拉丁旋转和转动	
6	步伐	
7	刷步	
8	滑步	
9	弹动动作	桑巴舞/恰恰舞/牛仔舞
10	梅格林动作	桑巴舞/恰恰舞/伦巴舞
11	前进走步	恰恰舞/伦巴舞
12	后退走步	桑巴舞/恰恰舞/伦巴舞
13	向侧走步	恰恰舞/伦巴舞
14	前进抑制步	恰恰舞/伦巴舞
15	后退抑制步	恰恰舞/伦巴舞
16	前进走步转	恰恰舞/伦巴舞
17	后退走步转	恰恰舞/伦巴舞
18	原地走步	恰恰舞/伦巴舞
19	原地换重心	恰恰舞/伦巴舞
20	古巴摇滚动作	恰恰舞/伦巴舞
21	古巴破碎动作	恰恰舞
22	库克拉恰	伦巴舞
23	行进步	斗牛舞
24	跳跃动作	牛仔舞

（四）拉丁舞（伦巴）的基本动作

1. 库克拉恰

库克拉恰的步法如表 8-1-4 所示。

148

表 8-1-4　库克拉恰的步法

	节奏	1	2	3	4
男女步相同	步法	双脚并拢，重心移至左脚，右脚弯曲（律动位置）	向右侧正旁出脚，重心移至右脚，双腿伸直（分腿摇步位置）	切换重心，重心移至左脚，双腿伸直（分腿摇步位置）	收右脚至并脚，重心移至右脚，右脚到位后迅速打直（律动位置）
	胯位	左胯转动	右胯转动	左胯转动	右胯转动
	身体转度	无	无	无	无
		反面相同			

技术要点：反面 1 拍继续转动右胯，2 拍转动左胯。反面脚位与胯位保持一致，相反方向连续进行。

2. 方步

方步的前进步法如表 8-1-5 所示。

表 8-1-5　方步的前进步法

	节奏	1	2	3	4
男女步相同	步法	双脚分开，重心移至右脚，左脚点地，双腿伸直	左脚擦地经过右脚边向前出步，重心移至左脚，双腿伸直，右脚后点地	切换重心，重心移至右脚，双腿伸直，左脚前点地	左脚擦地收回，经过右脚边向左旁打开，重心移至左脚，结束双腿打直
	胯位	右胯转动	左胯转动	右胯转动	左胯转动
	身体转度	无	无	无	无

技术要点：2 拍与 3 拍之间过渡时，右膝关节放松碰到左膝关节后方迅速打直切换重心。在左脚进行前进和向旁打开的过程中，左脚都需要经过右脚脚边再擦地出步。

方步的后退步法如表 8-1-6 所示。

表 8-1-6　方步的后退步法

	节奏	1	2	3	4
男女步相同	步法	双脚分开，重心移至左脚，右脚点地，双腿伸直	右脚擦地经过左脚边向后出步，重心移至右脚，双腿伸直，左脚前点地	切换重心，重心移至左脚，双腿伸直，右脚后点地	右脚擦地收回，经过左脚边向右旁打开，重心移至右脚，结束双腿打直
	胯位	左胯转动	右胯转动	左胯转动	右胯转动
	身体转度	无	无	无	无

技术要点：方步的前进与后退步法中，在动力腿经过主力腿脚边时，动力腿的膝关节需要弯曲，到位之后伸直膝关节，伦巴舞的主力腿在任何情况下都不能弯曲。

3. 前进步与后退步

无论是前进步还是后退步，每一步都需有 4 个步骤：动力腿经过主力腿脚边；脚踝内侧向前引带，重心在身体中间，膝关节伸直；前进时后脚推地板向前转移重心（后退时前脚推地板向后转移重心），动力腿脚尖点地绷脚背；主力腿胯位转动。

前进步步法如表 8-1-7 所示。

表 8-1-7　前进步步法

节奏		1	2	3	4
男女步相同	步法	双脚前后分开，左脚在前，重心移至左脚，右脚后点地，双腿伸直	右脚擦地经过左脚边向前出步，重心移至左脚，双腿伸直，左脚后点地	左脚擦地经过右脚边向前出步，重心移至左脚，双腿伸直，右脚后点地	右脚擦地经过左脚边向前出步，重心移至右脚，双腿伸直，左脚后点地
	胯位	左胯转动	右胯转动	左胯转动	右胯转动
	身体转度	无	无	无	无
		反面相同			

技术要点：手与腿部的配合主要以重心来决定，重心在左脚，则左手在旁打开；重心在右脚，则右手在旁打开。

后退步步法如表 8-1-8 所示。

表 8-1-8　后退步步法

节奏		1	2	3	4
男女步相同	步法	双脚前后分开，右脚在前，重心移至左脚，右脚前点地，双腿伸直	右脚擦地经过左脚边向后出步，重心移至右脚，双腿伸直，左脚前点地	左脚擦地经过右脚边向后出步，重心移至左脚，双腿伸直，右脚前点地	右脚擦地经过左脚边向后出步，重心移至右脚，双腿伸直，左脚前点地
	胯位	左胯转动	右胯转动	左胯转动	右胯转动
	身体转度	无	无	无	无
		反面相同			

技术要点：后退时保持身体直立，重心主要放在身体中间靠后的位置。

（五）伦巴舞的组合练习

（1）原地律动：4 小节。

（2）时间步：4 小节。

（3）库克拉恰：4 小节。

（4）基本动作：4 小节。

（5）6 后退走步：2 小节。

（6）6 行进走步：2 小节。

（六）标准舞的基本姿势

一般来说，姿势是指在静态或移动状况下，身体用以对抗重力而采用的各种形态。

体育舞蹈中，静态姿势是身体的正常姿势，通过以下对正常站立姿势（非舞蹈姿势）的适应性改变来形成。

（1）略微地伸展腹部肌肉，也有利于略微地伸展背部。

（2）控制盆骨肌肉，重心转移到脚掌，保持膝关节略微弯曲。

① 在这个（重心向前转移的）阶段，身体线条的角度必须保持不变。

② 女士在重心向脚掌转换时，只转换身体中段的重心，头部仍在初始位置。这会形成一个向后弯曲的线条，不同于初始姿势。身体稍向左移动直到女士最下方的右肋跟男士最下方的右肋接触。肩部线条应保持与地面平行，同时头部直立、脖子拉长、肩部下沉。

（七）标准舞手的握持

手的握持是男士和女士之间的接触点。手的握持步骤和动作分别如表 8-1-9 和图 8-1-6 所示。

表 8-1-9　握持的步骤

握持的步骤	注意事项
1. 男士左手握着女士右手	手握持在靠近女士眼睛的高度，保持自然手型
2. 男士右手放在女士左肩胛骨下	支撑女士，用以指示前进、后退和侧向等运动方向
3. 女士左手放在男士三角肌下端	展现平滑的手形和肩形，女士避免用手拉拽男士的肩部

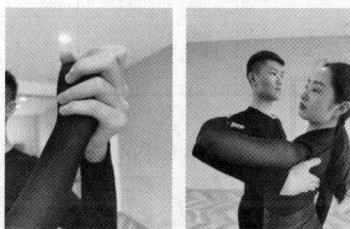

图 8-1-6　手的握持

（八）标准舞（华尔兹）的基本动作

1. 右脚并换步

右脚并换步步法如表 8-1-10、表 8-1-11 所示。

表 8-1-10　右脚并换步的步法（男士）

步序	步位	部位	方位	转度	升降	反身动作	倾斜	节奏
1	右脚前进	脚跟、脚尖	面向斜中央	不转动	结尾开始上升	1（轻微）		1
2	左脚向侧并稍向前	脚尖	面向斜中央		继续上升		右	2
3	右脚并左脚	脚尖、脚跟	面向斜中央		继续上升，结尾下降		右	3

表 8-1-11　右脚并换步的步法（女士）

步序	步位	部位	方位	转度	升降	反身动作	倾斜	节奏
1	左脚后退	脚尖、脚跟	背向斜中央	不转动	结尾开始上升	1（轻微）		1
2	右脚向侧并稍后退	脚尖	背向斜中央		继续上升		左	2
3	左脚并右脚	脚尖、脚跟	背向斜中央		继续上升，结尾下降		左	3

2. 左脚并换步

左脚并换步的步法如表 8-1-12、表 8-1-13 所示。

表 8-1-12　左脚并换步的步法（男士）

步序	步位	部位	方位	转度	升降	反身动作	倾斜	节奏
1	左脚前进	脚跟、脚尖	面向斜中央	开始转向左	结尾开始上升	1		1
2	右脚向侧	脚尖	背向斜壁	1～2 转 1/4	继续上升		左	2
3	左脚并右脚	脚尖、脚跟	背向舞程线	2～3 转 1/8	继续上升，结尾下降		左	3
4	右脚后退	脚尖、脚跟	背向舞程线	继续向左转	下降，结尾开始上升	4		1
5	左脚向侧	脚尖	指向斜壁	4～5 转 3/8，身体少转	继续上升		右	2
6	右脚并左脚	脚尖、脚跟	面向斜壁	身体完成转动	继续上升，结尾下降		右	3

表 8-1-13　左脚并换步的步法（女士）

步序	步位	部位	方位	转度	升降	反身动作	倾斜	节奏
1	右脚后退	脚尖、脚跟	背向斜中央	开始转向左	结尾开始上升	1		1
2	左脚向侧	脚尖	指向舞程线	1～2 转 3/8，身体少转	继续上升		右	2
3	右脚并左脚	脚尖、脚跟	面向舞程线	身体完成转动	继续上升，结尾下降		右	3
4	左脚前进	脚跟、脚尖	面向舞程线	继续向左转	下降，结尾开始上升	4		1
5	右脚向侧	脚尖	背向斜壁	4～5 转 1/4	继续上升		左	2
6	左脚并右脚	脚尖、脚跟	背向斜壁	5～6 转 1/8	继续上升，结尾下降		左	3

3. 右转步

右转步的步法如表 8-1-14、表 8-1-15 所示。

表 8-1-14　右转步的步法（男士）

步序	步位	部位	方位	转度	升降	反身动作	倾斜	节奏
1	右脚前进	脚跟、脚尖	面向斜壁	开始转向右	结尾开始上升	1		1
2	左脚向侧	脚尖	背向斜中央	1～2 转 1/4	继续上升		右	2
3	右脚并左脚	脚尖、脚跟	背向舞程线	2～3 转 1/8	继续上升，结尾下降		右	3
4	左脚后退	脚尖、脚跟	背向舞程线	继续向右转	下降，结尾开始上升	4		1
5	右脚向侧	脚尖	指向斜中央	4～5 转 3/8，身体少转	继续上升		左	2
6	左脚并右脚	脚尖、脚跟	面向斜中央	身体完成转动	继续上升，结尾下降		左	3

表 8-1-15　右转步的步法（女士）

步序	步位	部位	方位	转度	升降	反身动作	倾斜	节奏
1	左脚后退	脚尖、脚跟	背向斜壁	开始转向右	结尾开始上升	1		1
2	右脚向侧	脚尖	指向舞程线	1～2 转 3/8，身体少转	继续上升		左	2
3	左脚并右脚	脚尖、脚跟	面向舞程线	身体完成转动	继续上升，结尾下降		左	3
4	右脚前进	脚跟、脚尖	面向舞程线	继续向右转	下降，结尾开始上升	4		1
5	左脚向侧	脚尖	背向中央	4～5 转 1/4	继续上升		右	2
6	右脚并左脚	脚尖、脚跟	背向斜中央	5～6 转 1/8	继续上升，结尾下降		右	3

（九）华尔兹的组合练习

首先面向斜墙壁，然后完成以下练习。

（1）左足预备步：4、5、6 拍。

（2）减弱右旋转步：1、2、3、4、5、6 拍。

（3）456123 左转 456123：1、2、3、4、5、6 拍。

（4）左转截步：1、2、3 拍。

（5）后退拂步：4、5、6 拍。

（6）直行追步：1、2、3 拍。

四、校园舞蹈

随着体育舞蹈在学校中的逐步开展，通俗易懂、旋律欢快且青春气息洋溢的校园舞蹈应运而生。校园舞蹈以体育舞蹈的基本步法、体态和律动为技术支持，是更为适合各层次普通师生参与锻炼的体育舞蹈的初级形式。这里着重介绍校园华尔兹和校园恰恰舞这两种校园舞蹈。

（一）校园华尔兹

校园华尔兹是以标准舞中华尔兹的步法动作为基础，融合了社交舞蹈中大量的双人社交礼仪动作，运用欢快的 3/4 拍节奏音乐，用集体舞蹈绚烂多变的队形组织形式而展开的舞蹈类型。校园华尔兹因其简单易学的步法技巧和灵活多变的动作队形深受广大师生的喜爱。

1. 基本素质训练

（1）基本体态训练

① 基本站立姿势：身体保持垂直站立，重心放在支撑腿脚心和脚跟的位置，双脚并拢，脚尖保持向前，双手背在腰间，如图 8-1-7 所示。

153

图 8-1-7 基本站立姿势

② 基本架型体态：双人架型体态是男士与女士面对面站立，女士左腿为支撑腿，左手与男士右大臂接触成环抱空间，头位向左肩外沿延伸，右手与男士左手相握于右上方（与右侧太阳穴保持同样的高度）；男士右腿为支撑腿，右手放置女士左肩胛骨下端，头位转至左前方，左手与女士相握。图 8-1-8 所示为单人架型体态，图 8-1-9 所示为双人架型体态右侧握姿（女士方位），图 8-1-10 所示为双人架型体态左侧握姿（男士方位）。

图 8-1-8 单人架型体态

图 8-1-9 双人架型体态右侧握姿

图 8-1-10 双人架型体态左侧握姿

（2）基本升降训练

基本站立姿势：保持单人架型不变，以 3/4 拍节奏为基础。

① 下降训练：1～3 拍，保持身体中轴向上，身体重心垂直向下，至腹股沟弯曲；4～6 拍，身体中轴向上，身体重量继续垂直向下，经腹股沟、膝关节至脚踝弯曲，脚跟不离地，完成下降动作，如图 8-1-11 所示。

图 8-1-11　下降训练

② 上升训练：1～3 拍，保持身体中轴向上升，经腹股沟、膝关节至脚踝延伸，脚跟不离地，如图 8-1-12 所示；4～6 拍，保持身体中轴继续向上升，脚跟离地，经脚跟、脚心、脚掌至脚尖。

图 8-1-12　上升训练（1～3 拍）

（3）左右摆荡训练

基本站立姿势：保持单人架型不变，以 3/4 拍节奏为基础。

1～3 拍，左腿为主力腿，右腿向旁摆荡，重心下降落至右腿，如图 8-1-13 所示，上升收左腿并脚，如图 8-1-14 所示。

图 8-1-13　向右摆荡

图 8-1-14　向左摆荡

4～6 拍，右腿为主力腿，左腿向旁摆荡，重心下降落至左腿，上升收右腿并脚，如图 8-1-15 所示。

图 8-1-15　上升并脚

2. 基本步法

（1）直进基本步

直进基本步的步法如表 8-1-16 所示。

表 8-1-16　直进基本步的步法

	节奏	1	2	3
男女步相同	步法	右（左）主力腿推动,左（右）动力腿脚跟向前, 重心下降, 结尾时上升	切换重心,重心移至右脚脚掌,膝关节放松,继续上升,上半身保持直立	切换重心, 重心移至左脚脚掌, 结尾时下降, 重心落到左脚脚跟
	身体转度	无	无	无

（2）后退基本步

后退基本步的步法如表 8-1-17 所示。

表 8-1-17　后退基本步的步法

	节奏	1	2	3
男女步相同	步法	右（左）主力腿推动,左（右）动力腿向后, 重心先留在前面, 摆动动力腿向后	切换重心,重心移至右脚脚掌,膝关节放松,继续上升	切换重心, 重心移至左脚脚掌, 结尾时下降, 重心落到左脚脚跟
	身体转度	无	无	无

3. 校园华尔兹动作组合

音乐节奏为 3/4 拍。男左女右面对前方站立,男女上步分别向右、向左转体,行礼（8个 3 拍节奏）,完成以下动作。

（1）前进后退基本步:4 个 3 拍节奏。

（2）基本左转步 1/8 转:8 个 3 拍节奏。

（3）前进后退基本步:4 个 3 拍节奏。

（4）点踏步左转、右转转换队形:8 个 3 拍节奏。

（5）前进后退基本步:4 个 3 拍节奏。

（6）"Z"字步斜前进:4 个 3 拍节奏。

（7）"Z"字步斜后退：4个3拍节奏。

（8）前进后退基本步：4个3拍节奏。

（9）左右挽手绕转步：8个3拍节奏。

（10）右分展步：4个3拍节奏。

（11）前进后退基本步：4个3拍节奏。

（12）点踏步左转、右转转换队形：8个3拍节奏。

（13）前进后退基本步：4个3拍节奏。

（14）摆荡步：4个3拍节奏。

（15）前进后退基本步：4个3拍节奏。

（16）推转步：4个3拍节奏。

（二）校园恰恰舞

校园恰恰舞是在拉丁舞中的恰恰舞的基础之上演变而来的舞蹈形式。它以恰恰舞的步法与身体律动为基本动作，运用流行且动感的4/4拍音乐就地起舞。

1. 基本素质训练

（1）基本站立姿势

身体垂直站立，脊椎保持直立，双肩自然下沉，两脚自然靠拢；重心放在主力腿的脚跟上，动力腿向侧，双腿保持一步的距离，双腿腿部线条尽量延伸，膝关节无弯曲状态，如图8-1-16所示。

图8-1-16　基本站立姿势

（2）基本手臂律动（音乐节奏为4/4拍）

手臂动作是拉丁舞的5支舞（桑巴舞、恰恰舞、伦巴舞、牛仔舞及斗牛舞）都通用的手臂动作，包括握持架型与自然摆臂。在舞蹈过程中保持握持时的身体曲线，身体直立，腰背挺直，上臂与后背成一直线，舞伴之间处于1/2相对位置，始终保持约15厘米的距离。女士左臂架在男士右臂上并贴合，男士把右手放在女士左肩胛骨下方，女士右肘与男士左肘弯曲成约90度。校园恰恰舞中以自然摆臂的动作最为常见。

① 1～4拍

- 右（左）手在身体旁侧平举。
- 手平移至身体正前方，伸直。
- 弯曲手肘，大臂夹至身体旁侧，小臂在身体前方。
- 大臂继续向后带动画一个圆形。

② 5～8拍

回到1点，然后进行双手配合，如图8-1-17所示。

（a）　　　　　　　　　　　　（b）　　　　　　　　　　　　（c）

图 8-1-17　基本手臂练习

（3）基本步法——侧行追步

侧行追步共由 5 步组成，节奏为慢、慢、快、快、慢，向旁移动。

2. 动作组合

音乐节奏为 4/4 拍，"2 小节"代表 2 个 4/4 拍节奏，"4 小节"代表 4 个 4/4 拍节奏，以此类推。

前奏：男左女右面对前方站立（原地踏步，第 4 小节向右打开脚步），共 4 小节。

（1）原地律动步（双手自然打开，左脚开始）：4 小节。

（2）切音原地律动步：2 小节。

（3）时间步：4 小节。

（4）基本动作步（结尾并步向左打开脚步）：4 小节。

（5）原地律动步（右脚开始）：4 小节。

（6）切音原地律动步：2 小节。

（7）基本动作步+时间步：4 小节。

（8）基本动作步（结尾并步向右打开脚步）：4 小节。

（9）抑制步+连续后退锁步：2 小节。

（10）基本动作步（6～7 拍）+前进锁步：2 小节。

（11）抑制步+连续后退锁步：2 小节。

（12）基本动作步（6～7 拍）+前进锁步：2 小节。

（13）基本动作步（每次后退并向左转 90 度）：8 小节。

（14）朗德追步+扭臀转步（结尾并步向左打开脚步）：4 小节。

（15）抑制步+连续后退锁步：2 小节。

（16）基本动作步（6～7 拍）+前进锁步：2 小节。

（17）抑制步+连续后退锁步：2 小节。

（18）基本动作步（6～7 拍）+前进锁步：2 小节。

（19）基本动作步（每次后退并向右转 90 度）：8 小节。

（20）朗德追步+扭臀转步（结尾并步向右打开脚步）：4 小节。

（21）分裂式古巴小碎步：2 小节。

（22）连续分裂式古巴小碎步：2 小节。

（23）原地转步+3 锁步：2 小节。

（24）基本动作步（6～7 拍）+前进锁步：2 小节。

（25）滑动追步+扭臀转步（男士结尾向左转 90 度，女士右脚前进向右转 90 度，进入分式相对侧行位）：4小节。

（26）分式相对侧行位之追步、锁步：4小节。

（27）分式相对侧行位至分式侧行位之分列式古巴小碎步：2小节。

（28）分式相对侧行位之抑制步（男士结尾手、脚向右打开，女士手、脚原地律动结尾向右打开）。

第二节　健美操

一、认识健美操

（一）健美操的起源

早在 19 世纪，欧洲一些国家开始出现以身体活动和音乐伴奏相结合的韵律体操，并开办培养音乐体操教师的学校，将音乐体操作为体育教育的手段逐步传播。20 世纪 80 年代初，健美操在美国及欧洲国家得到快速推广。从 1985 年开始，美国多次举行全国性的健美操比赛，使健美操发展到了竞技性阶段。

20 世纪 70 年代现代健美操在我国兴起。自 1979 年起，北京、上海、广州等地相继开办了各种健美操班。其中有的以芭蕾舞基本动作为主，有的以现代舞动作为主，还有徒手健美操、健美球操、棍操等。1985 年北京体育学院成立了健美操研究组，开设了健美操选修课。健美操在我国得到迅速普及。

（二）健美操的分类

健美操运动是在动感音乐的伴奏下，以身体练习为基本手段，以有氧运动为基础，以增强体质、塑造形体、健身娱乐为目的的一项体育运动。健美操可以分为以下 3 类。

1. 健身性健美操

根据不同的风格特点可将健身性健美操分为传统有氧健身操、形体健身操、拉丁健身操、爵士健身操、街舞健身操、搏击健身操、瑜伽健身操等。

2. 表演性健美操

根据不同的表演器械可将表演性健美操分为踏板健身操、哑铃健身操、花球健身操、皮筋健身操、健身球健身操等。

3. 竞技性健美操

根据竞赛比赛项目可将竞技性健美操分为男单、女单、混双、3 人和 6 人项目。

（三）健美操的特点

1. 健身、健美的实效性

健美操是以人体解剖学、人体生理学、体育美学、体育心理学等多学科理论为基础，融合了我国特有的民族风格，以健身、健美为目的而创立的健身运动。健美操动作讲究健美、大方，强调力度和弹性，趋向以不停顿地连续走、跳、跑，使练习者消耗过剩的脂肪，提高协调性、灵敏性，表现健美的体态，提高人的协调性和弹跳能力，培养人的审美意识。

2. 强烈的律动性

健美操把基本体操、现代舞蹈和有节奏感的音乐巧妙融于一体，是具有鲜明特色和强烈时代感的新型体育项目。其动作素材多为富有时代感的现代舞蹈、时尚体操、特色民族舞，其音乐多取材于爵士、摇滚等风格的现代音乐。激昂振奋的旋律，鲜明强劲的节奏，使健美操体现出一种强烈的律动性，充满着青春活力，深受青年人的喜爱。

3. 高度的艺术性

健美操作为一项追求"健"与"美"的运动项目，属于健美体育的范畴，强调艺术性。与同样具有艺术性的体育项目相比较，健美操比起健美运动更具有活力和弹性，比艺术体操更强调健美和力度，比基本体操更讲究多变与活力。

4. 广泛的适用性

健美操的动作各式各样、节奏有快有慢、动作时长不一、动作难易不等，运动负荷和运动强度的大小可任意调节，适合于不同行业、不同年龄、不同性别、不同体质的人进行锻炼，各类人群都能从健美操的练习中找到适合自己的方式并得到乐趣。

二、健美操的基本手型和基本步伐

（一）基本手型

在健美操中手型的变化可以使手臂的动作更加丰富多彩，使健美操动作的表现更具美感和展现力，并且有助于加强动作的力量和速度。健美操的手型多种多样，它是根据健美操自身的发展，从芭蕾舞、爵士舞、体育舞蹈、西班牙舞等多种舞蹈艺术手型中吸收完善得来的。常见的健美操手型有以下 4 个类别。

1. 并掌

大拇指指关节弯曲内扣，其余四指并拢伸直，手腕伸直，使手臂成为一条直线，如图 8-2-1 所示。

2. 开掌

在保持并掌的基础上，五指用力张开并伸直，如图 8-2-2 所示。

3. 花掌

手掌用力上屈，五指展开，如图 8-2-3 所示。

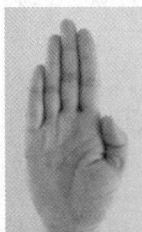 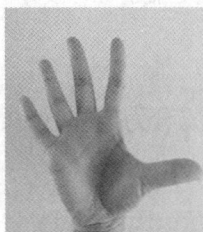 

图 8-2-1 并掌　　　　图 8-2-2 开掌　　　　图 8-2-3 花掌

4. 拳

四指卷握，如图 8-2-4 所示。

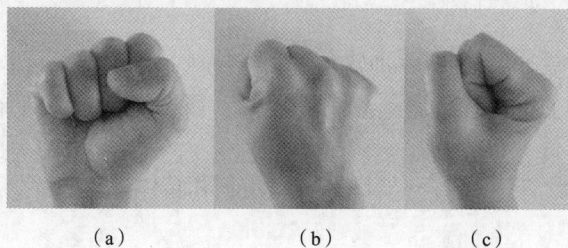

（a）　　　　　（b）　　　　　（c）

图 8-2-4　拳

（二）基本步伐

1. 交替类

（1）踏步

两腿原地依次抬起，依次落地，如图 8-2-5 所示。下落时，踝关节、膝关节、髋关节依次有弹性地缓冲。

踏步又可分为踏步转体、踏步前进、踏步后退。

（2）"一"字步

一脚向前一步，另一脚并于前脚，再依次后退还原，如图 8-2-6 所示。向前迈步时，脚跟先着地，过渡到全脚掌；前后均要有并腿的过程；每一拍动作膝关节始终要有弹性地缓冲。

"一"字步可分为向前"一"字步和向后"一"字步。

图 8-2-5　踏步

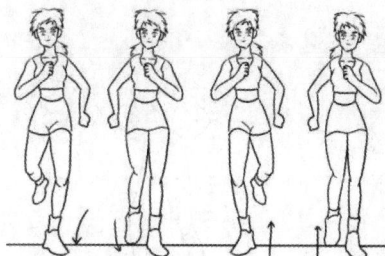

图 8-2-6　"一"字步

（3）漫步

一脚向前迈出，屈膝，重心随之前移，另一脚稍抬起，接着原地落下；后撤一步，重心后移，另一脚稍抬起，接着原地落下，如图 8-2-7 所示。两脚始终保持交替落地，身体重心随动作前后移动，但始终在两脚之间。

图 8-2-7　漫步

（4）"V"字步

一脚向前侧方 45 度迈一步，另一脚随之向另一前侧方 45 度迈一步，成两脚开立，屈膝，然后依次退回原位，如图 8-2-8 所示。两腿膝关节、踝关节始终保持弹动状态，两脚分开后半蹲，重心在两腿之间。

"V"字步可分为倒"V"字步（即"A"字步）和转体"V"字步。

图 8-2-8 "V"字步

2. 迈步类

（1）并步

一脚迈出，另一脚随之并拢，同时屈膝点地；再向反方向迈步，如图 8-2-9 所示。两膝保持弹动状态，动作幅度和力度依动作的风格而定。

并步分为左右并步、前后并步、连续并两步、转体并步。

图 8-2-9 并步

（2）交叉步

一脚向侧迈一步，另一脚在其后交叉，随之再向侧迈一步，另一脚并拢，屈膝点地，如图 8-2-10 所示。第一步脚跟先落地，身体重心快速随着脚步转移。

交叉步分为左右交叉步、转体交叉步。

3. 点地类

（1）前点地

一脚原地不动，另一脚向正前方用脚跟或脚尖点地，如图 8-2-11 所示。身体重心在运动过程中不要随意移动，注意保持双腿膝关节、踝关节的弹动状态。

（2）侧点地

一脚原地不动，另一脚向侧方向用脚尖内侧点地，如图 8-2-12 所示。身体重心在运动过程中不要随意移动，注意保持双腿膝关节、踝关节的弹动状态。

图 8-2-10 交叉步

图 8-2-11 前点地

图 8-2-12 侧点地

4. 吸腿类

一腿屈膝抬起，落下还原；另一腿作为支撑腿不动，如图 8-2-13 所示。身体重心在主力腿。

吸腿分为原地前吸腿、原地侧吸腿。

5. 双腿类

（1）开合跳

由并腿跳起，分腿落地；再由分腿跳起，并腿落地，如图 8-2-14 所示。分腿屈膝下蹲时，两脚自然向外展开，膝关节沿脚尖方向弯曲，夹角不得小于 90 度，膝关节有弹性地缓冲，脚跟先落地。

图 8-2-13 原地吸腿

图 8-2-14 开合跳

（2）弓步跳

并腿向上跳起，前后呈分腿姿势落地，接着再向上跳起，并脚落地，如图 8-2-15 所示。落地时，膝关节有弹性地缓冲，分腿落地时双脚的脚尖都朝前方，并且基本在一条直线上。

弓步跳分为左右弓步跳、前后弓步跳、侧弓步跳。

图8-2-15　弓步跳

三、健美操的基础套路

（一）组合1

组合1共有8个8拍，其中第5～8个8拍的动作和第1～4个8拍的动作相同，但是方向相反，其中包含的基本步伐有"十"字步、漫步等。

1. 第1个8拍

组合1的第1个8拍的动作如图8-2-16所示。

1　　　　　2　　　　　3　　　　　4　　　　5～6　　　7～8

图8-2-16　组合1的第1个8拍的动作

（1）1～4拍

下肢步伐：右脚"十"字步。

上肢动作：1拍右臂侧举，2拍左臂侧举，3拍双臂上举，4拍双臂下举。

（2）5～6拍

下肢步伐：向后走4步。

上肢动作：屈臂自然摆动。

7～8拍的动作同5～6拍的动作。

2. 第2个8拍

组合1的第2个8拍的动作同第一个8拍。

（1）1～4拍

下肢动作：右脚"十"字步。

上肢动作：1拍右臂侧举，2拍左臂侧举，3拍双臂上举，4拍双臂下举。

（2）5～6拍

下肢动作：向前走4步。

上肢动作：屈臂自然摆动。

（3）7～8拍

动作同5～6拍。

3. 第3个8拍

组合1的第3个8拍的动作如图8-2-17所示。

1～2　　3　　4～5　　6　　7～8

图8-2-17　组合1的第3个8拍的动作

（1）1～6拍

下肢步伐：6拍漫步。

上肢动作：1～2拍右手前举，3拍双手叉腰，4～5拍左手前举，6拍双手握拳在胸前交叉。

（2）7～8拍

下肢步伐：1/2后漫步。

上肢动作：双臂侧后下举。

4. 第4个8拍

组合1的第4个8拍的动作如图8-2-18所示。

1　　～　　2　　3　　～　　4　　5～6　　7～8

图8-2-18　组合1的第4个8拍的动作

（1）1～2拍

下肢步伐：右脚向右并步跳。

上肢动作：屈左臂自然摆动。

（2）3～8拍

下肢步伐：左脚向右前方做6拍前侧后漫步。

上肢动作：3～4拍前平举弹动2次，5～6拍侧平举，7～8拍后斜下举。

（二）组合2

组合2共有8个8拍，第5～8个8拍的动作和第1～4个8拍的动作相同，方向相反。其中包含的基本步伐有滑步、漫步、上步吸腿、侧点地。

1. 第1个8拍

组合2的第1个8拍的动作如图8-2-19所示。

1~2　　3~4　　5　　6　　7　　8

图8-2-19　组合2的第1个8拍的动作

（1）1~2拍

下肢步伐：右脚向右侧滑步。

上肢动作：右臂侧上举，左臂侧平举。

（2）3~4拍

下肢步伐：1/2后漫步。

上肢动作：双臂屈臂后摆

（3）5~8拍

下肢步伐：左脚开始向左前方做侧并步2次。

上肢动作：5~6拍击掌3次，7~8拍双手叉腰。

2. 第2个8拍

组合2的第2个8拍的动作如图8-2-20所示。

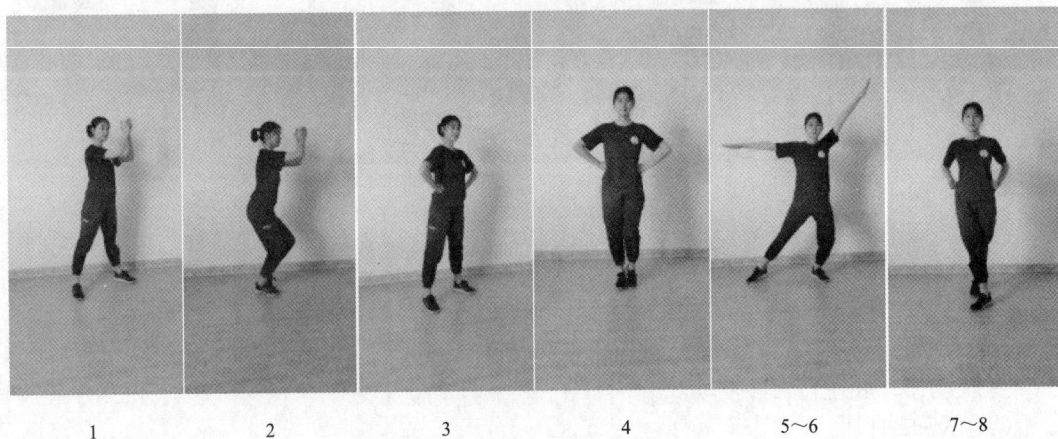

1　　2　　3　　4　　5~6　　7~8

图8-2-20　组合2的第2个8拍的动作

（1）1~4拍

下肢步伐：左脚向左后方做侧并步2次。

上肢动作：1~2拍击掌3次，3~4拍双手叉腰。

（2）5~6拍

下肢步伐：左脚向左侧滑步。

上肢动作：左臂侧上举，右臂侧平举。

（3）7～8拍

下肢步伐：1/2后漫步。

上肢动作：双臂屈臂后摆。

3. 第3个8拍

组合2的第3个8拍的动作如图8-2-21所示。

图8-2-21　组合2的第3个8拍的动作

（1）1～4拍

下肢步伐：右转90度，上步吸腿2次。

上肢动作：双臂向前冲拳、向后下冲拳2次。

（2）5～8拍

下肢步伐："V"字步左转90度。

上肢动作：双臂平举由右向左水平摆动。

4. 第4个8拍

组合2的第4个8拍的动作如图8-2-22所示。

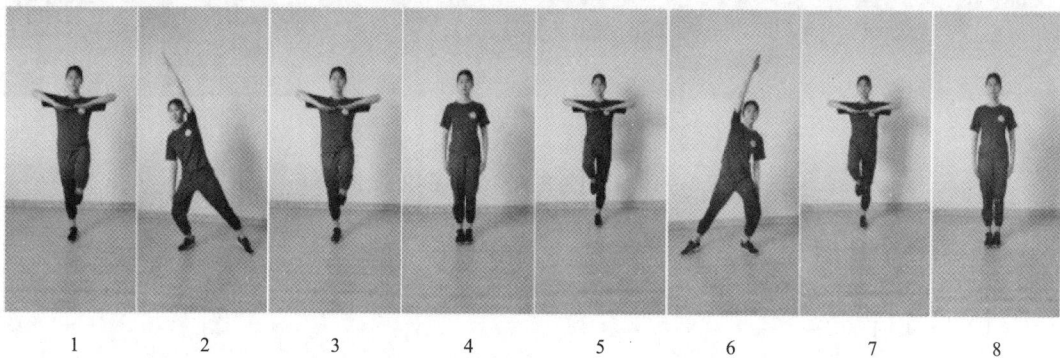

图8-2-22　组合2的第4个8拍的动作

（1）1～4拍

下肢步伐：左腿吸腿（侧点地）2次。

上肢动作：1拍双臂在胸前平屈，2拍左臂上举，3拍动作同1拍，4拍还原。

（2）5～8拍

下肢步伐：右腿吸腿（侧点地）2次。

上肢动作：5拍双臂在胸前平屈，6拍右臂上举，7拍动作同5拍，8拍还原。

（三）组合3

组合3共有8个8拍，第5～8个8拍的动作和第1～4个8拍的动作相同，方向相反。其中包含的基本步伐有并步跳、交叉步、"一"字步。

1. 第1个8拍

组合3的第1个8拍的动作如图8-2-23所示。

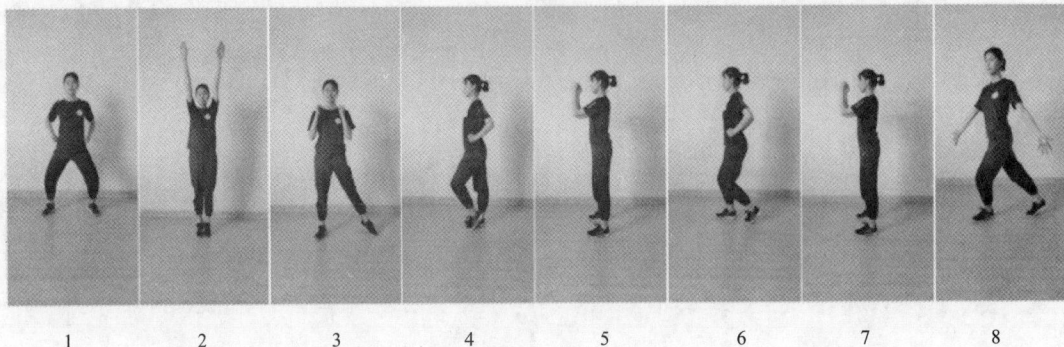

图8-2-23　组合3的第1个8拍的动作

2. 第2个8拍

组合3的第2个8拍的动作如图8-2-24所示。

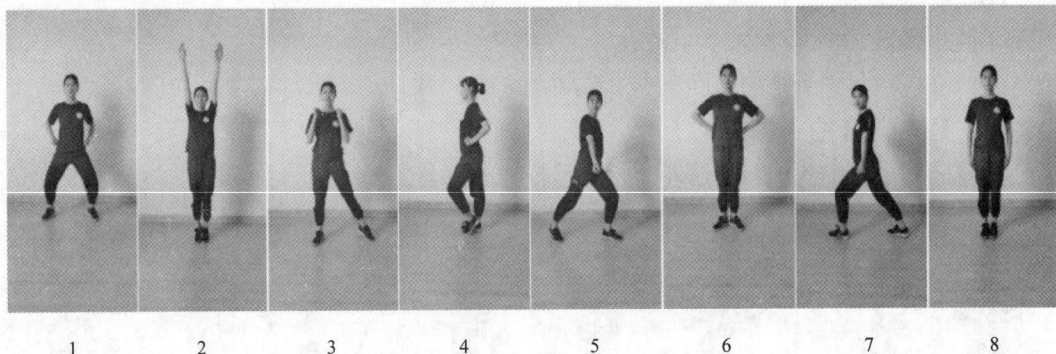

图8-2-24　组合3的第2个8拍的动作

3. 第3个8拍

组合3的第3个8拍的动作如图8-2-25所示。

（1）1～4拍

下肢步伐：左脚向前"一"字步。

上肢动作：1拍双臂肩侧屈，2拍双臂下举，3～4拍双臂胸前屈。

（2）5～8拍

下肢步伐：依次分并腿。

上肢动作：5～6拍双臂上举掌心朝前，7～8拍双手放于膝关节上。

4. 第4个8拍

组合3的第4个8拍的动作如图8-2-26所示。

图 8-2-25　组合 3 的第 3 个 8 拍的动作

图 8-2-26　组合 3 的第 4 个 8 拍的动作

（1）1～4 拍

下肢步伐：向后"一"字步。

上肢动作：1～2 拍手侧下举，3～4 拍手在胸前交叉。

（2）5～8 拍

下肢步伐：依次分腿、并腿 2 次。

上肢动作：双臂经胸前交叉，1 次侧上举，1 次侧下举。

（四）组合 4

组合 4 共有 8 个 8 拍，第 5～8 个 8 拍的动作和第 1～4 个 8 拍的动作相同，方向相反。其中包含的基本步伐有小马跳、后踢腿跑、开合跳、上步后屈腿、侧点地。

1. 第 1 个 8 拍

组合 4 的第 1 个 8 拍的动作如图 8-2-27 所示。

（1）1～4 拍

下肢步伐：右脚开始做小马跳 4 次。

上肢动作：单臂体侧向内绕环。

（2）5～8 拍

动作同 1～4 拍。

2. 第 2 个 8 拍

组合 4 的第 2 个 8 拍的动作如图 8-2-28 所示。

169

1   2   3〜4

图 8-2-27　组合 4 的第 1 个 8 拍的动作

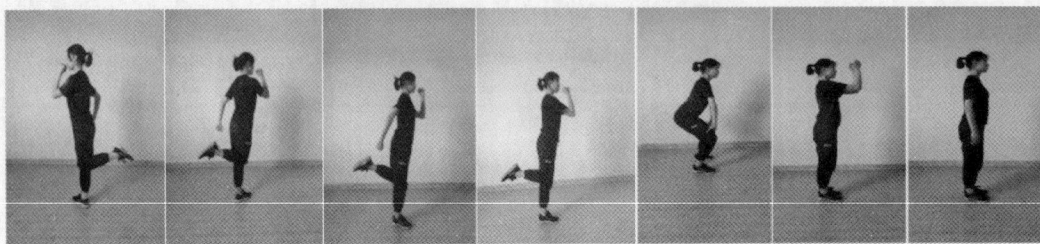

1   2   3   4   5〜6   7   8

图 8-2-28　组合 4 的第 2 个 8 拍的动作

（1）1〜4 拍

下肢步伐：从右后方转 270 度，做 4 次后踢腿跑。

上肢动作：屈臂自然摆动。

（2）5〜8 拍

下肢步伐：开合跳 1 次。

上肢动作：5〜6 拍双手放在腿上，7 拍击掌，8 拍将双手放于体侧。

3. 第 3 个 8 拍

组合 4 的第 3 个 8 拍的动作如图 8-2-29 所示。

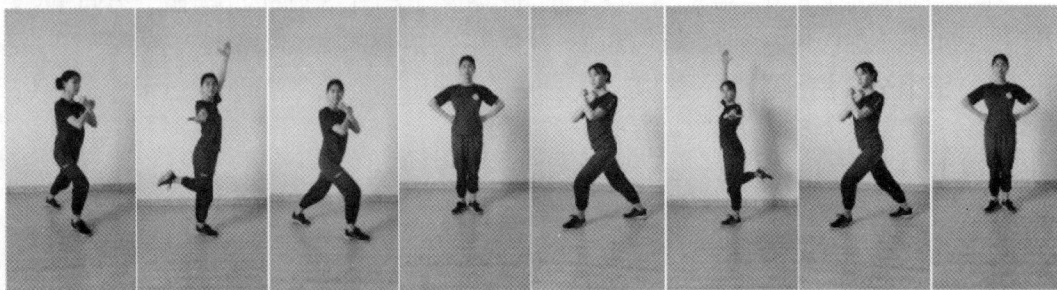

1   2   3   4   5   6   7   8

图 8-2-29　组合 4 的第 3 个 8 拍的动作

4. 第4个8拍

组合4的第4个8拍的动作如图8-2-30所示。

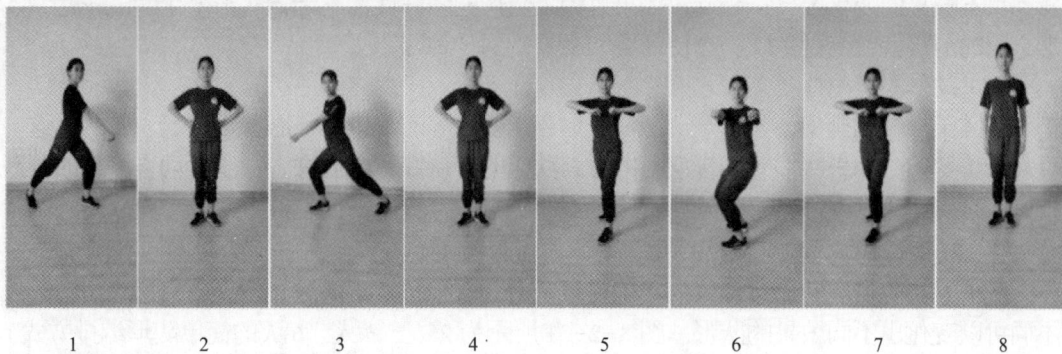

図8-2-30　组合4的第4个8拍的动作

四、健美操的成套编排

（一）造型编排

1. 造型编排的外在美

造型编排的外在美首先应表现队员的特点和精神风貌。每个参加表演或比赛的队伍都有自己独特的风格，在造型上体现出本队不同于其他队伍，会给人眼前一亮的感觉。造型编排的外在美最重要的一点就是创新元素。造型的编排要体现时代的特点，可以大胆利用各种体育、文艺、绘画、音乐中富有时代气息的元素，避免造型元素陈旧、落伍。

2. 造型编排的内涵美

近几年健美操尤其是表演健身操的创编提倡表现一定的主题，从而赋予健美操更丰富的艺术内涵。随着人们对健美操造型的不断创新，现在的造型编排不仅要给人以美的外观感受，还要呈现其内涵、意义，表现主题，表达每支队伍不同的理念，以营造特别的意境，给人带来美的联想。例如，以红色娘子军为主题的女子单人操设计一个背向公众"投弹"的开始造型，既有利于展示运动员舒展的上肢，表现腿部与背部肌肉的力度，又有助于点明主题。

（二）队形编排

171

1. 队形编排的原则

（1）构图的清晰性

队形编排得清晰不仅能增加观赏性，也能让动作完成得更加流畅，如果队形编排得混乱难辨，就难以产生美感

（2）丰富的新颖性

在健美操的队形编排中，一味地使用常见队形会令观众感到枯燥无味。队形的编排既可以是对称的，又可以是相互呼应的。虽然基本队形的变化是有限的，但是通过基本队形组成不同的组合，其变化却是丰富多彩的。

（3）鲜明的对比性

一套完整的健美操一般会有至少10次队形变化。在队形编排过程中，应该尽量注意避免形似队形的变化，尤其是两个相邻队形，如果一个队形变化为形似队形，观众和评委都无法判断该队形变化所要表达的含义。

（4）变化的流畅性

在整套健美操中，变化的队形与队形之间过渡若流畅自然、转化巧妙，会呈现出丰富多彩、目不暇接的变化效果；相反，如果只为了队形的多样性而不考虑队形变化的流畅性，队形之间的衔接就会变得生硬，会使评委和观众受到"惊吓"。

（5）动作的突出性

在健美操的编排中，无论是造型、队形还是音乐等的编排都是服务于整套动作的，这一点是最重要的。如果队形的编排没有考虑到动作的协调性、美观性，则整套动作编排的美观性会大打折扣。

2. 队形编排方式

队形是指队员之间通过位置的变化后呈现出具有视觉变化的效果状态，根据队员数量的不同可以变化出不同效果的队形。图 8-2-31 所示为 2 人、3 人、6 人的简单队形编排方式。

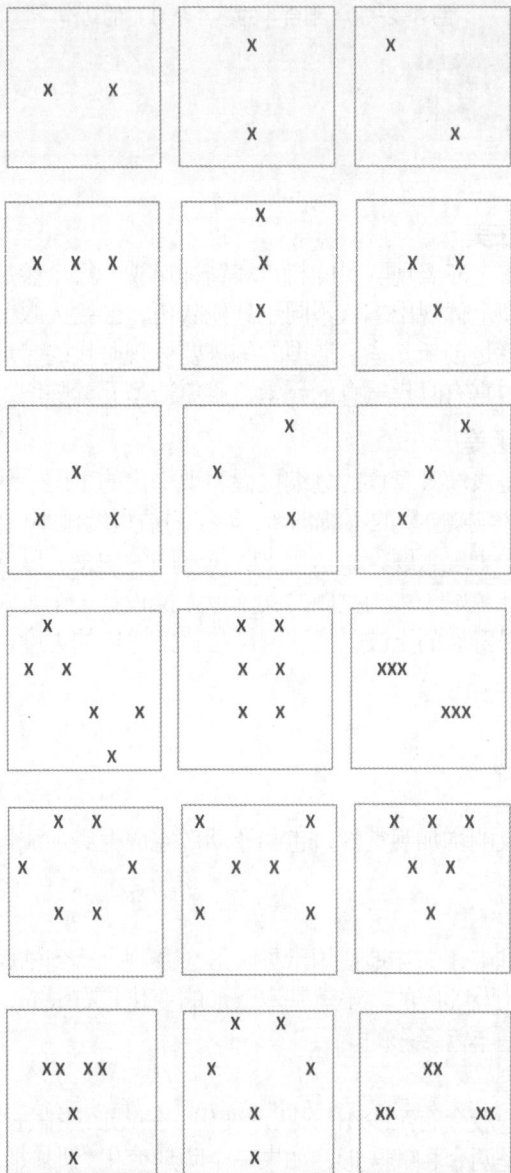

图 8-2-31　队形编排方式

（三）层次编排

在一套完整的健美操中，如果音乐从开始到结束都没有层次的变化，那么这套健美操就很难吸引评委及观众。同样的动作，经过左右或者前后相反的层次变化后，会使动作的表现更具有编排美感。尤其是不同的代表队通过层次变化突出不同的动作，可以展现出不同队伍各自的优势、亮点等。

（1）先后层次

先后层次是指在同样4×8拍的动作中，部分队员从1、2、3、4拍起完成全部动作，而另一部分队员从5、6、7、8拍或第2个8拍开始完成全部动作。

先后层次在编排中起到引入的作用，尤其针对同样的音乐重复两遍动作的情况：前一遍音乐的音量小、音线柔和，由小部分队员引入动作；后一遍音乐的音量大、气势恢宏，适合全场一起舞动。

（2）相反层次

相反层次是指在同样4×8拍的音乐节奏中，部分队员按照1、2、3、4拍的动作顺序完成4个8拍的全部动作，而另一部分队员则是按照4、3、2、1拍的动作顺序完成全部动作。

相反层次在动作层次对比中最为明显，其作用也最大。通过相反层次可以表达很多方面的情感和内容，如两群伙伴的嬉闹、两支舞队的斗舞等。由相反层次可以延伸出几种对比方式，如1、2、3、4和3、4、1、2，1、2、3、4和4、2、3、1等，都同属于相反层次对比。

（3）延续层次

延续层次是指在部分队员完成2×8拍的动作后，另一部分队员完成剩下的2×8拍的动作。延续层次与先后层次相似，但是不尽相同。作为一种特殊的层次变化，延续层次常会模仿自然景象，如模仿大海的波浪、清风的吹拂等。通过不同的排面滚动相同或不同的动作，起到了加深印象、递进情绪和感情的作用，因此，编排者可以通过动作的形式和难易程度选择是1、1、1、1的方式进行滚动延续，还是1、2、3、4的方式进行递进延续。

第九章

武道运动

本章导学

武术和跆拳道是人类宝贵的文化遗产，其具有强身健体、防身自卫、磨炼意志等作用，坚持练习对大学生的成长可产生积极影响。本章主要介绍武术的形成与发展、基本技术、初级套路及训练方法；跆拳道的技术特点、基本技术、基础品势与训练方法竞赛规则等。

第一节　武术

一、认识武术

（一）武术概述

武术是以技击动作为主要内容，以套路和散打为运动形式，注重内外兼修的传统体育项目。武术拥有悠久的历史，远在原始社会氏族公社时期，"戏"（角抵戏）与"舞"（干戚舞）等运动形式就已初步形成，并成了增强体质、提高斗志，操练军事技能的手段之一。这也是我国武术的雏形。

新中国成立后，武术在政府的支持倡导下得到了蓬勃发展，逐渐走进大、中、小学校，成了学校体育的重要组成部分。

（二）武术的内容与分类

武术按其运动形式可分为武术套路和武术散打两大部分。

1. 武术套路

（1）徒手

徒手主要指拳术，包括查拳、华拳等类型的长拳，以及太极拳、南拳、形意拳、八卦掌、八极拳、通臂拳、翻子拳、劈挂拳、少林拳、戳脚拳、地躺拳、象形拳等。下面简单介绍长拳、南拳、太极拳。

① 长拳：由拳、掌、勾3种手型和弓、马、仆、虚、歇5种步型为主要动作组成，长拳的姿势舒展，动作灵活，快速有力，节奏鲜明，并有窜蹦跳跃、闪展腾挪、起伏转折或跌扑

滚翻等动作的拳术。

② 南拳：拳势刚烈、步法稳固、动作紧凑、身居中央、八面进退、常鼓劲而肌肉隆起，以发声吐气而助长发力。

③ 太极拳：是一种柔和、缓慢、轻灵的拳术。动作圆活，处处带有弧形，动作绵绵不断、前后贯穿。各式太极拳还有大架、小架、开合、刚柔相济等不同的特点。

（2）器械

① 短器械：刀、剑。

② 长器械：棍、枪。

③ 单器械：大刀、朴刀、长穗剑、猴棍等类。

④ 双器械：双刀、双剑、双钩、双头双枪、双鞭、刀加鞭、双匕首、峨眉刺等。

⑤ 软器械：九节鞭、三节棍、梢子棍、流星锤、绳镖等。

2. 武术散打

武术散打指在一定的条件下，遵照一定的规则，两人进行斗智较技的对抗运动。

（三）武术的礼仪

武术的礼仪是习武者应共同遵守的最基本的道德行为规范，是习武之人文明礼貌的一种体现。国际武术联合会规定的武术礼仪是我国传统的一种武术礼仪，本着当代武术为和平与友谊服务的宗旨，寓意天下武林是一家。武术的礼仪主要有抱拳礼、鞠躬礼、持械礼，下面主要介绍抱拳礼。

1. 抱拳礼行礼的方法

并步站立，右手成拳，左手四指并拢伸直成掌，大拇指屈拢，左掌心掩贴右拳面，置于胸前屈臂成圆，肘尖略下垂，拳掌与胸相距 20～30 厘米。头正、身直、目视受礼者，举止大方。

2. 抱拳礼的内涵

左掌表示德、智、体、美"四育"齐备，屈大拇指表示不自大；右拳表示勇武、顽强，左掌掩右拳，表示"勇不滋事""武不犯禁"；左掌右拳拢屈，两臂环抱成圆，表示五湖四海，寓意天下武林是一家，以武会友；左掌为文，右拳为武，表示文武兼备。抱拳礼在武术竞赛、表演、训练等活动中使用较为频繁。

（四）武术的特点与作用

1. 武术的特点

武术既有相击形式的搏斗运动，又有舞练形式的套路运动。在武术套路的动作和练法中，一般具有攻防含义和技击内容，如踢、打、摔、拿、劈、刺、撩、挂等动作，这既是组成武术套路运动的主要内容，又具有不同的使用特点和技击方法，各类型武术的风格和特点也不尽相同。

武术的内容丰富多彩，不同拳种、器械，其动作结构、技术要求、运动风格和套路会有不同的特点，使不同年龄、性别、体质、职业和爱好的人根据自己的实际情况加以选择。同时，武术不受时间、季节的限制，场地、器械也可以因陋就简，这为开展群众性体育活动创造了有利条件。

2. 武术的作用

（1）增强体质

武术包含屈伸、回环、平衡、跳跃、翻腾、跌扑等动作，使人体各个部位几乎都能参加运动，这对各个肌肉群的协调关系要求很高，因此系统地进行武术锻炼，可以大大改善各中枢神经间的协调关系。尤其太极拳因注重意识引导动作，可改善神经过程的均衡性，所以对一些慢性疾病有良好的疗效。实验证明，从事武术锻炼可以使心血管系统的机能得到改善，有效地提高人体的有氧代谢和无氧代谢能力，发展呼吸系统的机能，提高肺活量，对提高人体的灵敏性、力量和柔韧性等身体素质均有良好影响。

（2）自卫防身

武术的套路运动和格斗运动，都是以技击动作作为中心内容的。人们通过武术锻炼，不仅能够达到增强体质的作用，而且能够掌握攻防格斗的技术，用以自卫防身。

（3）修身养性

武术一向重礼仪，讲究道德，"未曾学艺先学礼，未曾习武先习德""缺德者不可与之学，丧理者不可教之"，武德被列为习武与教武的先决条件，这是我国武术的传统。习武者要把掌握攻防技击技术和做人的道德结合起来，以更好地陶冶情操、修身养性。

二、武术的基本技术与训练

（一）手型

1. 拳
四指并拢弯曲紧握，大拇指弯曲紧扣食指和中指的第二指节，如图 9-1-1 所示。
技术要点：拳要握紧、拳面要平、手腕要直。

2. 掌
四指并拢，大拇指弯曲扣于虎口处，如图 9-1-2 所示。
技术要点：掌面要平。

3. 勾
五指第一指节捏紧合拢，屈腕，如图 9-1-3 所示。
技术要点：屈腕。

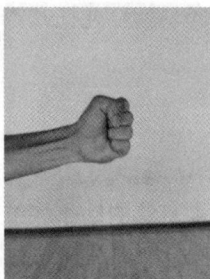
图 9-1-1 拳

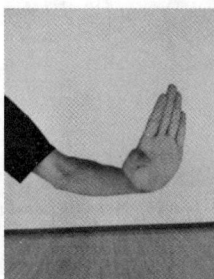
图 9-1-2 掌

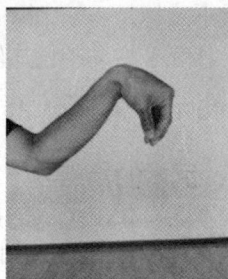
图 9-1-3 勾

（二）手法

1. 冲拳
冲拳分平拳与立拳两种。平拳的拳心向下，立拳的拳眼向上。
预备姿势：两脚左右开立，与肩同宽，两拳抱于腰间，肘尖向后、拳心向上，如图 9-1-4（a）所示。
动作要领：挺胸、收腹、直腰，右拳从腰间向前猛力冲出，转腰、顺肩，在肘关节过腰后，右前臂内旋。力达拳面，臂要伸直，与肩同高，同时左肘向后牵拉，如图 9-1-4（b）所示。

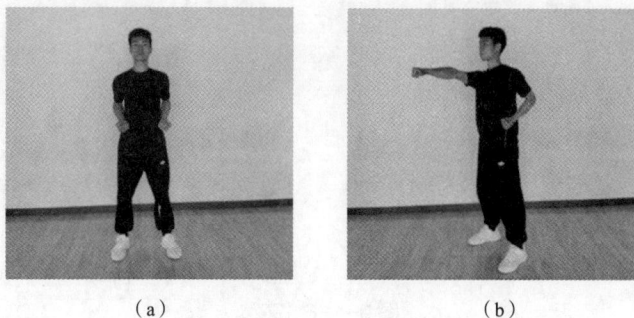

（a）　　　　　　　　　（b）

图 9-1-4　冲拳

技术要点：出拳要快速、有力，有寸劲（即爆发力），做好转腰、顺肩、急旋前臂的动作。

2. 架拳

预备姿势：与冲拳的预备姿势相同。

动作要领：右拳向下、向左、向上经头前向右上方划弧架起，拳眼向下，眼看左方。练习时，左右手可交替进行。

技术要点：松肩，肘微屈，前臂内旋。

3. 推掌

预备姿势：如图 9-1-5（a）所示。

动作要领：右拳变掌，前臂内旋，并以掌根为力点向前猛力推击。推击时要转腰、顺肩，臂要伸直，与肩同高，同时左肘向后牵拉，如图 9-1-5（b）所示。练习时，左右手可交替进行。

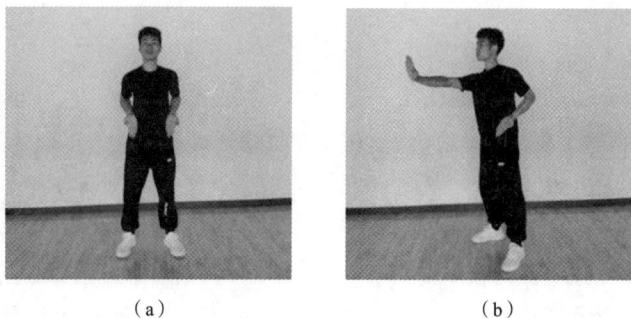

（a）　　　　　　　　　（b）

图 9-1-5　推掌

技术要点：挺胸、收腹、直腰。出掌要快速、有力，有寸劲；同时还要做好转腰、顺肩、沉腕、翘掌等动作。

4. 亮掌

预备姿势：与推掌的预备姿势相同，如图 9-1-6（a）所示。

动作要领：右拳变掌，经体侧向右、向上划弧，至头部右前上方时，抖腕亮掌，臂成弧形。掌心向前，虎口朝下，眼睛随右手动作转动，亮掌时要注视左方，如图 9-1-6（b）所示。练习时，左右手交替进行。

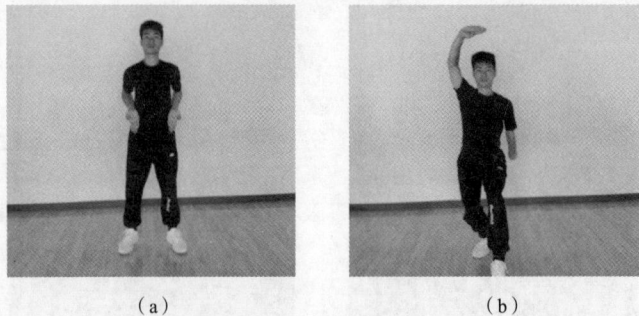

（a） （b）

图9-1-6 亮掌

技术要点：抖腕、亮掌与转头要同时完成。

（三）步型

1. 弓步

以左弓步为例，左脚向前一大步（约为本人脚长的4~5倍），脚尖微向内扣，左腿屈膝半蹲（大腿几乎与地面平行），左腿小腿与地面垂直。右腿挺膝伸直，脚尖向外（斜向前方），两脚全脚掌着地。上体正对前方，眼向前平视，两手抱拳于腰间。弓右腿为右弓步，弓左腿为左弓步，左弓步如图9-1-7所示。

技术要领：前腿弓，后腿绷；挺胸、塌腰、沉髋；前脚同后脚成一条直线。

2. 马步

两脚平行开立（约为本人脚长的3倍），脚尖正对前方；屈膝半蹲，膝关节不超过脚尖，大腿几乎与地面平行，两脚全脚掌着地；身体重心落于两腿之间，两手抱拳于腰间，如图9-1-8所示。

技术要点：挺胸、塌腰、脚跟外蹬。

图9-1-7 左弓步

图9-1-8 马步

3. 虚步

以左虚步为例，两脚前后开立，右脚外展45度，屈膝半蹲；左脚脚跟离地，脚面绷平，脚尖稍内扣，虚点地面，膝关节微屈，重心落于后腿上；两手叉腰，眼睛平视前方。左脚在前为左虚步，右脚在前为右虚步，左虚步如图9-1-9所示。

技术要点：挺胸、塌腰、虚实分明。

4. 仆步

以左仆步为例，两脚左右开立，右腿屈膝全蹲，大腿和小腿靠紧，臀部接近小腿，右脚全脚掌着地，脚尖和膝关节外展；左腿挺直平仆，脚尖向内扣，全脚掌着地；眼睛向左方平视。仆左腿为左仆步，仆右腿为右仆步，左仆步如图9-1-10所示。

技术要点：挺胸、塌腰、沉髋。

图9-1-9　左虚步　　　　　　　　图9-1-10　左仆步

5. 歇步

以右歇步为例，两腿交叉靠拢全蹲，右脚全脚掌着地，脚尖外展，左脚前脚掌着地；膝关节贴近左腿外侧，臀部坐于左腿接近脚跟处；两手抱拳于腰间，眼睛向左前方平视。左脚在前为左歇步，右脚在前为右歇步，右歇步如图9-1-11所示。

图9-1-11　右歇步

技术要点：挺胸、塌腰、两腿靠拢并贴紧。

（四）跳跃

1. 腾空飞脚

预备姿势：并步站立。

动作要领：右脚上步，右腿向前、向上摆踢，左脚蹬地跃起，身体腾空，两臂由下向前、向头上摆起，右手背迎击左手掌。在空中，右腿向前上方弹踢，脚面绷直，右手迎击右脚面；同时左腿屈膝，左脚收控于右腿侧，脚面绷直，脚尖向下。左手摆至左侧方变勾手，勾尖向下略与肩同高。上体微向前倾，两眼平视前方，如图9-1-12所示。

（a）　　　　　　　（b）　　　　　　　（c）

图9-1-12　腾空飞脚

技术要点如下。

（1）右腿在空中踢摆时，脚高必须过腰，左脚在右手击右脚面的一瞬间，屈膝收控于右腿侧。

（2）在腾空的最高点完成拍击动作。拍击动作必须连续、准确、声音响亮。

（3）在空中，上体正直、微向前倾，不要坐臀。

2. 旋风脚

预备姿势：开步站立。

动作要领：左脚向左上步，同时左手向后、向上摆起，右臂伸直向前、向下摆动。右腿随即上步，脚尖内扣，准备蹬地踏跳。右臂向下摆动并屈肘收至右胸前，同时左臂向上、向前抢摆，上体向左旋转前俯。重心右移，右腿屈膝蹬地跳起，左腿提起向左上方摆动，上体向左上方翻转，同时两臂向下、向左上方抢摆。身体旋转一周，右腿做里合腿，左手在面前迎击右脚掌，左腿自然下垂，如图9-1-13所示。

（a）　　　　（b）　　　　（c）　　　　（d）

图9-1-13　旋风脚

技术要点如下。

（1）右腿做里合腿时，要贴近身体；摆动时，膝挺直，由外向里呈扇形。

（2）拍击点要靠近面前。左腿外摆要舒展，并在击响的一刹那离地腾空。初学时，左腿可自然下垂。当能够较熟练地完成腾空动作时，左腿逐步高摆，屈膝或直腿收控于身体左侧。

（3）抢臂、踏跳、转体、做里合腿等环节动作要协调一致。身体的旋转不小于270度。

3. 腾空摆莲

预备姿势：并步站立。

动作要领：左脚向前前进半步，右脚随之向前前进一大步，脚尖外展，屈膝略蹲。在上右步的同时，右掌弧形回收至腰间，左臂由后经上摆至头前上方。右腿蹬伸上跳，左脚屈膝提起收控于身前，身体腾空。右臂在上举的同时，经左臂内侧向上弧形斜上举，左臂顺势摆向身后，两眼随右掌转视左侧，头部左转，右肩前顺。右脚落地，左脚随之在身前落步，右脚再前进一步，脚尖外展；身体右转，同时右臂顺势下落，左臂前摆右脚蹬地跳起，同时左腿向右上方里合踢摆，两手于头上击响，上体向右旋转，身体腾空。右腿外摆，两手先左后右地拍击右脚面，左腿屈膝收控于右腿侧。上体微前倾，两眼随视两手。在空中拍击的动作如图9-1-14所示。

技术要点如下。

（1）上步要呈弧形。右脚踏跳时，注意脚尖外展、屈膝微蹲。

（2）上跳时，左腿注意里合扣踢。

（3）右腿外摆要呈扇形，上体微前倾，要靠近面前击掌。两手先左后右拍击右脚面。拍击动作要准确、声音响亮。

（4）在击响的一刹那，左腿屈膝收控于右腿内侧，或伸膝外展置于身体左侧。

（5）在完成动作过程中，要注意起跳、转腰、转体、里合左腿与外摆右腿等动作要协调。

(a)　　　(b)　　　(c)　　　(d)

(e)　　　(f)　　　(g)　　　(h)

图 9-1-14　腾空摆莲

三、武术的初级套路与训练

（一）初级长拳第三路简介

初级长拳第三路是将流行的查拳、华拳、炮拳、洪拳、弹腿、少林等拳种，根据各自的风格、特点，综合整理创编的长拳套路之一。本套动作简单易学、易于掌握，充分体现了长拳快速有力、灵活多变、蹿蹦跳跃、节奏鲜明、气势磅礴的特点。

练习长拳时要求做到：手要快捷，眼要明锐，身要灵活，步要稳固，精力要充沛，气要下沉，力要顺达，功要纯青。

（二）初级长拳第三路的全套动作

1. 预备动作

（1）预备姿势

两脚并步站立，两臂垂于身体两侧，五指并拢置于大腿外侧，眼睛平视前方，如图 9-1-15 所示。

（2）虚步亮掌

① 右脚向右后方撤步呈左弓步。右掌向右、向上、向前划弧，掌心向上；左臂屈肘，左掌提至腰侧，掌心向上，目视右掌。

② 右腿微屈，重心后移。左掌经胸前从右臂上向前穿出伸直；右臂屈肘，右掌收至腰侧，掌心向上。

③ 重心继续后移，左脚稍向右移，脚尖点地，成左虚步。左臂内旋向左、向后划弧成勾手，勾尖向上；右手继续向后、向右、向前上划弧，屈肘抖腕，在头前上方成亮掌（即横掌），掌心向前，掌指向左，目视左方。

虚步亮掌的动作分解如图 9-1-16 所示。

图 9-1-15　预备姿势

181

（a）　　　　　　　　　（b）　　　　　　　　　（c）

图 9-1-16　虚步亮掌

（3）并步对拳

① 右腿蹬直，左腿提膝，脚尖向内扣，上肢姿势保持不变。左腿向前落步，重心前移。左臂屈肘，左勾手变掌经左肋前伸；右臂外旋向前下落于左掌右侧，两掌同高，掌心均向上。

② 右脚向前上一步，两臂下垂后摆。左脚向右脚并步，两臂向外、向上经胸前屈肘下按，两掌变拳，拳心向下，停于小腹前，目视左侧。

并步对掌的动作分解如图 9-1-17 所示。

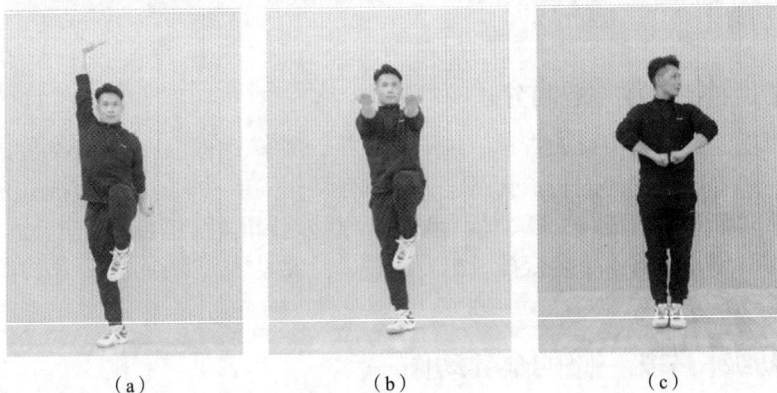

（a）　　　　　　　　　（b）　　　　　　　　　（c）

图 9-1-17　并步对拳

2. 第一段

（1）弓步冲拳

① 左脚向左一步，脚尖向左前方；右腿微屈，成半马步。左臂向上、向左格挡，拳眼向后，拳与肩同高；右拳收至腰侧，拳心向上；目视左拳。

② 右腿蹬直成左弓步，左拳收至腰侧，拳心向上；右拳向前冲出，拳与肩同高，拳眼向上；目视右拳。

弓步冲拳的动作分解如图 9-1-18 所示。

（2）弹腿冲拳

重心前移至左腿，右腿屈膝提起，脚面绷直，快速、用力向前弹出伸直，拳与腰同高，如图 9-1-19 所示。

（3）马步冲拳

右腿向前落步，脚尖向内扣，上体左转。两腿下蹲成马步，右拳向前冲，目视右拳，如图 9-1-20 所示。

（a）　　　　　　　　　　　（b）

图 9-1-18　弓步冲拳

图 9-1-19　弹腿冲拳

图 9-1-20　马步冲拳

（4）弓步冲拳

① 上体右转 90 度，右脚尖外撇向斜前方，成半马步。右臂屈肘向右格挡，拳眼向后，目视右拳。

② 左腿蹬直成右弓步。右拳收至腰侧，左拳向前冲出，目视左拳。

弓步冲拳的动作分解如图 9-1-21 所示。

（a）　　　　　　　　　　　（b）

图 9-1-21　弓步冲拳

（5）弹腿冲拳

重心前移至右腿，左腿屈膝提起，腿面绷直，快速、用力向前弹出伸直，腿伸至与腰同高。左拳收至腰侧，右拳向前冲出，目视前方，如图9-1-22所示。

（6）大跃步前穿

① 左腿屈膝，右拳变掌内旋，以手心向下挂至左膝外侧，上体前倾，目视右手。

② 左腿向前落步，两腿微屈。右掌继续向后挂，左拳变掌，向后下方伸直，目视右掌。

③ 右腿屈膝向前提起，左腿立即猛蹬地向前跃出。两掌向前、向上划弧摆起。目视右掌。

图 9-1-22　弹腿冲拳

④ 右腿落地全蹲，左腿随即落地向前铲出成仆步。右掌变拳抱于腰侧，左掌由上向右、向下划弧成立掌，停于右胸前，目视左脚。

大跃步前穿的动作分解如图9-1-23所示。

（a）　　　　　　　　　（b）　　　　　　　　　（c）　　　　　　　　　（d）

（e）　　　　　　　　　（f）　　　　　　　　　（g）　　　　　　　　　（h）

图 9-1-23　大跃步前穿

（7）弓步击掌

右腿猛力蹬直成左弓步，左掌经左腿面向后划弧至身后成勾手，左臂伸直，勾尖向上，右拳由腰侧变掌向前推出，掌指向上，掌外侧向前，目视右掌，如图9-1-24所示。

（8）马步架掌

① 重心移至两腿中间，左腿脚尖向内扣成马步，上体右转。右臂向左侧平摆，稍屈肘；

同时左勾手变掌由后经左腰侧从右臂内向前上穿出。

② 右掌立于左胸前，左臂向左上屈肘抖腕亮掌于头部左上方，掌心向上，平视前方。

马步架掌的动作分解如图 9-1-25 所示。

（a） （b）

图 9-1-24 弓步击掌 图 9-1-25 马步架掌

3. 第二段

（1）虚步栽拳

① 右腿蹬地，屈膝提起；左腿伸直，以前脚掌为轴从右向后转 180 度。右掌由左胸前向下经右腿外侧向后划弧成勾手；右臂随体转动并外旋，使掌心朝右。目视右手。

② 右脚向右落地，重心移至右腿上，下蹲成左虚步。左掌变拳下落于左膝上，拳眼向里，拳心向后；右勾手变拳，屈肘向上架于头右上方，拳心向前，目视左方。

虚步栽拳的动作分解如图 9-1-26 所示。

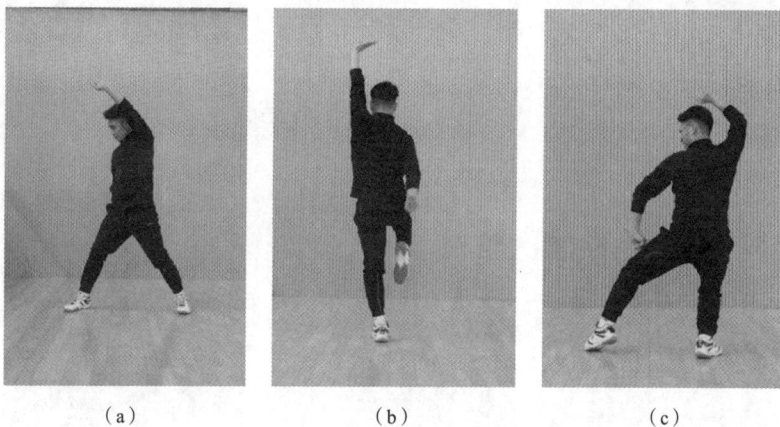

（a） （b） （c）

图 9-1-26 虚步栽拳

（2）提膝穿掌

① 右腿稍伸直，右拳变掌收至腰侧，掌心向上；左拳变掌由下向左、向上划弧盖压于头上方，掌心向下。

② 右腿蹬直，左腿屈膝提起，脚尖内扣。右掌从腰侧经左臂内向右前上方穿出，掌心向上；左掌收至右胸前成立掌，目视右掌。

提膝穿掌的动作分解如图 9-1-27 所示。

（a） （b）

图 9-1-27 提膝穿掌

（3）仆步穿掌

右腿全蹲，左腿向左后方伸出成左仆步，右臂不动，左掌由右胸前向下经左腿内侧，向左脚面穿出，视线随左掌转移，如图 9-1-28 所示。

（4）虚步挑掌

① 右腿蹬直，重心前移至左腿，成左弓步。右掌稍下降，左掌随重心前移向前挑起。

② 右腿向左前方上步，左腿半蹲，成右虚步。身体随上步左转 180 度。在右脚上步的同时，左掌由前向上、向后划弧成立掌，右掌由后向下、向前上挑起成立掌，眼睛看向右指尖。

虚步挑掌的动作分解如图 9-1-29 所示。

图 9-1-28 仆步穿掌

（a） （b） （c）

图 9-1-29 虚步挑掌

（5）马步击掌

① 右脚落实，脚尖外撇，重心稍升高并右移，左掌变拳收至腰侧，右掌俯掌向外捞手。

② 左脚向前上步，以右脚为轴从右向后转 180 度，两腿下蹲成马步。左掌从右臂上成立掌向左侧击出，右掌变拳收至腰侧，目视左掌，如图 9-1-30 所示。

图 9-1-30　马步击掌

（6）叉步双摆掌

① 身体直立，重心稍右移，同时两掌向下、向右摆，手指向上。

② 右脚向左腿后插步，前脚掌着地。两臂继续由右向上、向左摆，停于身体左侧，均成立掌，右掌停于左肘窝处，视线随手掌动作转移。

叉步双摆掌的动作分解如图 9-1-31 所示。

（a）　　　　　　　　　（b）　　　　　　　　　（c）

图 9-1-31　叉步双摆掌

（7）弓步击掌

① 两腿不动，左掌收至腰侧，掌心向上；右掌向上、向右划弧，掌心向下。

② 左腿后撤一步成右弓步。右掌向下、向后伸直摆动成勾手，勾尖向上；左掌成立掌向前推出，目视左掌，如图 9-1-32 所示。

图 9-1-32　弓步击掌

（8）转身踢腿，马步盘肘

① 两脚以前脚掌为轴向左后转动 180 度。在转动的同时，左臂向上、向前划半立圆，右臂向下、向后划中圆。

② 上动不停，两脚不动，右臂由后向上、向前划半立圆，左臂由前向下、向后划半立圆。

③ 上动不停，右臂向下成反臂勾手，勾尖向上；左臂向上成亮掌，掌心向前上方。右腿伸直，脚尖勾起，向额前踢。

④ 右脚向前落地，脚尖内扣。右手不动，左臂屈肘下落至胸前，左掌心向下，目视左掌。

⑤ 上体左转 90 度，两腿下蹲成马步。同时左掌向前、向左平摅变拳收至腰侧，右勾手变拳，右臂伸直，由体后向右、向前平摆，至体前时屈肘，肘尖向前，与肩同高，拳心向下，目视肘尖。

详细的动作分解如图 9-1-33 所示。

（a）

（b）

（c）

（d）

（e）

（f）

图 9-1-33　转身踢腿，马步盘肘

4．第三段

（1）歇步抢砸拳

① 重心稍升高，右脚尖向外撇。右臂由胸前向上、向右抢直；左拳向下、向左，使臂抢直，目视右拳。

② 上半身动作不停，以前脚掌为轴，从右向后转动 180 度。右臂向下、向后抢摆，左臂向上、向前随身体转动。

③ 紧接上动，两腿全蹲成歇步。左臂随身体下蹲向下平砸，拳心向上，臂部微屈；右臂伸直向上举起，目视左拳。

歇步抢砸拳的动作分解如图 9-1-34 所示。

（a）　　　　　　　（b）　　　　　　　（c）　　　　　　　（d）

图 9-1-34　歇步抡砸拳

（2）仆步亮掌

① 左脚从右腿后抽出向前上一步，右腿蹬直，左腿半蹲，成左弓步，上体微向右转。左拳收至腰侧，右拳变掌向下经胸前向右横击掌，目视右掌。

② 右脚屈膝提起，上体右转。左拳变掌向前穿出，掌心向上；右掌收至左肘下。

③ 右脚向右落步，左腿屈膝全蹲，右腿伸直，成仆步。左掌向下、向后划弧成勾手；右掌向右、向上划弧微屈，抖腕成亮掌，掌心向前。头随右手转动，至亮掌时，目视左方。

仆步亮掌的动作分解如图 9-1-35 所示。

（a）　　　　　　　（b）　　　　　　　（c）

（d）　　　　　　　（e）　　　　　　　（f）

图 9-1-35　仆步亮掌

（3）弓步劈拳

① 右腿蹬地立起，左腿收回并向左前方上步。右掌变拳收至腰侧，左勾手变掌由下向前上经胸前向左做搂入。

② 右腿经左腿前方向左绕上一步，左腿蹬直成右弓步。左手向左平搂后再向前挥摆，虎口朝前。

③ 在左手平搂的同时，右拳向后平摆，然后再向前、向上做抡劈拳，拳与耳同高，拳心向上，左掌外旋接扶右前臂，目视右拳。

弓步劈拳的动作分解如图 9-1-36 所示。

（a）　　　　　　　　（b）　　　　　　　　（c）

图 9-1-36　弓步劈拳

（4）换跳步弓步冲拳

① 重心后移，右脚稍向后移动。右拳变掌，臂内旋，以掌背向下划弧挂至右膝内侧；左掌背贴靠右肘外侧，掌指向前。

② 右腿自然上抬，上体稍向左扭转。

③ 右脚以全脚掌用力向下震踩，与此同时，左脚急速离地抬起。右手由左向上、向前搂盖而后变拳收至腰侧；左掌伸直向下、向上、向前屈肘下按，掌心向下。上体右转。

④ 左脚向前落步，右腿蹬直成左弓步。右拳向前冲出，拳与肩同高；左掌藏于右腋下，掌背贴靠腋窝，目视右拳。

换跳步弓步冲拳的动作分解如图 9-1-37 所示。

（a）　　　　　　　（b）　　　　　　　（c）　　　　　　　（d）

图 9-1-37　换跳步弓步冲拳

（5）马步冲拳

上体右转 90 度，重心移至两腿中间成马步。右拳收至腰侧，左掌变拳向左冲出，拳眼向上，目视左拳，如图 9-1-38 所示。

（6）弓步下冲拳

右脚蹬直，左腿弯曲，上体稍向左转，成左弓步。左拳变掌向下经体前向上架于头左上方，掌心向上，右拳自腰侧冲出，目视右拳，如图 9-1-39 所示。

图 9-1-38　马步冲拳　　　　　　　　　图 9-1-39　弓步下冲拳

（7）叉步亮掌侧踹腿

① 上体稍右转。左掌由头上下落于右手腕上，右拳变掌，两手交叉成"十"字，目视双手。

② 右脚蹬地并向左腿后插步，以前脚掌着地。左掌由体前向下、向后划弧成勾手；右掌由前向右、向上划弧抖腕亮掌，掌心向前，目视左侧。

③ 重心移至右腿，左腿屈膝提起，向左上方猛力蹬出。上肢姿势不变，目视左侧。

叉步亮掌侧踹腿的动作分解如图 9-1-40 所示。

（8）虚步挑拳

① 左脚在左侧落地，右掌变拳稍后移，左勾手变拳由体后向左上挑，拳背向上。

② 上体左转 180 度，微含胸前俯。左拳继续向前、向上划弧上挑，右拳向下、向前划弧挂至右膝外侧，同时右膝提起，接着向左前方上步，脚尖点地，重心落于左脚，左腿下蹲成右虚步。左拳向后划弧收至腰侧，拳心向上；右拳向前屈臂挑出，拳眼斜向上，拳与肩同高。目视右拳，如图 9-1-41 所示。

（a）　　　　　　　（b）　　　　　　　（c）

图 9-1-40　叉步亮掌侧踹腿　　　　　　　　图 9-1-41　虚步挑拳

5. 第四段

（1）弓步顶肘

① 重心升高，左脚踏实。右臂内旋向下直臂划弧以拳背下挂至右膝内侧，左拳不变，目视前下方。

② 右腿蹬直，左腿屈膝上抬。左拳变掌，两臂向前、向上划弧摆起，视线随右拳转移。

③ 左脚蹬地起跳，身体腾空，两臂继续划弧至头上方。右脚先落地，右腿屈膝，左脚向前落步，以前脚掌着地。同时两臂向右、向下屈肘停于右胸前，右拳变掌，左掌变拳。右掌心贴靠左拳面。

④ 左脚向左上一步，左腿屈膝，右腿蹬直成左弓步。右掌推左拳，以左肘尖向左顶出，肘尖与肩同高，目视前方。

弓步顶肘的动作分解如图 9-1-42 所示。

（a）　　　　　　（b）　　　　　　（c）

图 9-1-42　弓步顶肘

（2）转身左拍脚

① 以两脚前脚掌为轴从右向后转动 180 度。转动身体的同时，右臂向上、向右、向下划弧抡摆，同时左拳变掌向下、向后、向上抡摆。

② 左腿伸直向上踢起，脚面绷平。左掌变拳收至腰侧，右掌由体后向上、向前拍击左脚面。

转身左拍脚的动作分解如图 9-1-43 所示。

（a）　　　　　　　（b）

图 9-1-43　转身左拍脚

（3）右拍脚

① 左脚向前落地，左拳变掌向下、向后摆，右掌变拳收至腰侧。

② 右腿伸直向上踢起，脚面绷平。左拳变掌由后向上、向前拍击右脚面，如图 9-1-44 所示。

（4）腾空飞脚

① 右脚落地，左脚向前摆起，右脚猛力蹬地跳起，左腿屈膝继续向前上方摆。同时右拳变掌向前、向上摆起，左掌拍击右掌背。

② 右腿继续向上摆，脚面绷平。右手拍击右脚面，左掌由体前向后上方举。

腾空飞脚的动作分解如图 9-1-45 所示。

图 9-1-44　右拍脚

（a）

（b）

图 9-1-45　腾空飞脚

（5）歇步下冲拳

① 左、右脚先后相继落地，左掌变拳收至腰侧。

② 身体右转 90 度，两腿全蹲成歇步。右掌抓握、外旋变拳收至腰侧；左拳由腰侧向前下方冲出，拳心向下，目视左拳，如图 9-1-46 所示。

图 9-1-46　歇步下冲拳

（6）仆步抡劈拳

① 重心升高，右臂由腰侧向体后伸直，左臂随身体重心升高向上摆起。

② 以右脚前脚掌为轴，左腿屈膝提起，上体左转 270 度。左拳由前向后下方划立圆一周；右拳由后向下、向前上划立圆一周。

③ 左腿向后落一步，屈膝全蹲，右腿伸直，脚尖内扣成右仆步。右拳由上向下抡劈，拳眼向上；左拳后上举，拳眼向上，目视右拳。

仆步抡劈拳的动作分解如图 9-1-47 所示。

| （a） | （b） | （c） | （d） |

图 9-1-47　仆步抡劈拳

（7）提膝挑掌

① 重心右移成右弓步，同时右拳变掌由下向上抡摆，左拳变掌稍下落。

② 左、右臂在垂直面上由前向后各划立圆一周。右臂伸直停于头上；左臂伸直停于身后成反勾手。同时右腿屈膝提起，左腿挺膝伸直，目视前方。

提膝挑掌的动作分解如图 9-1-48 所示。

| （a） | （b） | （c） |

图 9-1-48　提膝挑掌

（8）提膝劈掌，弓步冲拳

① 下肢不动。右掌由上向下猛劈伸直，停于右小腿内侧，用力点在小指一侧，左勾手变掌，屈臂向前停于右上臂内侧。目视前方。

② 右脚向右后落地，身体右转 90 度。同时左掌变拳收至腰侧，右臂内旋向右划弧做劈掌。

③ 上动不停，左腿蹬直成右弓步。右手抓握变拳收至腰侧，左拳由腰侧向前方冲出。目视左拳。

详细的动作分解如图 9-1-49 所示。

（a）   （b）

图 9-1-49　提膝劈掌，弓步冲拳

6. 收势

（1）虚步亮掌

① 右脚扣于左膝后，两拳变掌，右掌在上左掌在下屈肘交叉于体左前方。

② 右脚向后落步，重心后移，左腿扣于右膝后，上体稍右转。同时右掌向上、向右、向下划停左腋下；左掌向左、向上划弧停于右臂与左胸前，两掌心左下右上。

③ 左脚尖稍向右移，右腿下蹲成左虚步。左臂伸直向左、向后划弧成反勾手；右臂伸直向下、向右、向上划抖腕亮掌，掌心向上，目视左方。

虚步亮掌的动作分解如图 9-1-50 所示。

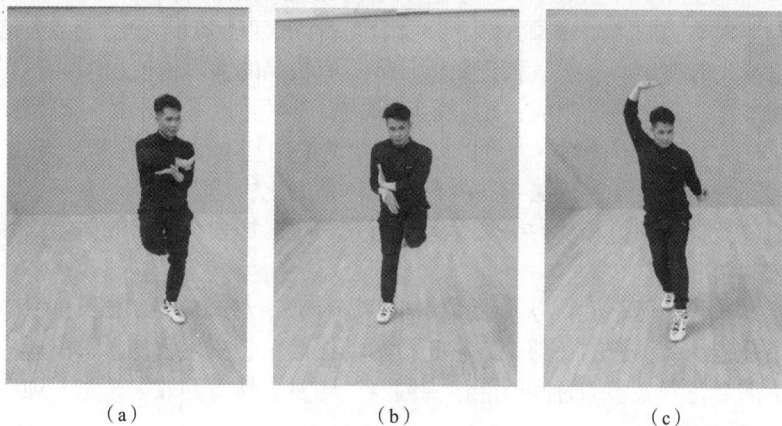

（a）   （b）   （c）

图 9-1-50　虚步亮掌

（2）并步对拳

① 左腿后撤一步，同时两掌从腰侧向前穿出并伸直，掌心向上。

② 右腿后撤一步，同时两臂分别向体后下摆。左脚后退半步向右脚并拢，两臂由后向上经体前屈臂下按，两掌变拳，停于腹前，拳心向下，拳面相对，目视前方。

并步对拳的动作分解如图 9-1-51 所示。

7. 还原

两臂自然下垂，目视正前方，如图 9-1-52 所示。

（a）

（b）

图 9-1-51　并步对拳

图 9-1-52　还原

第二节　跆拳道

一、认识跆拳道

（一）跆拳道概述

跆拳道起源于朝鲜的民间武技。跆拳道以刚劲优美的技击动作和独特浓郁的东方民族文化特色，展现了人类运用武道修身养性、健身、防身的美好愿望，特别强调人格培养和精神修炼，可以培养人的自信心、勇气和正义感，故具有极高的锻炼价值。

跆拳道的本意由 3 个方面组成：跆表示以脚踢；拳表示以拳头击打；道是一种修炼的方法，同时也是对练习者在道德修养方面的要求。跆拳道由基本动作、品势、实战 3 部分组成。跆拳道是以脚部为主的运动，腿法约占所有技法体系的比例达 70%。

跆拳道通过竞赛、品势和功力检验等运动形式，可以增强练习者的体质，并能培养其坚韧不拔的意志品质。

传统的跆拳道包括套路（品势）、兵器、擒拿、摔锁、对练自卫术和其他基本功夫。现代竞技跆拳道只是传统跆拳道的一部分，它的技术动作简单、实用、易学，寓搏击、规范、教育于一身，不需要花费太多的时间就能达到健身、防身、修身的效果，是一项在全世界都很受欢迎的搏击运动项目。

1966 年，国际跆拳道联盟（International Taekwon-Do Federation，ITF）成立。1992 年 10 月 7 日，中国跆拳道协会筹备小组成立。1995 年 5 月，首届全国跆拳道锦标赛在北京体育大学举行。

1997 年 11 月，我国运动员在世界跆拳道锦标赛上获得女子 43 公斤级银牌和男子 58 公斤级铜牌，这是我国跆拳道选手首次获得国际大赛的奖牌。

（二）跆拳道的技术特点

1. 腿法为主，拳脚并用

由于竞赛的需要、规则上的限制和跆拳道在进攻方法方面的特点，跆拳道技法以腿法攻击为主、拳法攻击为辅。据统计，在跆拳道技术当中，腿法约占总技法体系的 70%。因为腿法的攻击在攻击范围、攻击力量等方面都远远超过拳法的攻击，而拳法的招式一般偏重防守和格挡。

2. 强调呼吸，发声扬威

在跆拳道的练习当中要求在气势上给人以威严的感觉，练习者常以洪亮并带有威慑力的声音来显示自己的气势。据有关研究资料证明，人在无负荷工作时 10%的肌肉会由于发声收缩速度提高 9%，在有负荷工作时其收缩速度可以提高 14%。这就是在比赛当中，运动员会发出响亮的喊叫声的原因。在发声的同时停止呼吸，可以使人体内部的阻力减小、动作速度提高，使人集中精力，使动作更有力量。

3. 动作追求速度、力量和效果

跆拳道以击破力为测试功力的手段。跆拳道不讲究花架子，所有动作都以技击格斗为核心；要求动作速度快、力量大、击打效果好。在功力的检测方面则以击破力为测试的手段，即分别以拳、脚击碎木板等，以击碎木板的厚度来判定功力。

4. 以刚制刚，方法简单

受跆拳道精神的影响，运动员在比赛当中多是直击直打，接触防守、躲闪技术运用得比较少，进攻都采用直线连续进攻，以连贯快速的组合脚法击打对手。防守多采用格挡技术或采取以攻对攻、以攻代防的技术。

5. 礼始礼终，内外兼修

在任何场合下，跆拳道练习者始终以礼相待。练习活动都要以礼开始，以礼结束，以养成谦虚、友好、忍让的作风，在道德修养方面不断地提高自己。

（三）跆拳道的功能与作用

1. 改善和增强体质

跆拳道的技术动作须由全身协调配合，主要通过各种各样的腿法来表现。跆拳道能很好地促进人体的力量、速度、灵敏度、耐力、协调性等身体素质的全面发展，具有强身健体的作用。由于练习者在比赛中、在平时训练中要经常临场改变战术，或是快速进攻，或是主动后撤再反击，或是腾空臂腿，或是后踢接后旋踢，这对提高神经中枢的灵活性和支配各器官的能力，具有良好的效果。

2. 提高防身和自卫的能力

跆拳道是武技中的一项，练习跆拳道，练习者不仅可以掌握各种腿法和拳法，提高身体的反应能力，经过长时间训练后还可以形成一定技能，具备防身和自卫的能力。

3. 磨炼意志，培养高品格的修养

跆拳道推崇"礼始礼终"的尚武精神。练习跆拳道，可以培养练习者坚韧不拔、勇敢无畏、顽强坚毅的意志品质，尤其讲究"未曾学艺先学礼，未曾习武先习德"。还可以让练习者从开始就养成谦虚、宽容、礼让的高尚品德和尊师重道、讲礼守信、见义勇为的情操，并影响社会。

4. 娱乐观赏

跆拳道是一项很具有观赏性的运动项目。在功力测验中，练习者可以轻松击破木板、砖瓦，使人为之惊叹。而竞技跆拳道则是两人激烈的对抗，双方选手斗智斗勇，比赛中常有凌空飞腿和组合腿法，令人眼花缭乱，具有极高的观赏价值。

（四）跆拳道的礼仪与精神

1. 跆拳道的礼仪

跆拳道不仅是一种具有高度攻击力的技击术，而且是一门精巧的形体艺术和健身方法。技巧和控制力是学习跆拳道必须具备的基本素质，精神与气质则是每个跆拳道练习者必须修炼的。

"以礼始以礼终"是跆拳道武士精神的中心思想。训练、比赛的开始和结束，都有严格的礼节仪式：练习者进入道场时，首先向国旗和老师敬跆拳道鞠躬礼，表示对祖国的热爱和对师长的尊敬；配合练习或比赛开始前，双方应相互敬礼；练习后或比赛结束后，再次相互敬礼，以示友好和互相尊重、谦让；在比赛中受到裁判处罚，也要行道礼表示服从；比赛结束要向对方教练敬礼表示尊重。

跆拳道"道礼"的要求：先立正站立，再上身前倾30度，头低45度，目视地面行鞠躬礼。

2. 跆拳道的精神

"礼义廉耻、克己忍耐、百折不屈"是跆拳道的精神。在练习跆拳道的过程中，练习者要严格遵守道德规范，增强法制观念；要有忠于祖国的思想，要热爱国家、热爱民族，要有为正义和扶助弱者牺牲自我的精神；要在尊重前辈、尊重他人、遵守规则的前提下磨炼技术。跆拳道极力提倡培养练习者高尚的道德品质、刚强不屈的意志、健全的人格以及蓬勃向上的体育精神。

二、跆拳道的基本技术与训练

（一）准备姿势

准备姿势（见图9-2-1）也称实战姿势或预备姿势，是竞赛跆拳道比赛开始时双方的基本站立姿势。准备姿势应便于进攻和防守反击以及步法的移动。其动作要领如下。

（1）两脚开立与肩同宽，两臂垂于体侧。

（2）左脚或右脚向另一只脚的前方迈出，两脚相距一步前后站立，使身体侧对对方，同时两手半握拳，沉肩、两臂屈肘自然垂放。

（3）重心落在两脚之间，膝关节略弯曲，眼睛平视对方面部，下颌微收。

图9-2-1　准备姿势

技术要点如下。

（1）两臂所放位置不是固定的，也可以一臂垂下或两臂都垂下。

（2）两脚之间的距离和重心的高低可根据具体情况进行调整，其原则是在移动时能最快调整好身体重心。

（3）若重心下降，大小腿之间的夹角几乎等于90度，则为低位准备姿势。

（二）基本步法

基本步法是指在以准备姿势站立后，向不同方向移动的方法。

在跆拳道的技术体系中，步法是其中重要的一环，尤其在运动员刚开始接触跆拳道这项运动时，要用较多的时间来专门进行步法练习。由于竞技跆拳道规则的限制，在比赛中运动员主要是用腿攻击和防守反击，所以运动员的步法是否灵活，在一定程度上决定他的进攻和防守是否能够达到目的，这也使步法训练在跆拳道训练中占据重要地位。

1. 上步

左脚在前，右脚向前上一步，成为右架，反之亦然，如图9-2-2所示。

动作要领：上步时通过向左拧腰、转胯完成，两臂在体侧自然上下移动，重心的升降幅度不要过大。

上步常用于逼迫对方后撤，或引诱对方进攻；而当对手使用上步时，自己可以立即使用进攻技术攻击对方。

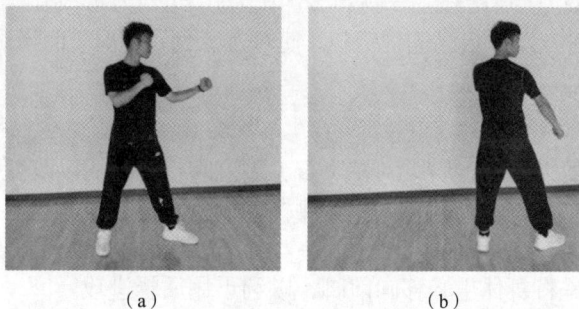

（a）　　　　　　　　（b）

图9-2-2　上步

2. 后撤步

右脚在前，左脚向后撤一步，成为左架，反之亦然。

动作要领：后撤步时重心保持平稳地移动，通过向左拧腰、转胯完成，两臂在体侧自然上下移动。

后撤步常用在对方使用前横踢时；当对方准备继续进攻时，可使用前腿的侧踢、鞭踢或劈腿阻击对方。

3. 前跃步

右脚在前，两脚同时向前跃进一步，保持右架准备姿势，反之亦然，如图9-2-3所示。

动作要领：向前跃进时，重心起伏不宜过大，尽量保持重心平稳移动，两脚稍离地即可。

前跃步常用在快速接近对方以使用横踢或劈腿等进攻动作；当对方使用前跃步时，可用前腿的劈腿、后踢或后旋等进攻动作。

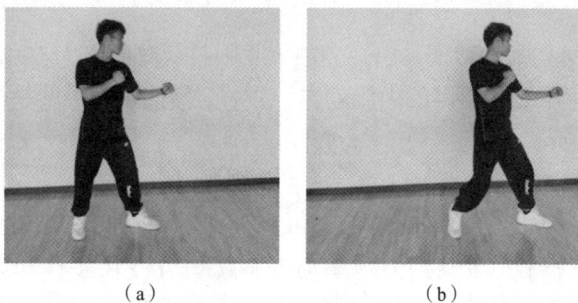

（a）　　　　　　　　（b）

图9-2-3　前跃步

4. 后跃步

右架站立，两脚同时向后回撤一步，保持右架准备姿势，反之亦然。

动作要领：向后回撤时，重心起伏不宜过大，尽量使重心平稳移动，两脚稍离地即可。

后跃步常用在对方进攻，自己需要快速与对方拉开距离时，此时由于自己有一个向后撤的惯性，再用进攻的动作就有一定的难度，一般是使用迎击动作，如后踢或后旋等。因此，当对方使用后跃步时，自己要防止对方的阻击动作；如果自己使用组合动作，在对方使用后跃步时，自己一般使用侧踢、推踢或外摆劈腿等动作。

5. 原地换步

右架站立，两脚原地前后交换，由右架站立转换成左架站立，反之亦然。

动作要领：重心起伏不宜过大，尽量使重心平稳移动，两脚稍离地即可。

原地换步常用在对方与自己是闭式站位，自己为了与对方形成开式站位以便击打对方胸腹时，或是为了不让对方发挥自己的优势腿，使对方感到别扭时。而当对方使用原地换步时，可利用此时机抢攻得点。

6. 侧移步

第一种步法是以前脚为轴，后脚向左（右）侧方向移动，用以改变与对手的站位方向；第二种步法是右架站立，右脚先向右（左）侧移动一步，随之左脚也迅速向右（左）侧移动一步，如图9-2-4所示。

动作要领：一般是将身体重心移向前脚，以利于用后腿进攻。

主动进攻时，若对方反应速度快，则使用侧移步，导致对方来不及调整身体重心而不能很好地进行反击；或是当对方进攻自己时不向后撤，而使用侧移步与对方贴近以进攻对方。

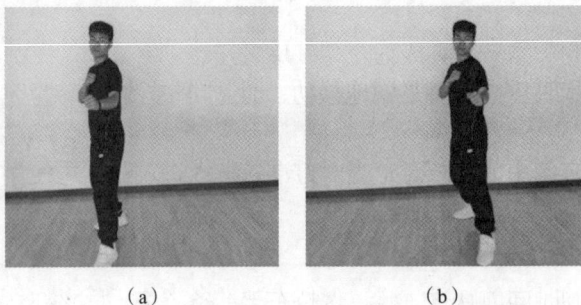

（a）　　　　　　　　　（b）

图9-2-4　侧移步

（三）基本拳法和腿法

1. 基本拳法

拳法是跆拳道中最基本的技术。出拳的基本原则是从腰间发力将拳击出，抱拳于腰间时拳心向上，击拳的过程中要做手臂的内旋动作，击拳至最远端时手臂是伸直的，且拳心向下，击打目标后放松收回拳。

2. 基本腿法

跆拳道以其变幻莫测、优美潇洒的腿法闻名于世，被称为"踢的艺术"，这是跆拳道区别于其他格斗术的一个重要特点。跆拳道的腿法讲究变化多样和灵活多变，对人体的柔韧性、反应的灵敏性、身体运动的稳定性都有很高的要求，是对人体机能和体能的综合考验。

（1）前踢

以准备姿势开始。右脚蹬地，髋关节向左旋转，双手握拳置于体侧，同时，右腿以髋关节为轴屈膝上提；当大腿抬至水平或稍高时，髋关节向前送、向前顶，小腿以膝关节为轴快速向前上方踢出，力达脚尖，整条腿要踹直；踢击后迅速放松，右腿沿原路线弹回，将右脚放置在左脚前面仍成准备姿势。前踢的动作分解如图9-2-5所示。

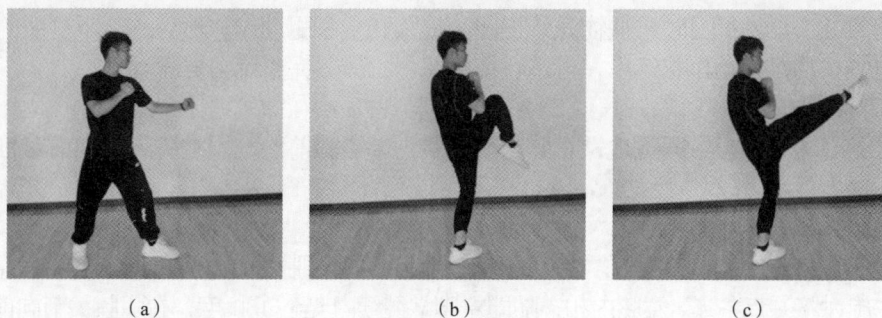

（a）　　　　　　　　（b）　　　　　　　　（c）

图9-2-5　前踢

练习方法：采用分解教学法，先练提后腿，同时向前送髋，再练弹出小腿，直至能完整做出前踢动作并能熟练使用。

（2）侧踢

以准备姿势开始。右脚蹬地，右腿以髋关节为轴屈膝提起，两手握拳置于体侧；随即左脚以前脚掌为轴外旋，髋关节向左旋转，右腿以膝关节为轴向前蹬伸，右脚快速向右前上方直线踢出，着力点在脚跟；发力后右腿沿起腿路线收腿、放松，重心落下，放置在原处或左脚前均可，再次回到准备姿势。侧踢的动作分解如图9-2-6所示。

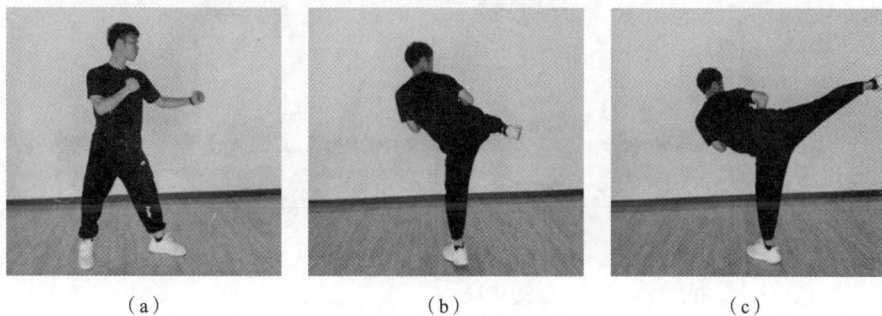

（a）　　　　　　　　（b）　　　　　　　　（c）

图9-2-6　侧踢

练习方法：先练习提腿转髋动作，再练习平蹬腿动作，最后完整练习侧踢动作。

（3）下劈

以准备姿势开始。右脚蹬地，重心前移至左脚；右腿以髋关节为轴屈膝上提，两手握拳置于胸前；随即充分送髋，提右腿膝关节至胸部，右小腿以膝关节为轴向上伸直，将右腿伸直举于体前，右脚过头；放松向下以右脚后跟（或脚掌）为着力点向下劈击，一直到地面，再次回到准备姿势。下劈的动作分解如图9-2-7所示。

201

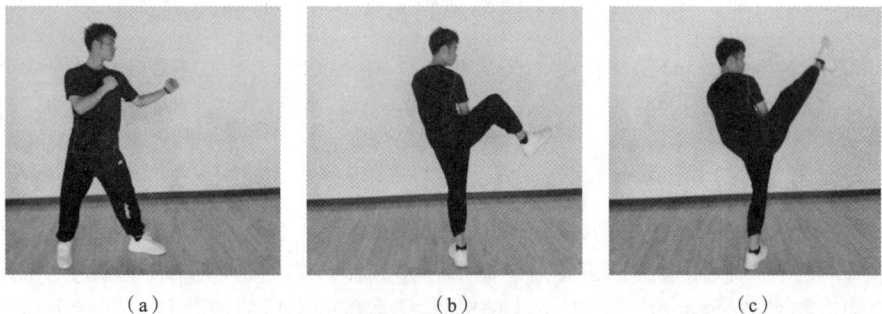

（a）　　　　　　　　（b）　　　　　　　　（c）

图9-2-7　下劈

练习方法：开始练习时可扶物先练提腿、提膝和上举腿动作；然后练习下劈腿的动作，练习时可先扶物，待动作熟练后，再进行徒手练习；最后完整练习劈腿动作。

（4）推踢

以准备姿势开始。右脚蹬地，右脚以髋关节为轴提膝前蹬，用右脚脚掌向前蹬推脚掌，推力向正前方。

（5）横踢

以准备姿势开始。右脚蹬地，重心前移至左脚，右脚屈膝上提，两拳置于胸前；左脚前脚掌碾地内旋，髋关节左转，左膝内扣；随即左脚掌继续内旋至 180 度，右腿膝关节向前抬至水平状态，小腿快速向左前横向踢出；击打目标后迅速放松收回小腿，右腿落回原地成准备姿势。

练习方法：先练前踢，待熟练后再练横踢，待两个动作都熟练后可练习横踢击打对手头部（高横踢）。

（6）后踢

以准备姿势开始，转身，后腿后撤背对对方。重心后移至左脚，右脚蹬地后屈膝提起，右脚贴近左大腿，两手握拳置于胸前；随即左脚蹬地伸直，右脚自左大腿内侧向后方直线踢出，力达脚跟；踢击后右脚沿原路线快速收回，成准备姿势。后踢的动作分解如图 9-2-8 所示。

（a）　　　　　　　（b）　　　　　　　（c）

（d）　　　　　　　（e）

图 9-2-8　后踢

练习方法：开始练习时可手扶支撑物，体会后蹬的感觉；再练习转身同时提膝的动作；然后练习平伸后蹬动作；之后进行完整的后踢动作练习，可采用踢打固定靶练习；最后练习反击后踢动作。

（7）后旋踢

以准备姿势开始。两脚以两脚掌为轴均内旋约 180 度，身体随之右转约 90 度，两拳置于胸前；上体右转，与双腿拧成一定角度，右脚蹬地将蹬地的力量与上体拧转的力量结合在一起；将右腿以髋关节为轴向后上方直腿摆起，右腿继续向右后旋摆鞭打；同时上体右转，带动右腿以弧形摆至身体右侧，右腿屈膝回收落地。后旋踢的动作分解如图 9-2-9 所示。

（a）　　　　　（b）　　　　　（c）　　　　　（d）　　　　　（e）

图 9-2-9　后旋踢

练习方法：支撑脚前脚掌着地转动，转身同时向后蹬伸腿，右腿向后摆动；先练习身体在原地转动 360 度的动作；在刚开始练习右腿摆动时不要求高度，以后再逐渐提高摆动高度；最后进行完整的后旋踢动作练习。

（8）旋风踢

以准备姿势开始。以左脚前脚掌为轴，身体朝右后方转动 360 度，右腿随转动提膝上抬，当目光再次回到目标时左脚蹬地跳起并做出横踢动作。旋风踢的动作分解如图 9-2-10 所示。

（a）　　　　　　　（b）　　　　　　　（c）　　　　　　　（d）

图 9-2-10　旋风踢

练习方法：熟练掌握横踢后，练习支撑脚起跳横踢，再结合转身进行旋风踢完整练习。

三、跆拳道的基础品势与训练

（一）太极一章演武图

太极一章演武如图 9-2-11 所示。

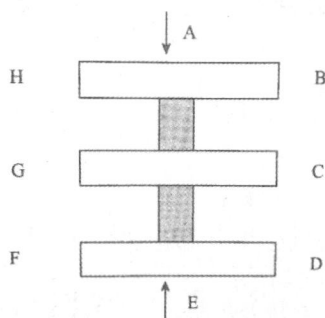

图 9-2-11　太极一章演武

（二）太极一章全套练习

1. 准备姿势

面朝 A 方向，右脚向侧方横跨一步，两脚与肩同宽，两腿自然站立；两手握拳屈臂置于身前，拳心向内，两眼平视前方，如图 9-2-12 所示。

2. 第一段

（1）左转身下格挡

身体向左转至 B 方向，成前行步站立；同时，左手握拳向左下方格挡，右拳收于腰间，收于腰间的拳，拳心向上，如图 9-2-13 所示。

图 9-2-12　准备姿势　　　　图 9-2-13　左转身下格挡

（2）右行走步冲拳

右脚向前一步成前行步站立，同时右拳向前内旋平冲，左拳收于腰间，如图 9-2-14 所示。

（3）后转身下格挡

右脚向后撤步，身体以左脚为轴，向右转 180 度，成前行步站立；同时，右臂向下格挡，如图 9-2-15 所示。

图 9-2-14　右行走步冲拳　　　　图 9-2-15　后转身下格挡

（4）左行走步冲拳

左脚向前一步仍是前行步站立；同时，左拳向前内旋平冲，右拳收于腰间，如图 9-2-16 所示。

（5）左弓步下格挡

身体左转 90 度，左脚向侧方向移步，成左弓步；同时，左臂向下截击，左手握拳，拳心向内，右拳收于腰间，如图 9-2-17 所示。

图 9-2-16 左行走步冲拳

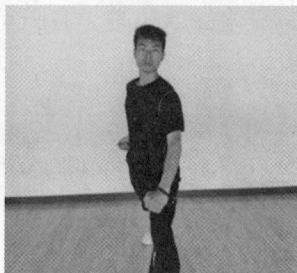

图 9-2-17 左弓步下格挡

（6）左弓步右冲拳

两脚原地不动，右拳向前内旋平冲，左拳回收于腰间，如图 9-2-18 所示。

3. 第二段

（1）右行走步左格挡

右脚向 G 方向移步，左脚以脚掌为轴原地内旋，脚尖转向 G 方向，身体随之右转；左拳前伸向内中格挡，拳心斜向上，右拳收于腰间，如图 9-2-19 所示。

图 9-2-18 左弓步右冲拳

图 9-2-19 右行走步左格挡

（2）左行走步右冲拳

左脚向前一步成前行步站立，右拳向前内旋平冲，左拳回收于腰间，如图 9-2-20 所示。

（3）左行走步右格挡

以右脚掌为轴，身体向左后转 180 度；随即左脚向 C 方向前进一步，同时，右臂前伸向内中格挡，左拳收于腰间，如图 9-2-21 所示。

205

图 9-2-20 左行走步右冲拳

图 9-2-21 左行走步右格挡

（4）右行走步左冲拳

右脚向前一步成前行步站立，同时，左拳向前内旋平冲，右拳收于腰间，如图 9-2-22 所示。

（5）右弓步下格挡

以左脚为轴，身体右转90度，右脚向E方向移步，右手握拳向下格挡，左拳收于腰间，如图9-2-23所示。

图9-2-22　右行走步左冲拳　　　　　图9-2-23　右弓步下格挡

（6）右弓步左冲拳

两脚原地不动，左拳向前内旋平冲，右拳收于腰间，如图9-2-24所示。

4. 第三段

（1）左行走步左上格挡

右脚不动，身体左转，左脚向D方向移步；左臂屈肘向左上方格挡，置于额前，拳心向外，成前行步站立，右拳收于腰间，如图9-2-25所示。

图9-2-24　右弓步左冲拳　　　　　图9-2-25　左行走步左上格挡

（2）右前踢右冲拳

右脚蹬地，屈膝上提，以膝关节为轴伸膝前踢，左脚掌支撑；两臂屈肘置于体侧，右脚放松前落，成前行步站立；同时，右拳向前内旋平冲，左拳收于腰间。动作分解如图9-2-26所示。

（a）　　　　　　　　　　　　　（b）

图9-2-26　右前踢右冲拳

（3）右行走步右上格挡

以左脚为轴，身体向右转180度，右脚向前移步成前行步；同时，右臂屈肘向右上方格挡，横置于额前，拳心向外，左拳收于腰间，如图9-2-27所示。

图9-2-27　右行走步右上格挡

（4）左前踢左冲拳

右脚支撑，左腿屈膝上提，以膝关节为轴伸膝向前上方踢击，如图9-2-28（a）所示；同时，两臂屈肘置于体侧，左脚前落成前行步站立。左拳向前内旋平冲，右拳收于腰间，如图9-2-28（b）所示。

（a）　　　　　　　　（b）

图9-2-28　左前踢左冲拳

（5）左弓步下格挡

以右脚为轴，身体右转约90度，左脚向前一步成左弓步；同时，左臂向左下方格挡，右拳收于腰间，如图9-2-29所示。

（6）右弓步右冲拳

左脚不动，右脚向前一步，成右弓步；同时，右拳向前内旋平冲并发声"嘿"，左拳收于腰间，如图9-2-30所示。

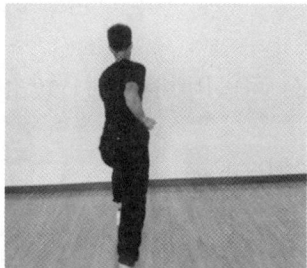

图9-2-29　左弓步下格挡　　　　　图9-2-30　右弓步右冲拳

5. 结束式

以右脚为轴，身体向左后转180度，左脚后撤与右脚平行站立，如图9-2-31所示。

图 9-2-31　结束式

四、跆拳道的竞赛规则

（一）比赛场地

跆拳道的比赛场地是 12 米×12 米的正方形，是水平、无障碍物的地面，铺有一定弹性的垫子或木地板。根据实际情况比赛场地可高出地面 50～60 厘米，为了安全，比赛台的支撑装置与地面的夹角通常小于 30 度。

（二）运动员

参加比赛的运动员必须穿戴中国跆拳道协会认可的道服和保护用具。运动员应戴好护身、头盔、护裆、护臂、护腿后进入比赛区域，护裆、护臂、护腿应戴在道服里面。

拥有参加比赛资格的运动员包括属于某个在中国跆拳道协会注册的团体会员、当年登记注册的运动员。运动员必须持有中国跆拳道协会颁发的段位证书，或根据比赛要求持有相应的段位、级位证书。

（三）比赛时间

每场比赛分 3 局，每局比赛的时间为 3 分钟，局间休息 1 分钟。青年锦标赛每场比赛为 3 局，每局比赛为 2 分钟，局间休息 1 分钟。必要时，经中国跆拳道协会批准，可以每场比赛为 3 局，每局比赛为 2 分钟，局间休息 1 分钟。

（四）具体规则

1. 允许的技术

（1）拳：用拳的正面食指和中指的前部击打。

（2）脚：用踝关节以下部位击打。

2. 允许进攻的部位

（1）躯干部位：筋骨以上、锁骨以下及两肋部，可以用脚或手进行攻击，但是，禁止攻击没有护具保护的背部。

（2）头部：以两耳为基准，头部的前面只能用脚攻击。

3. 得分部位

（1）躯干部位：被护具所保护的躯干部分。

（2）头部：以两耳为基准，包括头部和颈部的前面部位。

（3）得分 3 要素：正确的进攻技术、打击正确的得分部位、打击的力量要强。

4. 得分无效

以下几种情况判得分无效：进攻者进攻后故意跌倒；进攻者进攻后有犯规行为；进攻者

利用犯规行为进行攻击。

5. 犯规行为

任何犯规行为将由主裁判判罚；如属于多重犯规时，则选择严重的一项处罚。处罚分为警告和扣分两种。警告两次扣1分，警告次数为奇数时，最后一次不计；扣分一次扣1分。

6. 警告行为

（1）接触行为：抓住对方、搂抱对方、推对方、用躯干贴靠对方。

（2）消极行为：故意越出警戒线、转身背向对手逃避进攻、故意倒地、伪装受伤。

（3）攻击行为：用膝关节顶撞对手、故意攻击对手裆部、故意蹬踏对手的腿部和脚、用掌或拳击打对手面部。

（4）不当行为：教练员或运动员示意得分或扣分；教练员或运动员有不文明语言或不得体行为；比赛中教练员离开规定位置。

7. 扣分行为

（1）接触行为：抱摔对方、抓住对手进攻的脚故意将其摔倒。

（2）消极行为：越出边界线、故意拖延比赛时间。

（3）攻击行为：攻击倒地的对手、故意击打对手后脑或后背、用手重击对手面部。

（4）不当行为：教练员或运动员有严重的过激表示或行为。

8. 优势判定

因扣分造成双方同分时，3局中得分多者获胜；双方得分和（或）扣分相同时，主裁判根据比赛情况判定占优者获胜；比赛中出现的积极主动行为是优势判定的根据。

9. 获胜方式

击倒胜、主裁判终止比赛胜、比分或优势胜、对方弃权胜、对方失去资格胜、主裁判判罚犯规胜。

10. 击倒

被攻击后，除脚以外的身体任何部位着地；身体重心晃动，丧失继续比赛的能力或意识；主裁判判定其受到强烈击打而不能继续比赛。

11. 击倒后的处理

（1）主裁判发出"分开"口令暂停比赛，并将进攻者置于远处。

（2）主裁判大声向被击倒的运动员从1到10读秒，每间隔1秒读1次，同时用手势表示。

（3）即使运动员在读秒过程中表示再战，主裁判也必须读到"8"，使运动员获得休息，并确认运动员是否恢复，如已恢复就发出"继续"口令继续比赛。

（4）主裁判读到"8"时，被击倒的运动员仍无再战表示，则宣布另一方胜，即使一局或整场比赛时间到了，主裁判也要继续读秒。

（5）双方运动员同时被击倒，如有任何一方尚未恢复，主裁判将继续读秒。

（6）双方运动员同时被击倒，主裁判读到"10"后双方都不能再战，应按当时得分情况判定胜负。

（7）主裁判判定被击倒的一方不能继续比赛，可以不读秒或在读秒过程中直接判定另一方获胜。

第十章

特色运动

本章导学

本章主要针对瑜伽和八段锦进行介绍，对其相关理论知识和实践技术、动作进行讲解，帮助大学生掌握瑜伽和八段锦的基础知识与技术。

第一节　瑜伽

一、认识瑜伽

（一）瑜伽的起源

瑜伽起源于古印度。古印度瑜伽修行者通过观察、模仿动物的姿势，从而创立出一系列有益身心的锻炼方法。现代瑜伽则主要是一系列修身养性的方法，包括调身的体位法、调息的呼吸法、调心的冥想法等。

瑜伽发展到今天，已经成为世界广泛传播的一项身心锻炼修习法。瑜伽也演变出了多条瑜伽分支，如哈他瑜伽、流瑜伽等。为了推广这项有益身心的运动，联合国还专门将每年的6月21日设立为"国际瑜伽日"，意在提倡和鼓励全世界更多的人参与瑜伽练习。

（二）瑜伽的特点

（1）瑜伽相对比较安全，动作柔和，适宜人群比较广泛。

（2）练习很随性，不受场地、器材、时间等条件限制。

（3）在锻炼身体的同时还可以调节心灵。

（4）瑜伽可以在全方位调理身体的同时，辅助治疗许多慢性疾病。

（三）瑜伽的功效

1. 修身养性、平静内心

长期练习瑜伽能够陶冶情操，让练习者内心平静，忘掉不愉快的事，从而更加自信，更加热爱生活。

2. 增强抵抗力

长期练习瑜伽能达到强身健体的作用，同时也能够增强抵抗力，减少疾病的发生。

3. 调节生理的平衡

长期练习瑜伽能够保持身体中的各大系统的状态，同时也能够调整生理机能，达到强身健体的作用。

二、瑜伽的基本动作与训练

（一）瑜伽的呼吸方法

呼吸是瑜伽的关键和精华，瑜伽练习强调身体、心理和呼吸的结合，呼吸方法的正确与否与它带给身心的利弊有直接的关系。一般来说，展开动作时要吸气，收缩、扭转动作时呼气；困难动作的呼吸较浅，简单动作或平衡动作等呼吸较深沉；保持动作时放松均匀呼吸，不要屏息。瑜伽的呼吸方法主要包括胸式呼吸、腹式呼吸及完全式呼吸。

1. 胸式呼吸

深吸气，注意力集中在肺部，气息通过鼻腔直接进入胸腔，肋骨向外扩张，腹部朝脊柱的方向收紧并保持平坦；呼气时放松身体，将气呼尽。当情绪不稳定时可以多做胸式呼吸，以让心态逐渐平稳。

2. 腹式呼吸

腹式呼吸又叫膈式呼吸，膈是把肺和腹腔器官分开的膜状肌，吸气时膈肌收缩推动腹部器官下移，空气进入腹腔，腹部向前推出，胸腔保持不动；呼气时膈肌舒张，腹部慢慢向内瘪进。腹式呼吸可以按摩内脏器官，帮助我们把肺底的废浊气排出体外，还可以增强消化功能，促进身体对养分的吸收。经常做腹式呼吸可以让腹部变得紧实、平坦，达到瘦身的目的。

3. 完全式呼吸

完全式呼吸又叫胸腹式呼吸，它可以提供给身体最多的氧气，使血液得到充分的净化。吸气时，腹部慢慢鼓起，随后，气体上移，肋骨扩张，肺部也吸入气体，胸部打开，此时肩部微微升起，直至吸入最多空气；呼气时，先放松胸部，然后放松腹部，最后感觉肚脐去贴后背，将气体完全排出去。完全式呼吸在瑜伽体位练习时经常会用到，它可以使动作幅度更大、更放松，注意力也更集中，心跳减缓。

（二）瑜伽的体位法

1. 山式站立

双脚并拢站立，双脚脚跟和大脚趾相互触碰，如图 10-1-1 所示。如腰部僵硬或有损伤的人，可以分开双脚与肩同宽，跖骨接触地面，伸展所有脚趾平放于地。双手自然放于体侧。膝关节绷直，并向上提升，收缩臀部，提拉大腿后部的肌肉。收腹、挺胸，脊椎向上伸展，颈部挺直，下颌微微内收，放松眉心，头顶向上，双肩远离颈椎，下沉双肩，双手自然放于体侧。保持两次以上深呼吸。

2. 风吹树式

双腿直立，双手扶胯，收臀。吸气时，左臂高举过头，掌心朝内，如图 10-1-2 所示。呼气时，身体由腰部向右弯，躯干沿左臂和手指向远延伸，保持 3～20 秒；吸气时，回到直立的位置。呼气时，收回手扶胯，换边重复同样的动作。重复做 2～3 次。

图 10-1-1　山式站立　　　　　　　图 10-1-2　风吹树式

3. 树式

左腿站立，右膝关节弯曲，右脚底板紧贴于左大腿内侧，左腿和整个身体绷紧伸直，如图 10-1-3 所示。吸气时，双手从身体两侧向头部抬起，到达头顶上方，双手合十，目视前方，全身处于紧张状态，正常呼吸。保持这一姿势 10 秒，然后呼气，放开手掌，伸开两臂。右手抓住右脚脚趾，把脚轻轻抬起再放回地面，恢复到原来的预备姿势，做两次呼吸调整，然后换另一条腿重复上述过程。

4. 直角式

身体直立，双臂自然地放在身体两侧，可以让双脚并拢，也可以根据自己的实际情况将双脚打开一定距离，注意距离不要太大。吸气时，将双臂从身体两侧慢慢抬起然后十指交叉，也可以让两个食指并拢。呼气时，将上体慢慢地向前弯曲，尽可能与地面平行，双臂要尽可能地放在头部的两边，如图 10-1-4 所示。保持这个姿势 30 秒左右。吸气时，将身体慢慢直立；呼气时，将双臂放下，然后彻底放松双肩。

图 10-1-3　树式　　　　　　　　图 10-1-4　直角式

5. 上体前屈式

山式站立，手自然放在臀部。呼气，同时向前弯曲身体，注意弯曲身体时从髋部开始，而不是弯腰。在前屈的过程中，脊柱得以伸展，打开下至趾骨上至颈椎的空间。

所有的前屈动作均为拉伸脊柱，尽力把动作做到位。尽可能地用手掌或者指尖轻触双脚前方的地面，或者用手掌从后面握住自己的脚踝，如图 10-1-5 所示。如果你做不到，那就交叉前臂，手握肘部。然后将脚后跟尽可能地向下压，臀部尽可能向上提。大腿顶部轻轻向内转。胸式呼吸，缓慢循环吸气、呼气。每一次吸气，都轻轻抬起并拉伸脊柱，每一次呼气，都向前更充分地弯曲和下沉。上身会不知不觉地伴随着呼吸细微摆动，动作也会越来越到位。

保持这个姿势2分钟以上。站起时，不要弯曲脊柱。首先把手放回臀部，一定要注意上身不要蜷曲，然后向骨盆方向用力按尾骨，吸气，同时上身慢慢抬起，这个过程中上身要一直保持挺直状态，不能蜷曲。

6. 蹲式

站立，双脚分开约等于两倍肩宽，脚尖尽量往两侧分开，两手十指相交，两臂放松下垂于身前，如图10-1-6所示。吸气，保持上半身挺拔。呼气，屈膝坐下，慢慢地将身躯降低。将身躯降低约30厘米后，保持正常呼吸稍停留。再次吸气时，有控制地伸直双腿，恢复挺身直立的姿势。循环上述过程几次后，还可以把身体降得更低一些，直到两小腿垂直于地面，两大腿和地面平行，仍然保持背部挺拔，不要向前倾斜。

图10-1-5 上体前屈式

图10-1-6 蹲式

7. 三角伸展式

山式站立，双脚并拢，目视前方。吸气，双脚打开略大于两倍肩宽，使双脚在同一直线上，同时双臂打开至侧平举，掌心朝下，肩膀放松。上半身挺直，臀部夹紧，感觉脊椎往上延伸；右脚外展90度，左脚稍内扣，髋部朝向正前方。

呼气，腰部带动上半身向右侧平移，延长呼气，继续向右、向下侧身，手臂保持在一条直线上；转头，眼睛看向上方手指尖的方向，如图10-1-7所示，静止保持3~5次呼吸。吸气，手臂引领身体，腰部发力拉动上体回到正中，右脚转回。呼气，双臂放回体侧，双脚收回至山式站立。调整两次呼吸，换另一侧练习。

8. 腰躯扭转式

挺直身体站立，两腿分开略比肩宽。吸气，两臂从两侧举起与地面平行，伸展两臂。呼气，将躯体向右侧转，直到极限处，左手搭右肩，右手扶左胯，指尖指向肚脐，眼睛看向右后方，如图10-1-8所示。尽量将身体向右侧扭转，保持这个姿势数秒。吸气，将身体转向正前方，两手侧平举。呼气，两手自然放于身体两侧。换另一侧重复上述练习。

图10-1-7 三角伸展式

图10-1-8 腰躯扭转式

9. 简坐式

坐在垫子上，双腿伸直。弯曲右小腿，把右脚放在左大腿下。屈起左小腿，把左脚放在右大腿下。双手自然放松，垂于双膝，掌心朝上或使用各种瑜伽手势，头、颈、躯干保持在一条直线上，如图 10-1-9 所示。

10. 站立后弯式

首先保证双脚稳固地站在垫子上，不要晃动，不要踮脚尖，也不要压脚后跟。然后髋关节摆正，朝前。上半身自然挺胸站立。双手在胸前为祈祷式，随吸气慢慢将手臂伸展向上，直到大臂可以贴到耳朵。呼气，将髋关节慢慢向前推送，手臂带动上半身向后弯腰，直到上半身弯到自己合适的程度，双手可以移至后腰进行保护，如图 10-1-10 所示，保持几秒。

图 10-1-9　简坐式　　　　图 10-1-10　站立后弯式

11. 幻椅式

保持站姿，双脚并拢，挺直上半身，手臂垂放于体侧。吸气，双臂经体前向上伸展，手臂内侧贴着耳朵。掌心相对，手肘伸直。呼气，弯曲双膝，臀部向后、向下放低，仿佛坐在一把椅子上，尽量使大腿平行于地面，如图 10-1-11 所示。挺胸，挺直脊柱，保持 6～10 秒，均匀呼吸。

12. 舞蹈式

山式站立，双腿并拢，目视前方。找一个焦点，可以盯着视线水平的方向或者地面。把重量转移到一条腿上，弯曲另一条腿的膝关节，将腿向后举起，用相同一边的手抓住脚踝，吸气，另一手臂经前向上举起，用大臂贴耳朵，掌心向前，带动身体舒张向上。呼气，抓脚一侧手臂带动大腿慢慢抬高，异侧手臂慢慢放低带动上半身与地面平行，如图 10-1-12 所示，静止，保持 2 次以上呼吸；吸气，身体恢复至中间；呼气，手臂放回体侧，身体还原。换另一侧练习。

图 10-1-11　幻椅式　　　　图 10-1-12　舞蹈式

13. 双角二式

站立，两手放于体侧，保持脊背挺立。吸气，双脚分开，比肩宽，两手抓住脚腕，挺胸。呼气，上身自腰部向前弯曲。继续向下弯曲，头部尽量靠向两腿之间，如图 10-1-13 所示。保持 3～5 次深呼吸，吸气，缓慢起身，依次是头、颈、肩、胸、背、腰。回到站立姿势，均匀呼吸，放松。

图 10-1-13 双角二式

14. 半莲花坐

坐在垫子上，两腿向前伸直。左腿弯曲，将左脚放在右大腿下。弯曲右腿，右脚顶在左大腿内侧（可交换双腿上下位置），如图 10-1-14 所示。

15. 雷电坐（霹雳坐）

跪在地上，小腿和脚背贴在地面上。两膝靠拢，两个大脚趾相互交叉。两脚跟分开，双手放在大腿上。伸直背部，将臀部落到两个分离的脚跟之间，如图 10-1-15 所示。

图 10-1-14 半莲花式

图 10-1-15 雷电坐

16. 坐广角背伸展式

坐下，双手着地置后，腰背挺直，眼望前方。双脚保持蹬直，慢慢打开。然后根据自己的柔韧度尽量打开双脚，保持大腿紧贴在地上，膝关节及脚趾向上。吸气，提起双臂，两手掌平行向内，手指指向天花板。一边呼气，一边由双臂带动，将上身慢慢向前伸展。先是腹部，然后是胸部，最后是下巴贴在地上。手掌张开放在前方的地上做身体的调整，同时尽量使腹部、胸部和头贴在地上，如图 10-1-16 所示。整个过程脊椎骨必须保持挺直。保持这个姿势 4～12 次呼吸或更久，练习时以感觉舒适为限度。

图 10-1-16 坐广角背伸展式

17. 大拜式

雷电坐，双手放在双膝上，缓慢、深长地呼吸，放松全身。吸气时，抬双臂，将手臂伸展在头的两侧。然后呼气，向前弯曲身体，使手臂与身体在一条直线上，慢慢将身体着地，双手和额头都要着地，如图 10-1-17 所示。在最终体位保持 2 次以上呼吸。吸气，慢慢将身体和手臂回到原位置。

图 10-1-17 大拜式

18. 虎式

双膝跪地与肩同宽，小腿和脚背尽量贴在地面上，大腿与小腿成直角；俯身向前，双手手掌着地，指尖向前，手臂垂直于地面，同时使脊椎与地面平行，调整呼吸。吸气，脊椎下沉，形成一条向下弯的弧线；抬腿，并让它在身体后侧笔直伸展，不可摆向侧面；同时抬头，视线向斜上方，抬高下巴，伸展颈部，如图 10-1-18 所示。呼气，把腿收回，膝关节向头部靠近，抬起脊椎，成拱形；同时低头，收回下颌，膝关节尽量靠近下颌。配合呼吸，完成动作 5～10 次，初学者应根据自己的身体状况调整次数。完成后，以婴儿式休息。

19. 眼镜蛇式

俯卧于垫子上，下颌点地，双臂自然放于体侧，双手握空拳。双手掌心向下，指尖向前，放于胸的两侧，下巴抵于垫子上。吸气，慢慢抬高上身，尽量使上身与地面保持垂直，如图 10-1-19 所示，伸直双臂，视线看向上方，尽量抬高下巴。呼气，上半身慢慢还原为初始姿势。

图 10-1-18 虎式

图 10-1-19 眼镜蛇式

20. 摇摆式

仰卧，两腿向前伸直。两腿屈膝，将两大腿收近胸部，后十指相交，环抱小腿前面，如图 10-1-20 所示。沿脊柱方向前后来回滚动，全身收紧，下巴也收紧，脖子放松，保护好后脑勺，向前滚起时使双脚着地。摇摆 10～20 次后逐渐停下，松开双手，伸展双腿呈仰卧姿势，放松。

21. 兔子式

跪坐，深呼吸，双手十指交叉背于体后。吸气，抬头，肩往后拉伸。呼气，收下巴，头往膝关节方向移动，让头顶慢慢触及地板。吸气，腿离脚跟，头尽力缩向膝关节，如图 10-1-21 所示。呼气，腰部发力，以头顶为轴，臀部推动身体做向前滚动，直至下巴抵住胸骨。保持这个姿势 10 秒左右。吐气，让身体还原到婴儿式，放松，调息。

图 10-1-20 摇摆式

图 10-1-21 兔子式

22. 犁式

平躺，全身放松，两腿伸直。吸气，两手向下用力，收缩腹肌，抬两腿直至与地面呈90度。到达90度后呼气，双手托腰，继续将腿伸过头后，此时背部与臀部已自然离开地面。当脚趾触及地面时，双手在头顶十指交叉或扶住后腰，如图10-1-22所示。保持深呼吸，坚持10～15秒，还原放松。

图 10-1-22 犁式

23. 肩桥式

平躺，双脚自然打开与骨盆同宽，双手摆放于身体两侧，掌心向下。双膝弯曲，脚跟移至最靠近臀部的位置或贴于臀部，脚趾朝向正前方；吸气，运用腹部、大腿和臀部的力量，将臀部往上慢慢抬到最高；尾椎骨内收，臀部夹紧，腹部、大腿用力，肩膀保持贴平于地面，如图10-1-23所示。呼气，手肘自然伸直，双脚不要向外打开，要保持与骨盆同宽的距离，静止保持2次以上呼吸。

24. 船式

坐在地面上，双腿向前伸直。手掌放于臀部两侧，手指指向前方，背部挺直。吸气，提起小腿，脚尖朝上，上半身再向后倾，与地面成45度，双手按在地上协助支撑身体。腹部收紧作为整个身体的平衡点。呼气，锁紧脚跟，双脚以与地面呈45度角撑展蹬直，躯干与双腿形成"V"形，如图10-1-24所示。双手提起并向前伸直与地面平行。凝聚躯干力量，挺直腰背和胸膛。双脚并拢夹紧。保持这个姿势30秒，正常呼吸。一般保持这个姿势20秒之后练习者就可以感受到这个练习的效果，多次练习后，练习者可保持此姿势达1分钟。呼气，放下手臂，双腿回到地面上，放松片刻，可反复练习。

图 10-1-23 肩桥式

图 10-1-24 船式

25. 弓式

俯卧在地面上，双膝弯曲，用双手抓两脚踝处（如果抓不到，可抓住小腿），目视前方。吸气，将上身及两腿抬离地面，尽量向上抬起，整个人成"U"形，手臂伸直；呼气，头颈部后仰，收紧背部，如图 10-1-25 所示。保持 6~10 秒，均匀呼吸。呼气，身体回到地面，至第一步。用婴儿式调整放松。此式可反复做 3~6 次。

26. 肩倒立式

平躺在地上，双腿伸展，膝盖绷直，双手放在身体两侧，手掌朝下。吸气，弯曲膝关节，膝关节朝胃部移动至大腿压到胃部。呼气，臀部抬起，弯肘，把手放到臀部上，用手支撑躯干垂直向上抬起，直到胸部碰到下巴，如图 10-1-26 所示（此时，只有头后部、颈部、肩膀和上臂后部放在地上，把双手放在脊柱中央）。双腿向上伸直，脚趾朝上，保持这个姿势 2~3 分钟，均匀地呼吸。如果感觉腰累或者颈部不舒服，可以坚持较短时间，随着练习次数的增加，能坚持的时间会逐渐增长。逐渐放下双腿，松开双手，平躺在地上，放松。双腿落地时注意保持平衡，通过调整重心，让腿缓慢地落下，此时重点保护腰部、颈部。

图 10-1-25　弓式　　　　　　　图 10-1-26　肩倒立式

27. 平板式

俯卧在瑜伽垫子上，双手放到胸部两侧，脚尖着地，用力撑起身体。将力量均匀地分散在整个手掌上，收紧胸、背、腹、臀部的肌肉，使身体成一条直线，如图 10-1-27 所示。将头顶向前，感觉颈部由脊椎向前无限延伸。

图 10-1-27　平板式

28. 婴儿式

婴儿式是模仿胎儿在子宫中的姿势。练习者跪在地面上，双臂放在身体两侧放松下沉，手背触地，臀部向后坐在脚跟上，身体前倾，把额头放在地面上，如图 10-1-28 所示。怀孕妇女在做这个练习时要把膝关节分开。膝关节有问题的人要避免做这个练习。婴儿式放松可以放在练习瑜伽体位中，放松整个脊柱。

图 10-1-28　婴儿式

29. 俯卧放松式

俯卧放松式要求练习者俯卧于地面，手臂自然放于身体两侧，掌心向上，头向下或偏向一侧，双脚并拢，整个躯干放松，如图 10-1-29 所示。呼吸时会感觉到腹部与地面轻轻地挤压。用这个放松方式伸展肩、背，有助于消除颈部的僵硬，治疗落枕。此外，含胸、驼背、腰椎有患疾的人适合采用此方法放松。

图 10-1-29　俯卧放松式

30. 仰卧放松式

仰卧放松式是最有效的瑜伽休息术，通常放在课的结束部分，也可以放在从坐立动作到仰卧动作的衔接处。练习者背部贴地仰卧，头发要解开，颈部向后拉伸靠近地面，手臂斜放于身体两侧，掌心向上，肩膀放松，双腿分开，大腿、膝关节外旋，全身放松下沉，闭上双眼，自然呼吸，如图 10-1-30 所示。

图 10-1-30　仰卧放松式

第二节　八段锦

一、认识八段锦

八段锦功法共 8 节，分坐式和立式两种。坐式八段锦又称为文八段，体现了古人席地而坐的迹象，文八段偏重内功；立式八段锦又称为武八段。武八段分南、北两派，其中，难度较大、骑马式较多、动作以刚为主的称为北派；难度较小、骑马式较少、动作以柔为主的称为南派。无论是南派、北派或是文、武不同练法，都同出一源，它们在流传中相互渗透并逐渐趋向一致。

（一）八段锦的起源

八段锦作为我国古代导引术，其健身效果显著，流传广泛，是中华传统文化中的瑰宝。八段锦之名，最早出现在南宋洪迈所著的《夷坚志》一书中。这些记述说明八段锦在北宋时已流传于世。现今，八段锦在形式和内容上都有较大变化，但仍是广大群众喜爱的体育锻炼项目之一，对于增强体质十分有效。

（二）八段锦的特点

1. 柔和缓慢，圆活连贯

柔和，是指习练动作时不僵不拘，轻松自如，舒展大方。缓慢，则要求身体重心平稳，虚实分明，轻飘徐缓。圆活，是指动作路线带有弧形，不起棱角，不直来直往，符合人体各关节自然弯曲的状态。八段锦是以腰脊为轴带动四肢运动，上下相随，节节贯穿。连贯，则要求动作的虚实变化和姿势的转换衔接，速度均匀，无停顿断续之处。

2. 松紧结合，动静相兼

松，是指习练时肌肉、关节以及中枢神经系统、内脏器官的放松。在意识的主动支配下，逐步达到呼吸柔和、心静体松，同时松而不懈，保持正确的姿态，并将这种放松程度不断加深。紧，是指习练中适当用力，且缓慢进行，主要体现在前一动作的结束与下一动作开始之前。"紧"在动作中只在一瞬间，而"松"须贯穿动作的始终。八段锦的动与静主要是指身体动作的外在表现。动，就是在意念引导下，使动作轻灵活泼、节节贯穿、舒适自然。静，指在动作的节分处做到沉稳，外观看上略有停顿之感，但内劲没有停，肌肉继续用力，保持牵引伸拉。

3. 神与形合，气寓其中

神，指人体的精神状态和正常的意识活动；形，指人的形体运动。"神为形之主，形乃神之宅"，神与形是不可分割、相互联系、互相促进的一个整体。因此，练习时要求做到意动形随、神形兼备。气寓其中，是指通过精神的修养和形体的锻炼，即可促进真气在体内的运行，以达到强身健体的功效。因此，练习时，呼吸应顺畅，不可"强吸硬呼"。

（三）八段锦的功效

1. 导气引体、调畅气血

八段锦的动作比较柔和、缓慢，可以让生命机体在充分放松的基础上，更好地发挥人体自身的调节功能，利于机体的全面康复和机能水平的提高。八段锦导气引体、调畅气血的原理是通过外在肢体躯干的屈伸俯仰和内部气机的升降开合来完成的，如此才使人体全身的筋脉得以牵拉舒展，经络得以舒畅，实现"骨正筋柔、气血以流"的目的。研究结果表明，坚持练习八段锦，能改善人体血管的弹性，使心肌收缩更加有力，迷走神经的兴奋性进一步提高，血管的充盈度和节律性也更强了。

2. 松紧结合、增进协调

松紧结合是八段锦一个显著的功法特点，这种松、紧的密切配合和有序转换，有助于刺激调整机体的协调能力，促使人体经气流通、关节滑利，还可以活血化瘀和强壮筋骨。从现代运动科学的角度来看，这种松、紧交替的运动也是一种小负荷的运动应激。良性、柔和的持续应激，可以调动全身各脏器组织的准备潜能，提高机体的免疫能力与防病能力。练习八段锦对血压、心率、血糖、甲状腺功能等有双向调节作用，从现代科学实验的角度，进一步验证了练习八段锦对增强机体的适应能力和预防疾病等确有积极效果。

3. 强化脏腑、疏通经络

八段锦的8节动作综合起来，分别作用于人体的三焦、心肺、脾胃、肾腰等部位和器官，可以防治心火、五劳七伤和各种疾病，并有利滑关节、发达肌肉、增长气力、强壮筋骨以及帮助消化和调整神经系统的功能。现代医学也证明，躯干有规律地旋转屈伸将直接对自主神经系统产生影响，进而调节内脏系统功能，达到健身养生的目的。

4. 松静自然、调摄精神

八段锦要求练功时神与形合、气寓其中、动作柔和、刚柔并济，尤其强调在放松的状态中徐缓舒展肢体，吐故纳新，意念集中，协调运动。因此，八段锦的锻炼方式是身心一体式的运动，并特别突出对情志的调摄。良好的情志应该是恬淡宁静、祥和愉悦的，这是人体保持身心健康的良好基础。

5. 天人合一、身心和谐

八段锦很好地将天、地、人"三才合一"的古典养生思想贯穿其中，这可以从整套动作的编排次序看出来。功法的第一式为托天式，然后从上到下依次调理心肺、脾胃、肝胆、肾和泌尿系统，最后以颠地式为功法结尾。这种动作编排次序，不仅从上到下对人体的筋骨器官进行了全面锻炼，而且成为"三才合一"整体观的生动写照，既体现了中华传统文化的智慧，又符合现代养生学的理念。

（四）适合人群

八段锦的动作动静相兼、舒展柔和，练习无须器械，不受场地局限，简单易学，节省时间，作用极其显著，适合各类人群。

二、八段锦的功法解析及学练方法

八段锦功法一般有 8 节，"八"字，不是单指段、节和 8 个动作，而是表示其功法有多种要素，相互制约，相互联系，循环运转；"锦"字，誉其似锦之柔和优美，还可理解为单个导引术式的汇集，如丝锦那样连绵不断，是一套完整的健身方法。因此，八段锦习练者需时时用心体悟，实现形、气、神的综合锻炼。

（一）功法解析

1. 八段锦的手型

手型是指功法练习中特定的拳、掌、指的形态，起到引领动作、强化气血运行的作用。八段锦功法的手型主要有以下 4 种。

（1）自然掌

五指自然伸直，掌心微含，如图 10-2-1 所示。

（2）八字掌

大拇指与食指竖直分开成"八"字形，其余三指的第一、二指节屈收，指间见缝，大小鱼际稍向内收，掌心微含，如图 10-2-2 所示。

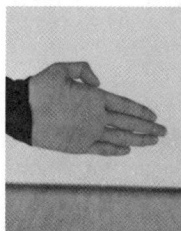

图 10-2-1　自然掌　　　　图 10-2-2　八字掌

（3）龙爪

五指并拢，大拇指第一指节和其余四指的第一、二指节屈收扣紧，掌心张开，如图 10-2-3 所示。

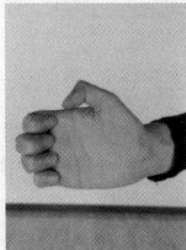

（4）握固

大拇指抵掐无名指根节内侧，其余四指屈拢收握，如图 10-2-4 所示。

图 10-2-3　龙爪　　　　　　　图 10-2-4　握固

2. 八段锦的步型

步型是指功法中两腿根据不同的姿势，通过髋、膝、踝等关节的屈伸，使下肢呈现出一种静止的形态，调节身体肌肉骨骼之间力的平衡，可稳固重心，使气血顺达。八段锦功法的步型主要有以下 3 种。

（1）并步

两脚并拢，身体直立；两臂垂于体侧，头正颈直；目视前方。

（2）开步

横向开步站立，两脚内侧与肩同宽，两脚尖朝前；头正颈直；目视前方。

（3）马步

开步站立，两脚间距约为本人脚长的 3 倍，脚尖朝前，两腿屈膝半蹲，大腿略高于水平，膝关节不超过脚尖；上体保持中正，目视前方。

3. 八段锦动作分解

（1）预备姿势

双腿开立，与肩同宽，微微下蹲，两掌呈半圆抱于腹前；呼吸几次，使身心平顺。

（2）第一式——两手托天理三焦

两掌五指分开，在腹前交叉，双腿伸直，两掌上托于胸前，内旋向上托起，掌心向上，抬头目视，如图 10-2-5 所示，然后手掌停住，目视前方。膝关节微屈，两臂下落，两掌心向上捧于腹前。一上一下为一次，共 6 次。

图 10-2-5　第一式

（3）第二式——左右开弓似射雕

左脚向左开步，两掌向上交叉于胸前。两腿马步，就像左右开弓射箭一样，将右掌拉至右胸前，左掌成八字掌向左推出，把弓拉到最圆，眼睛盯着左手指尖，如图 10-2-6 所示；重心右移，右手划弧，左脚回收，两掌捧于腹前并步站立。然后换一侧重复上述动作，共 3 次。

（4）第三式——调理脾胃臂单举

右手掌根上撑，上举至头正上方，左掌下压，如图 10-2-7 所示。然后右臂下落于腹前，换左手抬起，一左一右共 3 次。

图 10-2-6　第二式

图 10-2-7　第三式

（5）第四式——五劳七伤往后瞧

两腿微屈挺膝，手臂于两侧伸直，头尽量向后转，目视左斜后方，稍停，如图 10-2-8 所示。两臂内旋收回两侧，两腿微屈，目视前方。一左一右共 3 次。

（6）第五式——摇头摆尾去心火

右脚开步站立，两腿微屈，两掌经两侧上举，两腿半蹲为马步，两臂向双腿降落扶于膝关节上方；身体重心左移，俯身经过左脚面，重心放低，由尾闾带动上体向右旋转，经过右脚面，如图 10-2-9 所示。然后身体重心后移，上体后摇由右向左向前旋转，身体立起，一左一右共 3 次。

图 10-2-8　第四式

图 10-2-9　第五式

（7）第六式——两手攀足固肾腰

两腿挺膝站立，两臂向前、向上举起，掌心向前，目视前方。两臂屈肘，两掌心向下，按至胸前，两掌反穿至背后，沿着脊背向下至臀部，同时上体前屈，两掌沿腿至脚面，两膝挺直，目视前下方，如图10-2-10所示。两掌前举上升，脊柱随之升起。一上一下为一次，共6次。

（8）第七式——攒拳怒目增气力

左脚向左开步，脚蹬马步，两掌握拳于腰侧，大拇指在内。右拳向前冲出，怒目而视，如图10-2-11所示。右拳变掌，再旋腕握固成拳，收回腰处。一左一右共3次。

图10-2-10　第六式

图10-2-11　第七式

（9）第八式——背后七颠百病消

两脚跟提起，头上顶，稍停，目视前方，如图10-2-12所示。两脚跟下落，轻震地面。一起一落为一次，共7次。

（10）收势

两掌合于腹前，如图10-2-13所示，平稳呼吸几次，使身心平顺，周身放松。

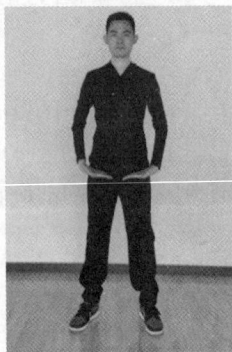

图10-2-12　第八式

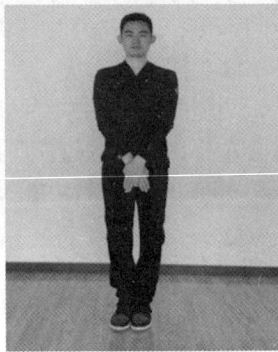

图10-2-13　收势

（二）八段锦的学练方法

"学"是指学习知识、技能的过程，"练"是指熟练、提高的过程。学与练主要是解决方法问题，它涉及习练原则与习练方法，以及功法本身的特点、要领和要求等。八段锦属于古代导引术，在其多年的发展演变过程中，无论何时期、何流派，始终没有脱离以形体锻炼为主。通过肢体运动强壮筋骨，增强机体、脏腑的功能，达到疏通经络、调和气血、强身健体的目的。学练的捷径是从"修身"开始，以"练形入道"。

在学练八段锦过程中，动作技能的形成可分为以下3个阶段。

1. 学习动作阶段

首先，要从八段锦的基本手型和基本步型练起。应用一定的时间单独进行练习，也可先做一般了解，在学练功法中通过典型动作再有侧重地进行训练。练习时要在动作要领上下功夫，抓住点、线、型 3 个要素。点是指起止点，线是指动作路线，型是指步型、手型，包括动态与静态。做到节分清楚、不怕停顿，细心体会各部位的感觉。做到上体中正、下肢稳定，步型、步法、手型、手法清晰、准确、到位，即人们常说的"先求方，后求圆"。

2. 熟练掌握动作阶段

反复练习，纠正、改进动作，才能使动作娴熟并运用自如。此阶段要注意身体重心的转换，掌握好平衡，处理好动作间的衔接，以腰脊带动四肢，使动作柔和、缓慢、连贯，上下相随，一气呵成。

3. 巩固提高阶段

在前段练习的基础上，求松静、分虚实、讲刚柔、知内劲。做到内外放松、心无杂念、专一练功。动作要有张有弛、轻灵含蓄、虚实同体、变化得当，要积柔成刚、刚柔相济、松紧适度，做到用意不用力。体会"三才"间的内在联系，达到动作运转自如，意念进入恬淡，呼吸形成自调，逐步进入"三才合一"的境界。

另外，在八段锦的学练过程中需注意循序渐进原则，无论是运动负荷还是动作难度，都要遵循由简到繁、从易到难、从少到多的原则。练习时要因人而异、量力而为，以达到动诸关节、畅通气血、加强机体新陈代谢、增强免疫力的效果。